Zu diesem Buch

Was denken, phantasieren und erleben Frauen und Männer denn nun wirklich beim Thema Sex? Um das herauszufinden, schalteten die Diplompädagogin Andrea Baldauf und der Diplompsychologe Stefan Biele in großen Zeitschriften und Zeitungen Anzeigen, mit der Bitte an die Leser, ihre Geschichten aufzuschreiben und für ein Buch zur Verfügung zu stellen. Aus der Fülle der Zusendungen haben Herausgeberin und Herausgeber die erotischen Erlebnisse und Phantasien von Frauen und Männern herausgesucht, die ihrer Meinung nach einen Querschnitt aller Einsendungen darstellen.

Hinweise zu den Textautorinnen, Textautoren, den Bildgebern und den Herausgebern finden sich auf den Seiten 299 bis 302.

Andrea Baldauf/
Stefan Biele (Hg.)

WAS UNS ANMACHT

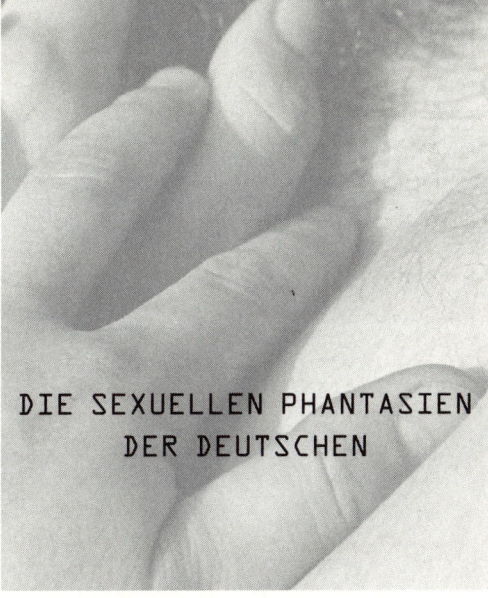

DIE SEXUELLEN PHANTASIEN
DER DEUTSCHEN

Rowohlt

11. – 13. Tausend Juli 1998

Originalausgabe
Veröffentlicht im Rowohlt Taschenbuch Verlag GmbH,
Reinbek bei Hamburg, Mai 1997
Copyright © 1997 by Rowohlt Taschenbuch
Verlag GmbH, Reinbek bei Hamburg
Umschlaggestaltung Ulrike Kuhr
(Foto: IFA – Bilderteam – TPL)
Satz Sabon, Prestige Elite & andere
(PostScript), QuarkXPress 3.32
Layout Birgit Meyer
Gesamtherstellung Clausen & Bosse, Leck
Printed in Germany
ISBN 3 499 60331 4

Inhalt

Vorspiel
Oktober 1996

Termin mit der Fotografin.

Wir suchen weitere Bilder für unser Buch. Eine junge, sympathische Frau öffnet uns. Auch diesmal sind wir überrascht, wie unterschiedlich Fotos zum Thema Lust und Liebe ausfallen können. Wir kommen miteinander ins Gespräch. Die Fotografin erzählt, wie die Aufnahmen entstanden sind. Sie lernte zwei Frauen auf einem Geburtstag kennen. Man verabredete sich im Studio. Die Frauen wurden mutiger, sie trauten sich an Aktaufnahmen heran.

Die Fotografin möchte wissen, wie wir auf die Idee zu diesem Buch gekommen sind. Wir waren beruflich auf der Suche nach einem Buch, in dem Menschen ihre sexuellen Phantasien oder Erlebnisse schildern.

Es sollte lustvoll und ansprechend sein und sich von Schmuddelmagazinen abheben. Wir fanden nur sehr wenige Bücher. Und die waren überwiegend vor 20 Jahren in Amerika erschienen. Was erleben Frauen und Männer in Europa? Wie unterscheiden sich die sexuellen Phantasien der Deutschen?

Die Idee für unser Buch war entstanden.

Lust & Liebe

Für ein spannendes Buch im Rowohlt Verlag suchen wir Beiträge zum Thema Lust und Liebe. Schreiben Sie uns ein erotisches Erlebnis, Ihr schönstes sexuelles Abenteuer, eine gefühlvolle oder wilde Phantasie. Gerne mit Alter, Geschlecht, Beruf.

Redaktion Lust & Liebe,
Postfach 10 35 01, 28035 Bremen

Diese Anzeige starteten wir in Zeitungen und Stadtmagazinen. Weit über 100 Zuschriften erreichten uns innerhalb eines halben Jahres. Frauen und Männer im Alter von 19 bis 75 Jahren schrieben uns – manche weniger als eine, andere mehr als 36 Seiten.

Die sehr langen Zusendungen haben wir gekürzt. An wenigen Stellen haben wir die Sprache geglättet, den Charakter der Texte jedoch nicht angetastet.

Wir waren überrascht, wie offen Menschen über ihre Urlaubsabenteuer, One-night-stands oder ihre geheimen Phantasien berichteten. Viele der Geschichten sind authentisch, bestechen durch ihre Ehrlichkeit und Einzigartigkeit. Dabei entspricht der größte Teil der Briefe so gar nicht dem «Zeitgeist». Es fehlen die düsteren Sado-Maso-Erlebnisse, Lack & Leder, Fetische oder sextechnisches Zubehör. Der überwiegende Teil der Geschichten sind Körper an Körper. Es sind Erlebnisse mit Unbekannten, aufregende Quickies, oder sie schildern die Vertrautheit der langjährigen Beziehung.

Sie zeigen ein Bild, bei dem Erotik und Sex geprägt sind von der Nähe zwischen den Menschen und der Lust auf den Körper des oder der anderen.

Eigentlich sollte es ja ein Buch werden mit Kommentaren, mit wenigen Sachtexten und einer Quintessenz aus dem, was Frauen und Männer sich beim Sex wünschen oder erleben.

Als wir dann die eingesandten Beiträge lasen, die im Laufe der Monate bei uns eingingen, kamen wir mehr und mehr von dieser Vorstellung ab. Dies waren Sachen, die anregen, Lust machen, teilweise amüsieren oder vor Erotik nur so knistern. Sie vermittelten so viel Sinnlichkeit, daß Kommentare nur stören würden.

Es entstand ein Buch für Körper und Sinne.

Es erzählt gefühlvoll von Lust und Verlangen, machmal vorsichtig, manchmal sehr direkt. Das Buch zeigt einen Ausschnitt dessen, was die Geschlechter in Deutschland bewegt. Es gibt Anstöße oder regt die eigene Phantasie an. Vielleicht bringt es

Frauen und Männer miteinander ins Gespräch. Oder es macht Lust auf eine aufregende Nacht.

Wir danken all denen, die uns ihre persönlichen Geschichten anvertrauten. Wir hoffen, daß auch sie so zufrieden mit dem Buch sind wie wir.

Uns erreichten viele gute Beiträge, mehr, als wir in diesem Buch aufnehmen konnten. Wir haben uns entschlossen, in ein paar Jahren einen Nachfolgeband herauszugeben, in dem wir auch die guten Erlebnisse und Phantasien unterbringen können, die diesmal herausfielen. Wenn auch Sie Lust bekommen haben, uns zu schreiben, blättern Sie bitte in unserem Nachspiel.

Danken möchten wir natürlich auch den Fotografen und Fotografinnen, den Grafikern und Grafikerinnen für die Illustrationen und all denjenigen, die uns Anregungen zu dem Buch gaben oder uns mit Kritik unterstützten.

Andrea Baldauf
Stefan Biele

Das gute Buch

Die erste Zeit meines Lebens war geprägt von Langeweile und Einsamkeit. Niemand schien sich für mich zu interessieren, Wochen und Monate verstrichen in eintöniger Gleichförmigkeit. Die Menschen liefen an mir vorbei, beachteten mich kaum. Selten würdigte mich jemand eines längeren Blickes, fast nie konnte ich mich an einer Berührung durch eine Hand, nach der ich mich doch so sehr sehnte, erfreuen.

Und dann kam der Tag, der alles ändern sollte.

Es waren noch nicht viele Menschen unterwegs an diesem herbstlichen Vormittag. Für Weihnachtseinkäufe war es noch zu früh. Was also gab es denn Wichtiges zu besorgen? Vielleicht eine wärmende Jacke, einen Pullover, Socken, eine neue Mütze. Oder ein Päckchen mit duftendem Tee, um die kürzer werdenden Tage gemütlich bei Kerzenlicht ausklingen zu lassen. Oder einfach nur ein Geschenk für einen geliebten oder auch ungeliebten Menschen, wertvollen Schmuck, teure Unterwäsche vielleicht, wenn einem der andere das wert war. Oder, einfacher und schneller zu besorgen, weil man die Körpermaße des anderen nicht zu kennen braucht: Musik, ein Bild oder – ein Buch?

Ein Buch? Ist ein Buch wirklich einfacher auszuwählen als, nun, sagen wir einmal, ein Seidenslip oder ein spitzenbesetztes Nachthemd? Alles muß passen. Denken Sie einmal darüber nach. Was nützt dem glücklich Beschenkten der edle Stoff, wenn er an den Hüften so sehr spannt, daß jegliche Bewegung außer Fingerschnippen gänzlich ausgeschlossen ist? Wie sieht ein satinglänzendes Nachthemd aus, in dem sich die Dame unterbringen läßt, aber ihre

Brüste nicht? Was bringen die schönsten gesäßbetonten Shorts an einem Herrn, der ein kaum beachtenswertes Gesäß sein eigen nennt? Sehen Sie!

Genauso verhält es sich mit den Büchern – so ähnlich jedenfalls. Was nützt der härteste und spannendste Kriegsroman, wenn der zu Beschenkende ein stadtbekannter Wehrdienstverweigerer ist? Wird der weltfremde Professor, den wir zu seinem Siebzigsten überfallen haben, Spaß an den «Kindern aus Bullerbü» haben? Und was ist mit der Schwester Oberin, der wir «Das Delta der Venus» auf ihren bescheidenen Gabentisch geschmuggelt haben? Wird es ihr Lieblingsbuch werden? Na, also.

Zugegeben, ich übertreibe etwas. Das liegt in meiner Natur. Genauso wie das Abschweifen vom Thema. Was wollte ich Ihnen erzählen? Sie haben es vergessen, stimmt's? Sie denken nur noch an Seidenwäsche. Habe ich recht?

Aber ich habe ihn nicht vergessen, diesen stürmischen Herbsttag, an dem sich alles änderte.

Ein junger Mann steigt die Treppe zu meinen Kollegen und mir herauf. Er ist sehr dünn und groß, hat eine Hakennase, auf der sich eine Nickelbrille abstützt. Er trägt seinen Mantel offen, man sieht schwarze Jeans, gezeichnet von unzähligen Waschvorgängen und trotzdem schon reif für den nächsten, sowie einen selbstgestrickten Pullover (nicht unbedingt von ihm selbst, dem jungen Mann, gestrickt, will ich damit ausdrücken).

Und jetzt wird es Ernst: Der junge Mann stellt sich vor uns auf, mustert uns einen nach dem anderen, dann hebt er kurz entschlossen die Hand und zieht mich aus dem Regal.

Aus dem Regal? Haben Sie es noch nicht mitbekommen? Ja, ich bin ein Buch. Vielleicht hatte ich vergessen, es zu erwähnen. Ich bin ein Buch mit vielen schönen Geschichten und wenigen, aber auch sehr schönen Bil-

dern. Wochenlang stand ich in der Abteilung «Weltliteratur». Ich gehöre aber nicht zur «Weltliteratur», es war ein
Fehler des Lehrmädchens, den ich ihm hiermit großzügig
verzeihe. Ich gehöre in die Abteilung «Erotische Literatur», ganz hinten in der zweiten Etage neben der Tür
zum Lagerraum. Und dort hatte mich der junge Mann
entdeckt.

Mit dem linken Daumen blättert er ein paar Seiten um,
als wolle er sich davon überzeugen, daß sie auch wirklich
bedruckt sind. Für einen Augenblick liest er sich auf Seite
zwölf fest, sein Gesicht wird rot, der Daumen zittert
etwas. Dann trägt er mich hinunter zur Kasse, wobei er
mich eng an seinen Mantel preßt, mich halb verdeckt, als
würde er sich für mich schämen. Das tut er offensichtlich
auch, er ist immer noch rot im Gesicht, trotzdem findet er
den Mut, die Verkäuferin zu bitten, mich hübsch einzu-
packen. Das tut sie auch bereitwillig, denn immerhin
koste ich neununddreißig Mark achtzig. Aber das bin ich
auch wert. Ich werde es Ihnen beweisen.

Zwei Tage wohnte ich bei Paul, dem jungen Mann. Er ließ
mich eingepackt irgendwo liegen, und ich konnte die
ganze Zeit über nichts sehen. War vielleicht auch besser
so. Die Wohnung roch nicht besonders gut, und Paul auch
nicht. Das änderte sich am Abend des dritten Tages. Stundenlang hörte ich Wasser plätschern, erst in der Dusche,
dann in der Badewanne, schließlich im Waschbecken.
Paul machte sich fein. Dann packte er mich, klemmte
mich auf einen Fahrradgepäckträger und radelte los. Es
würde sich etwas ändern in meinem eintönigen Dasein,
und die kühle Herbstluft tat mir gut. Dann hörte ich
Lachen, Stimmengewirr, Musik, das Klirren von Gläsern.
Jemand machte sich an mir zu schaffen, das Geschenkpa-
pier wurde aufgerissen, und ich blickte in das erstaunte
Gesicht einer jungen Frau. «Ein Buch?» formulierte sie,

wobei sie das «u» unnötig in die Länge zog. Was hattest du denn erwartet, Mädchen? Ein Klavier, ein Auto? Mein erster Auftritt war wohl nicht so verlaufen, wie Paul sich das vorgestellt hatte. Den ganzen Abend lang lag ich unbeachtet auf einem kleinen Beistelltischchen, zweimal wurde ich heruntergestoßen, jedes Mal fand sich eine gute Seele, die mich wieder zurücklegte, allerdings, ohne mich genauer anzusehen. Gegen sechs Uhr morgens torkelten die letzten Gäste nach Hause.

«Hier, Reni», sagte die Gastgeberin und nahm mich in die Hand, «danke fürs Helfen, schenk ich dir, nimm mit, hab' sowieso keine Zeit zu lesen.»

So kam ich – wohl eher zufällig – zu meiner neuen Besitzerin. Was würde sie mit mir tun? Ich war gespannt.

Reni wohnte nur ein paar Straßen weiter. Im Laufen blätterte sie mich durch, wobei sie einige Male Laternenpfählen und fahrenden Autos gefährlich nahe kam. Besonders hatten es ihr die Bilder angetan, mit dem Zeigefinger fuhr sie die Konturen nach, als hoffte sie, auf diese Weise auf etwas Dreidimensionales zu stoßen. Ich war zufrieden.

In ihrer Wohnung warf sie mich etwas unsanft aufs Bett und zog sich aus. Ich beobachtete sie, wie sie sich leicht schwankend ihrer Kleidungsstücke entledigte und sie strategisch im Zimmer verteilte. Reni hatte eine süße Figur, ähnlich wie die des Mädchens auf Seite 121. Lange braune Haare, hohe, fast indianische Wangenknochen, einen zarten anmutigen Hals. Nun ja, sie war kein Top Model, dafür war sie zu klein, zu rund und im Moment auch zu besoffen. Aber mir gefiel sie. Und sie hatte offensichtlich auch Gefallen an mir gefunden, denn sie legte sich, so wie sie war, auf den Rücken, stopfte sich ein Kopfkissen in den Nacken, zog sich die Decke zwischen die Beine hindurch bis zum Bauch und schlug meine erste Seite auf. Schöne braune Rehaugen hatte sie, die sich allerdings nach ein paar Sekunden schlossen. Ich sank hinab auf den Busen meiner Besitzerin, stand auf den rosa Knospen wie ein kleines Zelt, Renis Finger hielten mich auch im Schlaf weiter geöffnet. Ich war glücklich.

Der Tag begrüßte uns mit Regentrommeln an den Fensterscheiben. Es war kalt im Zimmer, Reni hatte eine Gänsehaut und zitterte. Umständlich kroch sie aus dem Bett, stolperte in die Küche und legte mich auf den Tisch. Danke, Reni. Dann drehte sie die Dusche auf, wartete, bis das Wasser heiß genug war, und stellte sich unter den warmen Strahl. Ohne mich. Danke, Reni. Ich hörte «Oh» und «Ah» aus dem Badezimmer, in einem viel zu großen Bademantel tauchte sie aus dem Nebel auf, frisch wie der Morgen, der heute ein Mittag war. Der Duft von Kaffee und aufgebackenen Brötchen erfüllte die kleine Küche, meine Besitzerin zündete eine Kerze an, stellte sie vor sich hin und begann zu lesen. Ihre Augen wurden groß und rund, mit der rechten Hand fühlte sie nach der Kaffeetasse, führte sie zum Mund, ohne den Blick von mir abzuwenden. Ab und zu hob sie strafend die Augenbrauen, lächelte nachsichtig oder schüttelte ungläubig den Kopf. Sie war fasziniert, keine Frage. Es sah so aus, als wollte Reni alle 220 Seiten auf einmal verschlingen. Als es an der Tür klingelte, las sie einfach weiter, bis ihr bewußt wurde, daß das Klingeln nicht zum Text gehörte. Mit einer Hand hielt sie den Bademantel über der Brust zusammen, mit der anderen öffnete sie die Tür. Draußen stand ein nasser, ungepflegt wirkender Mann. Als er meine Besitzerin begrüßt, sich die Haare gekämmt und den Mantel ausgezogen hatte, wirkte er mit einem Mal sehr gepflegt. Er streifte sich die teuren Lederschuhe von den Füßen und schlüpfte in ein paar ausgetretene Latschen, die neben der Eingangstür standen. Dann zog er sich den Designerpullover über den Kopf und mußte sich ein zweites Mal kämmen. Reni musterte ihn wie ein Kind, das endlich gelernt hat, sich selbst an- und auszuziehen. Dann stellte sie die rhetorischste aller rhetorischen Fragen:

«Bekomme ich keinen Kuß?»

Sie bekam ihn, und weil ihr Gesichtsausdruck immer noch etwas zornig war, einen zweiten dazu.

«Robert», sagte sie, etwas milder gestimmt, «Robert, sieh mal, was ich hier habe.»

Sie meinte mich. Robert nahm mich in seine Hand, die sehr gepflegt und sauber war, mit sorgfältig rund gefeilten Fingernägeln. Er hielt mich eine Weile, als müßte er mein genaues Gewicht feststellen, dann schlug er eine Seite auf – es war die einhundertundfünfzigste – und begann zu lesen. Erst leise für sich, dann hob er plötzlich die Hand, als wollte er eine imaginäre Zuhörerschaft zur Ruhe bringen, und las mitten im Satz laut weiter.

«... spürte die Gräfin immer noch die Nässe des Lords in sich. Eine Feuchtigkeit, die sie für immer in sich spüren wollte, und bei Bedarf zu erneuern wünschte.»

Reni nickte zustimmend, als ob sie tiefes Verständnis für den Wunsch der Gräfin empfand. Robert merkte, daß da irgend etwas ohne ihn gelaufen war, und blätterte zwei Seiten zurück. «Der blaugeäderte Penis des Lords schwoll zu ungeahnter Größe an», las er.

«Wieso ungeahnt?» Die beiden letzten Worte standen nicht im Text und waren an Reni gerichtet. Sie zuckte die Achseln.

«Die Gräfin ließ die Robe von ihrer Schulter gleiten. Darunter war sie nackt.»

Reni schlüpfte aus dem Bademantel. Auch sie war nackt. Robert las unbeirrt weiter. «Dann trat sie auf ihn zu und faßte ihn hart, fast brutal an.»

Robert ließ mich fallen und krümmte sich vor Schmerz oder Überraschung. Aber er hatte verstanden. Schneller, als man diese Zeilen lesen oder schreiben kann, hatte er sich ausgezogen und Reni auf den Küchentisch gelegt. Stehend drang er in sie ein, brachte etwa ein Dutzend mächtige Stöße an und entlud sich. Reni lag mit weit geöffneten Augen auf dem Tisch und sah aus, als wüßte sie überhaupt nicht, was passiert war.

Dann stand sie auf und lachte:

«Der blaugeäderte Penis des Lords schrumpelte zu ungeahnter Winzigkeit zusammen.»

Robert sah an sich hinunter, als könnte er es selbst nicht glauben. Aber es stimmte.

Reni blätterte in mir herum, fand die richtige Stelle auf Seite einhundertundfünfzig und las mit leiser, aber fester und eindringlicher Stimme:

«...und bei Bedarf zu erneuern wünschte. Der Lord machte im Augenblick den Eindruck eines erschöpften Raubtiers, das ein Reh gehetzt, aber nicht erreicht hatte. Er lag auf dem Diwan, seine Brust hob und senkte sich, sein Glied lag auf seinem Oberschenkel wie ein überflüssiges Stück Fleisch. Die Hand hatte er über die Augen gelegt, als müßte er sich konzentrieren. Die Gräfin hatte sich vor ihn gekniet und strich mit ihren Brüsten über seinen Bauch, wobei sie mit kehlig-heiserer Stimme obszöne Worte flüsterte: Wach auf, mein Hengst. Mein Eber. Mein Bock. Laß ihn wachsen, knüppeldick und armlang. Mehr, mehr, das reicht noch nicht. Nicht für meine Muschi, sie will ganz ausgefüllt werden. Ja, das sieht schon besser aus. Halt ihn hoch, damit meine Muschi ihn sehen kann. Such, Muschi, such, wo ist das Stöckchen? Fang es, halt es fest, sperr es ein, damit es nicht fliehen kann. Die Gräfin erhob sich über den wiedererweckten Lord» – an dieser Stelle warf Reni Robert einen vorwurfsvollen Blick zu – «und stopfte das frisch Gewachsene in sich hinein, in großer Eile, als müßte sie es vor Neidern und Dieben verbergen.»

Robert hatte es sich im Schlafzimmer bequem gemacht. Er lag auf dem Rücken, hatte die Hände hinter dem Nacken verschränkt.

«Lies lauter», rief er, «oder komm her.»

Sie tat beides. Robert lag lang ausgestreckt auf dem Rücken, sein Glied war angeschwollen, zwar nicht blaugeädert, eher einfarbig, aber doch recht eindrucksvoll. Auch Reni war beeindruckt, sie warf mich auf den Nachttisch und sprang ins Bett. Dieses Mal dauerte es sehr lange. Ich hatte mehrmals die Befürchtung, Robert würde Gräfin Gräfin sein lassen und schlappmachen, aber er hielt sich tapfer. Nur seinem Gesicht war die Anstrengung anzusehen. Reni bewegte sich mit einer Geschmeidigkeit, die ich ihr nie zugetraut hätte. Sie hob, drehte und wendete ihren Liebhaber, als wäre er aus Papier. Dreimal war sie an einem Punkt, der durchaus als Höhepunkt zu bezeichnen war. Zumindest war sie danach ganz ruhig und bewegte sich nicht. Nach dem dritten Mal rutschte sie etwas ungeschickt von Robert herunter und schlief sofort ein. Robert faßte sich mit einem mißtrauischen Blick an die Hoden, als hätte er Angst, sie könnten ihm abhanden gekommen sein, dann stand er auf und duschte ausgiebig. Fertig angezogen, eine brennende Zigarette im Mund, kam er ins Schlafzimmer. Ohne die im Schlaf lächelnde Reni eines Blickes zu würdigen, packte er mich, steckte mich in seine Manteltasche und verließ die Wohnung.

Wir fuhren in einem gut gefederten, sehr leisen Auto. Ich hörte Kies knirschen, wir verließen den Wagen, dann öffnete Robert eine Tür. Zusammen mit seinen Zigaretten legte er mich auf einen gläsernen Telefontisch mit goldenen Füßen. Schön war es hier. Teure Möbel um mich herum, weiche Teppiche, Seidentapeten an den Wänden.

«Robert?» Eine etwas schrille Frauenstimme durchbrach die Stille im Haus.

«Ja, Schatz.» Roberts Stimme hatte etwas Vorsichtiges, Abwartendes an sich.

«Wo bist du gewesen? Bei einer anderen Frau?»

«Nein, Schatz.»

«Doch, ich rieche es.»

Robert ließ sich seufzend in einen schwarzen Ledersessel fallen, nahm eine Flasche von dem danebenstehenden Servierwagen und goß sich ein Glas halb voll. Er wollte gerade trinken, als eine große schlanke Frau von etwa fünfunddreißig Jahren in den Raum gestürzt kam. Robert zuckte zusammen, als hätte ihm jemand die Vorfahrt genommen, und auch ich erschrak, so plötzlich war der Auftritt.

Die Frau blieb in der Mitte des Raumes stehen und verschränkte die Arme vor der Brust. In diesem Augenblick fiel mir nur ein einziges Adjektiv für sie ein: teuer. Alles an ihr schien teuer zu sein. Die kunstvoll gelegten blonden Haare, die Ohrringe, der Schmuck an Hals und Fingern, Bluse, Rock, Schuhe, einfach alles. Selbst der etwas zu großzügig aufgetragene Lippenstift schien eine Spur besser und teurer zu sein als der anderer Frauen. Alles an ihr war perfekt aufeinander abgestimmt. So vollkommen können nur Menschen auftreten, die sehr viel Zeit und sehr viel Geld haben. Auch das Gesicht der Frau war schön, aber irgendwie unnatürlich schön, als wäre es das beste Gesicht, das derzeit auf dem Markt zu bekommen war, teuer eingekauft, aber ohne Leben, eine Maske. Das Schlimmste aber war ihre Stimme. Die Frau war mir auf Anhieb unsympathisch.

Robert hob sein Whiskyglas und trank. Es sah so aus, als würde er scharf nachdenken. Wenn es so war, dann ohne großen Erfolg.

«Eleonore», sagte er schwach. Mehr fiel ihm nicht ein.

Robert steht auf. Er sieht ganz klein und alt aus. Dann schüttelt er traurig den Kopf und schlurft in die Küche. Sein Glas nimmt er mit.

So lernte ich Hausherrin und -herrn kennen. Was sich in der Nacht in den Schlafzimmern über mir abspielte, darüber kann ich leider nichts berichten. Die beiden waren mucksmäuschenstill. Warum auch nicht. Jeder Mensch braucht irgendwann einmal seine Ruhe.

Strahlender Sonnenschein begrüßte mich am nächsten Morgen. Es versprach, ein guter Tag zu werden, zumindest vom Wetter her. Eleonore und Robert verließen fast gleichzeitig das Haus. In der Diele trafen sie sich. Es war Eleonore, die zuerst sprach:

«Robert, es interessiert mich überhaupt nicht, ob du mich noch liebst. Hast du das verstanden?»

«Ja.»

«Gut. Liebst du mich noch?»

Robert blieb ihr die Antwort schuldig. Vielleicht wußte er sie auch nicht. Ich hörte die Haustür ins Schloß fallen, kurz danach rauschte die schwere Limousine die Kiesauffahrt hinunter. Zwei Minuten Vorsprung gab Eleonore ihrem Mann, dann jagte sie mit ihrem roten Sportcoupé hinterher.

Ich war allein.

Aber nicht lange.

Gegen neun Uhr drehte sich der Schlüssel im Schloß, und fröhlich pfeifend lief jemand in der Diele auf und ab. Dann wurde in der Küche die Geschirrspülmaschine in Gang gesetzt, kurz danach ein Staubsauger. Das mußte Mathilde, die Köchin und Haushälterin, sein. Tatsächlich, im Türrahmen erschien jetzt das Rohr des Staubsaugers, dahinter wie angeschweißt eine junge schwarzhaarige Frau, einen langen Schwanz von Elektrokabel hinter sich herziehend. Sie war recht füllig oder mollig, nein, sie war dick, ziemlich dick, ungeheuer dick. Was vielleicht nicht so sehr aufgefallen wäre, hätte sie sich etwas dezenter gekleidet. Das, was sie auf dem umfangreichen Leib trug, war die Karikatur einer Dienstmädchenkleidung. Ein schwarzer, sehr kurzer Rock, der über den stämmigen Beinen eher wie ein Gürtel wirkte. Schwarze Strümpfe gehören sich für Dienstmädchen, schwarze Netzstrümpfe weniger. Auf dem Oberkörper trug sie eine schwarze Jacke, unter der anständige Hausangestellte eine weiße Bluse zu tragen pflegen. Nicht so Mathilde. Ihr eigenes Fleisch schien ihr gerade gut genug. Die schwarzen Haare hatte sie sich zu einem Pferdeschwanz zusammengebunden. Aber sie war hübsch, bildhübsch sogar. Nur, ihre gesamte Erscheinung eben – wie soll ich mich ausdrücken – war zuviel. Es war einfach zuviel Mathilde auf einmal. Jetzt hatte sie mich entdeckt und stellte den Staubsauger ab. Sie nahm mich in beide Hände und begann zu blättern. Das Lied auf ihren Lippen erstarb. Im Stehen las sie das erste Kapitel durch. Dann schaute sie durch das Terrassenfenster in den sonnigen Park hinaus, und ihr Mund formulierte zwei Worte Literaturkritik, wie sie niemand auf der Welt treffender und besser aussprechen konnte: «Gutes Buch.» Ihre Stimme war ganz weich.

Nach siebzig Seiten – der Lord und seine Gräfin waren noch lange nicht in Sicht – stand Mathilde plötzlich auf, öffnete ein Küchenfenster, steckte zwei Finger in den Mund und stieß einen gellenden Pfiff aus.

Ein paar Sekunden später tauchte der Kopf eines jungen Mannes im Fensterrahmen auf. Er hatte ein schmales, fast aristokratisches Gesicht, helle ruhelose Augen und makellos weiße Zähne. Auf dem Kopf trug er einen altmodischen grünen Filzhut mit einer weißen Feder, seine schwarzen Haare hatte er genau wie Mathilde zu einem Pferdeschwanz zusammengebunden, so, als ob es sich um das Erkennungszeichen irgendeiner geheimnisvollen Sekte handelte. Er schaute mit hungrigen Augen in die Küche hinein.

So wie er war, setzte er sich mit Mathilde an den Tisch, und sie machten sich über das Essen her. Nein, sie machten sich nicht darüber her, sie vernichteten, liquidierten es, richteten es hin. Kartoffeln, die sich dem Druck der Gabel durch Flucht entziehen wollten, wurden mit dem Messer grausam hingemetzelt, das Fleisch, mit Bergen von Rahmsauce fixiert und betäubt, wurde ohne Mitleid entstellt, zerrissen, zerfasert. Stumm, ohne Unterbrechung tobte die Schlacht, Mordlust stand in den Augen der beiden Angreifer, Messer und Gabel blitzten wie Degen, es war ein ungleicher Kampf, keine Chance für Fleischroulade und Co. Die Entscheidung rückte näher. Würde es Überlebende geben? Das Schlachtfeld war bereits leer, ausgeputzt, in der Hitze des Gefechts hatten sich einige versprengte Kartoffelscheiben, Gurken- und Zwiebelstückchen in selbstmörderischer Absicht über den Tellerrand gestürzt, auch sie wurden aufgespürt und vernichtet. Es war vorbei.

Ein paar Atemzüge lang herrschte Totenstille, dann wurde der Siegestrunk gereicht, in riesigen Bechern, bitterschwarzer Kaffee, literweise. Es war geschafft. Die Sieger lehnten sich in ihren Stühlen zurück und faßten sich an die Bäuche, als könnten sie es selbst nicht glauben. Dem Gegner eine verheerende Niederlage beigebracht, keine eigenen Verluste, bis auf ein leichtes Magendrücken. Frieden.

Zeit, sich um den anderen zu kümmern.

Mathilde eröffnete das Gespräch:

«Bist du mit dem Garten weitergekommen, du Erdhörnchen?»

Der Schrat beendete es:

«Geht so.»

Mathilde ließ nicht locker:

«Laub zusammengeharkt? Hecke geschnitten?»

«Hm.»

«Scharf auf mich?»

«Etwas.»

«Hier, in der Küche?»

«Von mir aus.»

«Kannst du denn?»

Das war eine Falle. Aber der Schrat war auf der Hut, er ließ sich nicht in die Karten sehen. Er musterte seine Partnerin durchdringend, der volle Bauch machte ihn träge, aber auch mutig.

«Immer.»

«Zeig mal.»

Der Schrat – in Beweisnot – stand auf und schälte sich aus seiner Latzhose. Mathilde beugte sich zu ihm herüber, ihre gewaltigen Brüste lagen auf dem Küchentisch wie umgedrehte Käseglocken. Sie tat so, als hielte sie sich eine Lupe vor die Augen:

«Könnte klappen.»

Der Schrat, durch den Konjunktiv verunsichert, fühlte sich genötigt, die Initiative zu ergreifen. Mit selbstsicherer Behäbigkeit zog er sich aus, warf sein Zeug auf den Fußboden. Die Gummistiefel stellte er mit den Spitzen nach draußen auf die Türschwelle, so daß sie aussahen wie der zurückgelassene Teil eines in Panik geflüchteten Zuschauers. Dann zog er Mathilde die Jacke, die sie schon voreilig aufgeknöpft hatte, aus und zerrte ihr Rock und Slip herunter. Da stand sie, nackt, riesig, gewaltig, überzeugend in ihrer Masse, konsequent, Fett und Fleisch in Vollendung, in eigenwilliger Harmonie.

Der Schrat, blaß und unbehaart sein Körper, wirkte trotz seiner Länge neben ihr wie ein Fliegengewichtsboxer, der sich durch ein Versehen des Veranstalters im Ring neben einem Superschwergewichtler findet. Aber es sah nicht so aus, als ob er sich unterlegen fühlte. Er hatte sich hinter Mathilde gestellt, bedeckte ihren Hals mit Küssen, seine Hände kneteten ihre Brüste, streichelten sie und hoben sie immer wieder an, bis sie tanzten wie zwei Schiffe auf dem Meer.

Ob er sich bereits mit ihr vereinigt hatte, war schwer auszumachen, Mathilde war nichts anzumerken, sie schaukelte so, daß einem vom Zusehen schwindlig wurde. Die vertikale Stellung schien ihnen nicht zu gefallen, sie lösten sich voneinander und ließen sich ächzend auf die neben dem Küchentisch liegenden Kleidungsstücke nieder.

Und dann ging es los. Was eben noch aussah wie ein gemütlicher, mittäglicher Beischlaf, entwickelte sich zu einem grandiosen Schauspiel, einem schaurigen Wettbewerb, einem Kampf zwischen zwei vollkommen enthemmten Lustjägern. Auf den ersten Blick hatte der Schrat die schlechteren Karten, aber was ihm an Gewicht und Masse fehlte, versuchte er durch Geschick, Wendigkeit und Einfallsreichtum wettzumachen. Wenn sie eine Position eingenommen hatten, die man als Außenstehender durchaus sinnvoll nennen konnte, drückten sie den anderen sogleich wieder von sich, bogen ihn zurecht, machten ihn passend für die nächste Stellung. Alles untermalt von sämtlichen Geräuschen, die ein menschliches Wesen überhaupt von sich geben kann. Sie stöhnten, grunzten, quiekten, pfiffen, keuchten, sabberten, rülpsten und röchelten. Jedem Zuschauer wäre mit Sicherheit übel geworden, aber es war unmöglich, nicht hinzusehen. Es war einfach zu faszinierend. Es war Lust in ihrer primitivsten und reinsten, und in diesem Sinne auch unschuldigsten Form. Ein derart gewaltiges Maß an Begierde war für zwei Menschen einfach zu viel, es war unverschämt, ungerecht, und es drängte sich der logische Schluß auf, daß wegen dieser beiden Wilden viele andere Menschen unter mangelnder Begierde litten.

Woher nahmen die beiden die Kraft? Wer würde als erster zusammenbrechen? Es war kein Ende abzusehen.

Eben noch hatte sich Mathilde auf den Lenden ihres teuflischen Liebhabers im wahrsten Sinne des Wortes breit gemacht, da stieß er sie auch schon wieder von sich, drehte sie um, legte sie sich zurecht und drang von oben in sie ein. Eine halbe Minute schien ihm zu genügen, dann zog er sein Glied wieder heraus wie den Stöpsel aus einer Badewanne.

Mathilde, empört über den feigen Rückzug, erwischte ihn im letzten Moment mit ihren Unterschenkeln an seinen Hinterbacken und drückte ihn langsam, aber sicher wieder zurück in seine ursprüngliche Position. Der Schrat quittierte es mit einem wütenden Schnauben. Zurück konnte er nicht, also warf er alles nach vorne. Er steigerte das Tempo, als wollte er irgendeine Entscheidung herbeiführen, notfalls mit Gewalt. Und jetzt endlich sah es zum ersten Mal so aus, als würde es ein Ende geben. Der Höhepunkt kündigte sich an durch ein sanftes Vibrieren des Küchentisches, an dem sich Mathilde mit einer Hand festhielt. Dann begannen die Teller und Gläser in dem Schrank, den der Schrat als Widerlager für seine Füße benutzte, zu klirren und zu tanzen. Das Grunzen und Quieken wurde schneller und lauter, die Anspannung quälend, der Schrat sackte stöhnend in sich zusammen, als wäre mit seiner verlorengehenden Flüssigkeit sämtliches Leben in ihm erloschen, Mathilde stieß ein wildes Triumphgeheul aus und veranstaltete mit ihren Beinen einen Trommelwirbel auf dem Gesäß ihres Liebhabers. Langsam beruhigte sie sich, die Stille war gespenstisch und gleichzeitig peinlich, unangenehmer als die unerhörte, wüste Darstellung selbst. Muskeln entspannten sich. Das, was an Hormonen übriggeblieben war, sammelte sich und formierte sich zu neuen Gruppen, das Blut suchte und fand den langen Weg zurück zum Gehirn.

Ende der Vorstellung und Beginn meiner Karriere als gutes Buch. Mehr davon ein anderes Mal.

Andreas Busch, 41 Jahre

Der Geschaeftsmann

Es ist schon eine Weile her, ich war gerade 17 Jahre alt. In unserem Stadtteil hatte sich ein etwa 38jähriger Geschäftsmann niedergelassen. Er sah nicht schlecht aus, und er hatte etwas, das mir sofort gefiel. Freilich hat er zuerst keine Notiz von mir genommen. Ich war ja viel zu jung. Auf jeden Fall hatte ich mir, als ich ihn zum ersten Mal sah, sofort gesagt, daß ich diesen Mann irgendwann einmal bekomme. Das war eine Reaktion, als wenn man anstrebt, irgendwann wieder in seine Lieblingsklamotte zu passen.

Ich vergaß diese Angelegenheit also wieder und es verging einige Zeit. Bis ich eines Abends in einer Kneipe saß und sichtlich gut gelaunt war. Ich weiß noch, daß ich allein da saß, mich aber nicht allein fühlte. Meine Freunde befanden sich an irgendwelchen Spielautomaten, oder waren am Billardtisch. Er ging an meinem Tisch vorbei und ich spürte seinen interessierten Blick. Das war ein bestätigendes und erzitterndes Gefühl. Dadurch bestärkt, war ich sehr überzeugt von mir. Ich zeigte meine netteste Miene und kehrte all meine jugendliche Weiblichkeit heraus. Als er wieder zurückkam und mich immer noch allein sitzen sah, vielleicht auch animiert durch meine ansprechend feminine Pose, setzte er sich neben mich und sprach mich ganz ungezwungen an. Er war nett und eigentlich sehr direkt, worauf ich es aber abgezielt hatte. Ich wollte jedoch nur flirten und kannte meine Grenzen. Diese gingen immer-

hin so weit, daß wir ein sehr erotisches Gespräch
führten, wobei die Funken nur so sprühten. In
diesem Moment kam mir das alles nur einfach
prickelnd und sehr sauber vor. Später wurde mir
klar, daß es weitaus mehr als Prickeln war, da
ich von allem was um uns vorging nichts mehr mitbekam. Hätte man das Energiefeld um uns beide
herum eingefärbt, so wäre man zu einem überraschend tieffarbenen Ton gekommen. Wir unterhielten uns eigentlich nur, aber die scheinbar flüchtigen Berührungen erreichten ihr Soll.
Irgendwann verabschiedete ich mich einfach und
ließ ihn mit der Gewißheit auf ein nichtdatier-
tes Wiedersehen zurück. Meinen Heimweg erlebte
ich wie im Rausch.

Als ich ihn wiedersah, kam ich von einer
Fete und war sehr ausgelassen. Wir waren sehr
persönlich zueinander und berührten uns ganz
natürlich auf spielerische Art, soweit es das
Umfeld zuließ. Ohne viele Worte waren wir schnell
einer Meinung und ich ging diese Nacht mit zu
ihm. Meine Familie wußte, daß ich von Partys
manchmal sehr spät, bzw. erst früh heimkomme.

Er hatte eine kleine, aber stilvoll einge-
richtete Wohnung. Zuerst setzten wir uns aufs
Sofa, mit dem Vorsatz noch ein wenig zu plaudern.
Aber wir waren von einander überwältigt. Seine
Berührungen waren fordernd, seine Hände waren
sanft, wie mit Strom geladen und ich ließ mich
bereitwillig von ihm mit beiden Armen hochheben
und ins Nebenzimmer tragen. Er trug mich, als
wäre ich eine Feder. Die ganze Zeit kam von einer
undefinierbaren Quelle her Musik. Leise, erregende, sphärische Klänge. Er lag schon auf seinem großen, mit Satinbettwäsche bezogenen Bett

und ich bewegte mich zu diesen wundersamen Tönen, indem ich mich entkleidete. Sein Gesicht zeigte mir seine ganze Lust und machte mich unheimlich an. Endlich war zwischen unseren Körpern keine Distanz mehr. Es war wie ein Feuer zwischen uns und wir wälzten uns gemeinsam in diesem herrlichen Stoff. Wir gaben uns alles, was unsere Leiber zu geben hatten und entluden unsere Gier auf einander in einer Zeremonie über mehrere Stunden. Irgendwann lagen wir aneinander gedrängt laut ausatmend, um den normalen Rhythmus wiederzufinden. Erst jetzt drangen einzelne Worte in den bisher sprachlosen Raum.

Es war ein außergewöhnliches Erlebnis. Nicht, weil es diese Situation war, derer gab es noch andere. Nicht wegen unserer unterschiedlichen Reifegrade, nein, auch das war keine Besonderheit. Es war vielmehr diese Erfahrung meiner ersten vorbehaltlosen Hingabe, ohne alle Ängste. Und völlig befriedigt zu sein, obwohl nicht eigentlich miteinander geschlafen zu haben.

Denn auf diese, für mich sehr wichtige Sache, wartete ich noch zwei Jahre, um sie mit meinem Traumprinzen körperlich und geistig zu erleben.

Studentin, 20 Jahre, freilich weiblich

E I N K A U F

Ein ziemlich langer anstrengender Tag auf Arbeit ist endlich vorbei, und ich muß noch schnell ein paar Sachen einkaufen, um der Ebbe in meinem Kühlschrank Herr zu werden. In der Schlange an der Kasse im Supermarkt steht direkt vor mir eine Frau um die 35. Sie hat ein luftiges Sommerkleid an, das ihre sehr weiblichen Formen vorteilhaft betont. Ihr Einkaufswagen ist bis zum Bersten gefüllt, und ich frage mich beim Warten, wie sie das alles alleine nach Hause tragen will. Ihr volles schwarzes Haar verströmt einen erotischen Duft... ob sie auch zwischen den Schenkeln schwarz und dicht behaart ist? Als sie endlich an der Kasse ankommt und ihre Ware auf das Band legen kann, fällt mein Blick wie magisch angezogen auf ihren tiefen Ausschnitt, der zwei große volle Brüste zur Hälfte freigibt. Ich weiß nicht, ob sie meine Blicke spürte, denn für einen kurzen Moment blickt sie mich an und lächelt kurz: zwei große Augen, eine kühn geschwungene Nase und ein Mund mit vollen Lippen. Nachdem ich ebenfalls bezahlt hatte und mit meiner kleinen Einkaufstüte den Supermarkt verließ, sah ich sie keine zehn Meter vor mir sich mit ihren sechs oder sieben Taschen abmühen. Ich ging schneller und fragte sie, ob sie einen weiten Weg vor sich hätte, und bot ihr meine Hilfe beim Tragen an. Sie sagte, es seien nur ein paar Straßen, aber sie würde trotzdem gerne meine Hilfe annehmen. Schweigsam erreichten wir nach ein paar Minuten ein mehrstöckiges Mietshaus. Sie bat mich, ihr noch beim Rauftragen in den dritten Stock zu helfen. Während sie vor mir die Treppen hinaufstieg, hatte ich Gelegenheit, in aller Ruhe ihren schönen Hintern und ihre wohlgeratenen Beine in schwarzen Netzstrümpfen zu betrachten.

Oben angekommen, lud sie mich auf einen Kaffee bei sich ein, was ich gerne annahm. Während sie in der Küche den Kaffee zubereitete, sah ich mich im Zimmer um, das typisch weiblich und mit sehr viel Geschmack eingerichtet war. Ich saß in

einem gemütlichen Ohrensessel schräg gegenüber einem bequemen Sofa, als sie mit dem Kaffee hereinkam. Sie gab mir eine leere Tasse und schenkte ein, wobei sie sich nach vorne beugte und ich ihr wiederum sehr tief in den Ausschnitt sehen konnte, dieses Mal jedoch aus allernächster Nähe. Wieder sah sie mir kurz dabei ins Gesicht. Anschließend setzte sie sich mir gegenüber auf das Sofa und machte es sich etwas bequemer, wobei sie sich nach hinten lehnte und die Beine spreizte. Bei dieser Bewegung rutschte ihr Rock leicht nach oben und gab den Blick zwischen ihre Beine frei. Nun wurde mir doch ziemlich heiß, denn ihre Netzstrümpfe entpuppten sich als Strapse, und sie trug keinen Slip! Meine Erektion wurde langsam unerträglich, und während wir uns unterhielten, konnte ich meinen Blick kaum von ihrer Möse und den leicht geöffneten Schamlippen wenden, da sie zu meinem Entzücken ihre Schenkel noch ein wenig weiter öffnete.

Ich fragte nach der Toilette. Während ich mit meiner unüberschaubaren Beule in der Hose an ihr vorbeistakste, spürte ich ihren Blick auf die Hose. Als ich wieder in das Wohnzimmer zurückkam, mein «Zustand» war noch derselbe wie vorher, lehnte sie sich gerade mit dem Rücken zu mir aus dem Fenster und betrachtete das Treiben auf der Straße. Ich trat ganz dicht hinter sie, schob ihren Rock hoch und streichelte ihren Hintern und ihre Schenkel. Sie lehnte sich nach vorne, streckte mir ihre großen Backen entgegen und stellte ihre Beine etwas weiter auseinander, damit ich besseren Zugang bekam. Dabei sprachen wir kein Wort, nur unser erregter Atem war hörbar. Ich zog meine Hose aus und stand nun mit eregiertem Penis hinter ihr.

Doch vor dem Eindringen wollte ich sie erst mit meinen Händen und meiner Zunge verwöhnen. Ich kniete mich hinter sie und befand mich nun genau vor ihrer geschwollenen Spalte. Mit meinen Händen zog ich ihre Backen auseinander und glitt mit meiner Zunge zwischen ihre Schamlippen. Ihre Möse war sehr feucht, und bei der ersten Berührung durch meine Zunge stöhnte sie laut auf und klammerte sich ans Fensterbrett. Gleichzeitig schob ich meine Hand an ihren linken Schenkel, an welchem ihre Liebessäfte runterliefen, nach oben und massierte ihren Kitzler. Krampfhaftes und abgehacktes, lautes Stöhnen verrieten ihren ersten Orgasmus. Erst jetzt richtete ich mich wieder auf und schob ganz langsam meinen steifen Penis zwischen ihre Schamlippen. Bereits beim Eindringen in ihre nasse Lustspalte umklammerten ihre Mösenmuskel meinen Penis und massierten ihn zärtlich. Ich mußte mich stark zusammenreißen, um nicht sofort abzuspritzen. Nachdem sie erneut von einem heftigen Orgasmus geschüttelt wurde und laut aufstöhnte, drehte sie sich um und kniete sich vor mir hin. Sie nahm meinen feuchten, harten Penis zärtlich in ihre Hände, massierte ihn liebevoll und nahm ihn dann in den Mund! Während sie meinen Penis mit ihren Lippen umschloß, in ihren Mund raus- und reingleiten ließ, streichelte sie meine Eier! Nach einer – wie mir schien – kleinen Ewigkeit, beendete sie dann diese Prozedur und führte mich zu einem Stuhl, auf den ich mich hinsetzen sollte. Während ich mit meinem steifen Penis dort saß, zog sie ihr Kleid aus und stand nun nur noch mit den Strapsen bekleidet nackt vor mir! Ihre schweren, vollen Brüste hatten einen großen Warzenhof, und ihre aufgeschwollene Möse war stark behaart! Sie kam nun über mich und führte sich meinen Schwanz ein. Während sie mich ritt, massierte und leckte ich ihre Brüste. Gleichzeitig explodierten wir, und ich verströmte mich in sie. Nach einem Kaffee und der obligatorischen Zigarette machte ich mich auf den Weg nach Hause!

Andreas Huebner

My young hip hop taxi guy

Kurz vor zwölf, ich muß raus, in die Italian Bar, obwohl ich weiß, Ergün kommt heut nicht, muß raus, noch was sehen, anstellen, trinken, Bettschwere herstellen.

Taxi an der Ecke. Hinein. Hip hop Typ, Turnschuhe, Jeans ausgefranst, und die unvermeidliche Kappe natürlich.

«Italian Bar, kann ich rauchen?» — «Klar», kaut er zurück. «Wo ist das?»

«Sollteste kennen, Mehringdamm, Yorckstraße, kurz hinterm Kino, willste auch eine?» — «Jaaa.» Feuer kriegt er auch noch von mir. «Ich hab ein date, aber ich weiß, daß er nicht kommt.» Es grinst unter der Kappe. Viertagebart, the golden earring, paar Pickel, schiefer Blick, aber schöne Augen.

«Wie wärs, wenn du mit reinkommst in den Laden, ich lad dich auf ein Glas ein, dann kannste mich zurückkarren, is doch n' gutes Geschäft, oder?» Jetzt lacht die Kappe. «Was bist denn du für eine, ich geh um die Ecke, wenn ich nachts noch mal n' drink will, fahr ich doch nicht extra mit 'm täx.» — «Ich schon, bei mir um die Ecke gibts nix, die Italian Bar is 'n schickerer Laden, möcht ich heut. Na, aber wenn ich mehr Kohle hätte, würd ich die ganze Nacht mit dir fahren, irgendwohin, irgendwolang, ich liebe Taxifahrer, nachts, in Berlin, also wie siehts aus?» Die Kappe macht große Augen.

«So was wie du ist mir noch nicht begegnet,

n' schicker Laden, lassen die mich da überhaupt
rein?» — «Mit mir schon.»

Taxe abstellen, sogar n' richtiger Parkplatz, die Kappe grinst wieder. «Na, der wird
gucken, wenn er da ist.» — «Ist er nicht, sag ich
doch, an die Theke oder an 'n Tisch?» — «Mir
egal.» — «Dann Tisch.» Antonio flattert herbei -
«Eh, ciao, e come stai, tutto bene in questa pri-
mavera?» — «Ma siii, e tu, come vai, tutto a
posto?» Si, ma si, si. Si. Einen Trebbiano, einen
Kaffee.

Ein bißchen Schwatzen, hab mal studiert,
keine Lust mehr zum Lernen, fahr jetzt hauptberuflich selbständig, zwei Taxen, is das Richtige
für mich, und du, studierste, nein, längst fertig, arbeiten, würd gern weiterlernen, vieles,
keine Zeit, die Kohle muß ran, keiner bezahlt
fürs Lernen.

Die Kappe bekommt immer schönere Augen.
«Gehste Samstag mit mir ins Konzert, zu Willy,
Neue Welt?» — «Ne, Hauptarbeitszeit, Samstag
geht nich, muß fahrn.» — «Dann machen wir heute
nacht was zusammen, wieviel verdienste denn so in
einer Nacht, vielleicht kann ich dich kaufen!?»
Guckt er groß, «so was hat mir noch gar keiner
gesagt», Ärmelarmgeturtel, Zärtelei. «Also?» —
«O.k., zahlst die drinks und die Taxe, fahren
wir zu dir, heute nacht halb vier muß ich aber
raus, fester Kunde.» Zahlen, - ciao, ciao, raus,
Händchenstreicheln, ins Auto, zu mir. «Echte
Parkplätze gibts hier keine, brauchste gar nicht
suchen, stell dich dahin.»

Oben auf dem Sofa, ich sags ihm mit den
schönen Augen, freut er sich natürlich, auch wenn
er tut, als glaubte er mir nicht.

Noch n' halbes Glas Sekt, er geht ziemlich
zur Sache, ich kann ihn küssen, gut küssen, Hals,
Ohren abkitzeln, mit der Zunge, mmh, seine Hände
in meinem Ausschnitt, in meiner Hose, die Schuhe
ausgezogen, wo ist dein Bett, ich will dich hinlegen, nebenan, warte, noch mal aufs Klo, muß
noch 'n Stöpsel rausziehen - - - - ich sehe förmlich durch seine Hose, wie ihm der Schwanz ab-
klappt, die Kappe ist fertig.

«Was ist los, wo ist das Problem, ist der
letzte Tag, kommt fast nix mehr.» — «Nein, aus,
geht nich.» — «Versteh ich nich, warum?» — «Is
immer so, ekelt mich.» Wir rauchen eine. Er will
weg, will fahren. Umarm mich noch mal, küß mich
noch mal. Umarmt er, küßt er, Telefonnummern notieren, und dann «Holn wir nach», sagts und geht.

So long, driver!

Zwei Tage später. Falsch verbunden. Prima-
vera in Berlin.

Marisa Mora, 37 Jahre

Foto: Gaby Tipper

Sie saß im Boot, als ich zum See runter kam. Der August-
nachmittag war heiß, und ich wollte ein bißchen dösen und
schwimmen.

Ihre dunkelblonden Haare hatten so einen Schimmer ins
Rötliche. Sie trug ein leichtes Sommerkleid, eher ein Fähnchen,
kniekurz, mit Streublümchen drauf oder wie man das nennt.

Hübsch, wie sie so da saß. Das Kleid schien ein bißchen
knapp, besonders oben rum. Viel drunter konnte sie nicht
haben. Na ja, sie war jedenfalls kein kleines Mädchen mehr.
Das sah man deutlich.

«Ist das dein Kahn», fragte sie und blinzelte mich gegen die
Sonne an. «Einmal ins Wasser bei der Hitze. Hier sieht einen
wenigstens keiner.» –
«Eigentlich wollte ich
auch…», brachte ich
raus. Mehr fiel mir

Seestück

nicht ein, und das war ziemlich wenig und schon ein bißchen
blöde. Sie winkte ab. «Wenn du nicht willst, geh ich.»

«Bleib schon», sagte ich. So was wie Unruhe kam bei mir
hoch; sie lag träge hingegossen da, die langen Beine lässig ausgestreckt – mir blieb nicht viel Platz.

Ich war vielleicht verlegen! «Danke», sagte sie und kein
Wort mehr. Und dann fing sie mit ihren schönen Fingern an,
solchen Klavierhänden, sich das Fähnchen langsam in Richtung
Schultern und Kopf zu ziehen. Wie selbstverständlich.

Krampfhaft versuchte ich aufs Wasser zu starren. Als ich
hochguckte, hing dieses lächerlich kleine Höschen an ihrem
rechten Fuß mit dem Goldkettchen am Knöchel. «Lieber oben
anfangen», dachte ich, sicherheitshalber.

Zwei scharfe Kurven hatte sie freigelegt, mehr rund als spitz,
ganz rosaweiß, so wie Marzipan etwa, mit Himbeerbonbons
oben drauf. Mir wurde ganz anders.

Sie tauchte die Hand ins Wasser und ließ glitzernde Perlen an
sich runterlaufen. Tief runter. An mir wagte ich nicht runterzu-
sehen. Sie tat's. Ich wußte auch so, was los war.

Wollte sie nun endlich ins Wasser oder nicht? Sie lag ganz still, die Augen zu. Das war der Moment, schnell in die Badehose zu steigen.

Der Fuß mit dem Kettchen angelte sie mir weg, gerade als ich aus den Shorts war. Mit einem kleinen Schwung ließ sie mein gutes Stück über Bord gehen. Verdammt. Ein Sprung hätte mich noch gerettet, aber ihr Fuß hielt mich fest. Genau gesagt waren es zwei Füße, die mich in die Klammer nahmen. Näher hin zu den Marzipankugeln. Hoffentlich nur das.

Aber gleich ahnte ich, daß ich in etwas hineingeraten würde, von dem ich bisher nur vage beim hastigen und heimlichen Blättern in den verbotenen Revieren der elterlichen Bücherregale erfahren hatte und aus den starken Sprüchen der Freunde.

Die Klavierfinger führten meine Hände leicht auf ihre Marzipanhügel mit den harten Himbeerbonbons. Das war anders als auf den Parties, wo wir im Dunkeln neugierig kleine Abenteuer in den Blusen der gleichaltrigen Mädchen gesucht hatten.

Zwei Kissen aus runder, blanker Haut. Zwei Hände voll atemloser Aufregung.

Wie lange das ging, weiß ich nicht mehr. Ich weiß nur, daß unsere Hände dann zusammen langsam auf Talfahrt gingen. Ich wollte nichts sehen, spürte nur den atmenden Bauch mit der kleinen Mulde des Nabels und dachte an Selbstmord, hoffte inständig, daß wenigstens ein kleines Erdbeben oder vielleicht irgendein anderes Naturereignis mich noch im letzten Augenblick vor dem Sturz in die Grube und vor dem Offenbarungseid bewahren könnte.

An diesem dunklen Punkt, das wußte ich, war alles zu Ende. Und dann wurde alles wie Himmelfahrt.

Die Klavierhände brachten mir die ersten Fingerübungen bei. Mit kleinen Melodien gaben sie behutsam den Ton an. Geduldig ließ sie mich üben. Bis wir das Thema gefunden hatten. Niemand sah uns. Leicht streichelte sie meinen Rücken. Suchen mußte ich nicht mehr. Kleine Wellen wiegten das Boot, ließen es schaukeln, wurden heftiger, ließen es kreiseln und tanzen, trieben es weiter raus auf den See.

Irgendwo hatten meine Zehen Halt gefunden. Der rauhe Bootsboden drückte sich schmerzhaft in meine Knie. Und dann, das weiß ich, hob ich ab, flog mit geschlossenen Augen rasend schnell auf die Sonne zu. Die war ein riesengroßer feuerroter Luftballon, der mit gewaltigem Dröhnen zerplatzte.

Als ich aufwachte, war ich mit dem Gesicht genau in ihrem Marzipanladen gelandet, wollte gar nicht aufwachen, grub meine schweißnasse Nase in die schweißnasse, nach Sonnenöl und Mädchen duftende Kuhle zwischen den Marzipankugeln. Und noch immer klopfte mir das Herz bis zum Hals. Das mußte sie eigentlich hören. Dann aber holten mich nicht nur meine Knie in die Wirklichkeit zurück.

Sie sprang ins Wasser, wie sie war. Splitternackt. Für mich war sie rundrum schön. Die Schönste von allen. Weit schwamm sie raus, tauchte, prustete, ließ die nassen Haare fliegen. Sie war eine Nixe. Ich schob, selbst im Wasser, das Boot wieder aufs Ufer zu. Ohne Anstrengung und ohne ein Wort kam sie zurück.

Das Wetter würde wohl umschlagen.

In Strähnen hing ihr die rötliche Mähne ins Gesicht. Das sah gut aus. Auf dem Kleid zeichneten sich Hüften und die scharfen Kurven ganz deutlich ab. Sie war noch ganz naß.

MANN!

Mit dem Zeigefinger tippte sie an meine Lippen, fast zärtlich, und noch einmal sagte sie «danke». Sonst nichts. Sie sah sich auch nicht mehr um. Barfuß, die weißen Sandalen in der Hand, ging sie im hohen Gras davon.

Die aufkommende Brise kündigte das Gewitter an. Sie drückte das Kleid zwischen die Beine und ganz eng an den Leib.

Jetzt war nichts mehr wie vorher.

Und ein bißchen, glaube ich, habe ich dann geheult.

Robert Wittgendorf, 73 Jahre

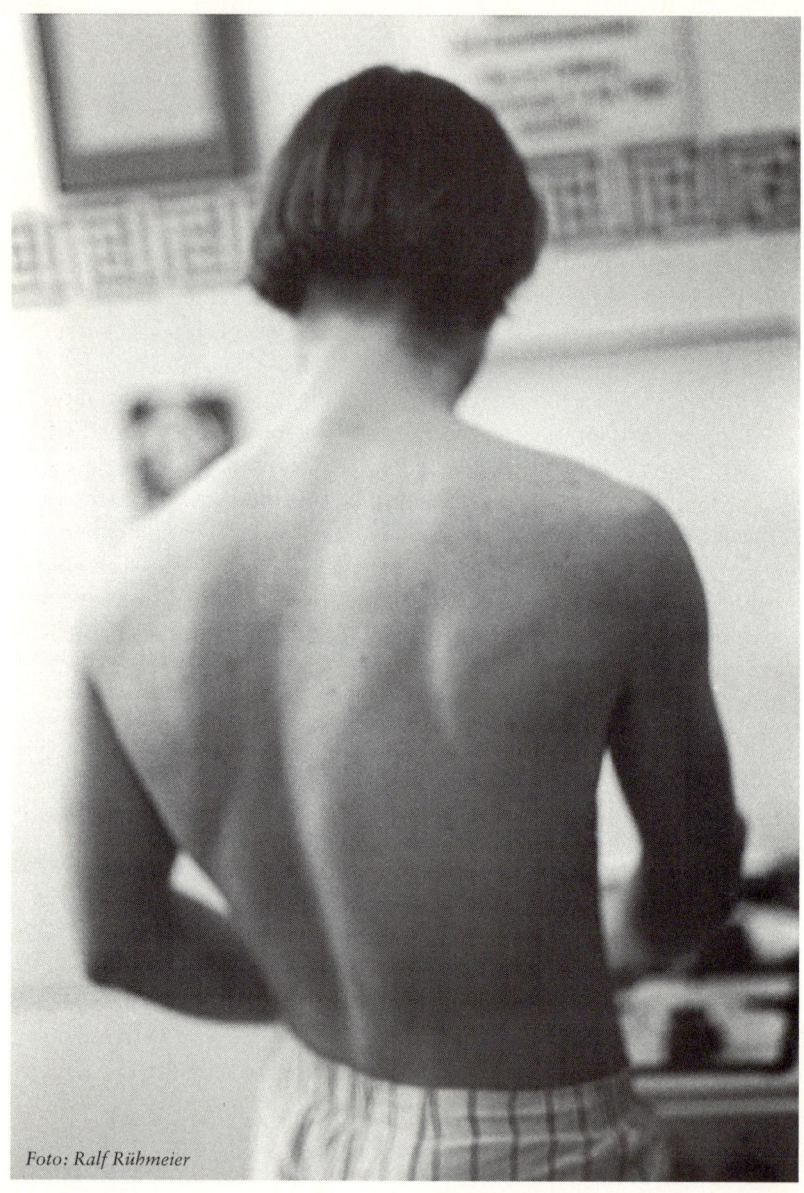

Foto: Ralf Rühmeier

Die Hochzeitsreise

Daß *er über* die Nachricht nicht richtig traurig sein konnte, erstaunte ihn etwas, aber dies war nur die logische Fortsetzung einer Reihe von Gefühlen, die nicht so waren, wie sie hätten sein sollen.

Man war natürlich erschrocken, hatte sofort erwogen, unverzüglich die Heimreise anzutreten, aber als seine Frau den Vorschlag gemacht hatte, alleine für zwei Tage zur Beerdigung ihrer Mutter zu fliegen und danach die Hochzeitsreise fortzusetzen, war er, obwohl er den Gedanken schrecklich hätte finden müssen, erleichtert. Um nicht zu sagen: froh. Zwei Tage Zeit, sich zu besinnen auf all die Dinge, die passiert waren, Zeit, sich über seine absurden Gefühlsantithesen klar zu werden, Zeit, zu wissen, was all dies bedeuten sollte.

Natürlich zeigte er, alle Erwartungen erfüllend, Bestürzung über den Plan, munkelte von Zusammenhalt und guten und schlechten Zeiten, doch da der Mensch meist seinem tatsächlichen Wunsch entsprechend handelt, sosehr er ihn auch verabscheut, sich seiner schämt: Sie saß im Flugzeug, gewinkt werden muß, Kuß, intensiv, aber da war wieder das schlechte Gewissen, sie zu belügen, Angst eine Mauer, die keine Auswirkungen hat, derselbe Film-Blick wie bei der Trauung in Weiß, tränennah, alt.

Als sie weg war, in berechenbarer Nicht-Nähe, unsichtbar in Pariser und Münchner Wolken, nur noch als Hinterkopfgedanke an rote Rosen und blumigen Spitzenduft in frischem Haar, begann er sich zu schämen. Denn dieses erste Gefühl seit langem, das er nicht spielte, die erste Ahnung einer tatsächlichen Regung war nicht Trauer oder Schmerz, wie er und sie es gebraucht hätten, nicht die Einsamkeit, die lange Liebesbriefe schreiben läßt, sondern etwas verabscheuungswürdig Einfaches: Freiheit. Zeit. Sich selbst überlassen, seine ziellose Wanderung durch Paris. Sehenswürdigkeiten alle schon gesehen. Wege neu ausprobieren: es gibt doch überall Sicherheit genug.

Der Tag wurde dunkler, zog sich über der Stadt zu einem kleinen Lächeln zusammen, war nur noch im warmen Hauch zu spüren, der die grauen Wolken über den Himmel jagte, hier unten aber, in den Schluchten von Montmartre und St. Germain nur unzureichend die Gerüche der Welt vertrieb, die ihn durch die Gassen leiteten, die ihn hier und da stranden ließen, ihn aber immer wieder losließen, neue Wege öffneten.

Über all dem kristallisierte sich der Geruch von Wein, Rotwein aus den Bistros, den Tavernen, den Spelunken und Kneipen, den Cabarets und Restaurants.

Eine Bar schließlich zog ihn mit unwiderstehlicher Macht an, ließ ihn einsam auf den roten Schimmer blicken, träumen, die Gerüche von Rauch und Musik verzeihen, melancholieren über dies und das, er trieb durch den Abend und merkte kaum, daß er unmerklich eine Richtung bekam, daß in der Tiefe dieser Stadt der Zusammenstoß, so unwahrscheinlich er auch schien, nicht zu vermeiden war, eine Aura begann, sich im Duft zu entfalten, und Wärme überzog seine Schulter, seinen Rücken, eine Welle von süßer Lieblichkeit, die nach Unheil roch, und doch in einer faszinierenden Kapriziösität den Geist, das Auge fesselte. Erst als er angesprochen wurde, veränderte sich sein Bewußtsein, und er wagte es, die Schwere als Hinterlassenschaft der warmen Hand zu interpretieren, die auf seiner Schulter wie selbstverständlich ruhte, die da lag, als sei dort seit Jahren ihr angestammter Platz, die eine Verbindung zuließ zu der spröden, rauchigen, aber in ihrer vollen Tiefe erschreckend schönen Stimme, die seine Gedanken nicht unterbrach, sondern nur auf sich lenkte, der Zusammenstoß, der schon lange in der Luft lag, stand kurz bevor, doch er wehrte sich nicht, ließ sich weiterziehen, fesseln im Schwarzbraun der Augen, die auf seinen ruhten. Er versank in ihnen, verstrickte sich immer tiefer in einem Netz, welches ihn nicht freigeben würde, ehe er nicht ein Teil davon geworden wäre.

Worte waren nicht wichtig in diesem Sturz von goldenen, schwarzen, braunen und tiefgelben Tropfen, rauschend, ungestüm, gehorchend, sich frei und glückselig der Macht des pulsierenden Menschen hingeben.

Er hieß Jean, war auf der Suche nach ihm gewesen, hatte Vertrauen. Sie saßen nebeneinander im Auto, durchflogen die Nacht mit all ihren Lichtern und Blitzen, verließen Paris, den Flughafen, die Ketten aus Honig, verrauchten im Dunkel eines Pfeils, auf dem Weg nach Westen, in ein Land, wo nur Wasser die Trennung von Freiheit ist. Rasend durch die Kühle, auf das Ende des Tunnels zu, auf das Licht des Morgens, das warm über die kahlen Flächen des Ozeans streicht, das den jungfräulich schönen Sand zu Gold werden ließ, das die Abdrücke vierer nackter Füße aufnahm, die suchend die Leere gefunden hatten, in der Vereinigung möglich war, Schutz vor all dem Normalen, versunken in der tosenden Stille des Meeres.

Die Abdrücke ihrer Füße, vier Füße, die einmal, das erste Mal, nicht Größe demonstrierten, nur gleiche Wünsche, diese Kuhlen im fließenden Sand füllen sich mit Wasser, Gischt, werden verwischt, verschmelzen zu fließendem Gold, hinterlassen zwei weiße, zwei gleich weiße Körper, die von Wasser umspült sind, die das Gehirn bekämpfen, durchzuckt werden von Kraft, gleiten durch Tiefen und Höhen, die den Kampf mit den Wellen nicht scheuen, sich diesen blauen Giganten stellen, sie brechen, sie umknicken lassen, die Salz spüren, glattes, schäumendes Salz, die aufeinander zutreiben, die sich umstehlen, fordernd zurückweichen, sich wie zwei Boxer nicht aus den Augen lassen, ihre schlangenkräftigen Arme absondern, sich langsam, zögernd finden. Zwei Hände, tastend, Glattes spürend, gleitend auf weißer Haut, Salz, zwei Körper, gleich weiß, sich findend, verschmelzend, endlich, das erste Mal, gefunden den Schutz vor der kalten Welt in der Einheit von gleichen, die sich schützt, eins werdend, Kraft potenzierend, nicht mehr allein, aber doch eins, im Spiegelbild Kraft schöpfend, sich aufbäumend, Energie entblößend, suchend, findend, geil, hungrig, wissend, rein...

Irgendwann fand er sich auf seinem Bett wieder. Er wußte weder, wie er dort hingekommen war, noch, wie lange er schon hier lag.

Er spürte, daß er nicht alleine war, fand in den weißen Kissenbergen einen Körper, schön, leuchtend, der Erinnerungen wachrief.

Doch sein Verstand gab ihm keine Erklärung für Jean, nur durch eine unbestimmte Gewißheit wußte er, daß er das Glück gespürt hatte.

Er war wie aus einem Traum erwacht, im Verstand nach einer Ursache für sein Gefühl suchend, aber nichts findend. Glücklich ohne Grund. Er wagte es, die Hand nach Jean auszustrecken, fühlte einen Blitz, als er dessen Haut berührte, sah in Augen, die ihn lockten, wieder zurückreißen wollten in diese Taumel der letzten Tage, ihn wieder sterben lassen wollten, um den Himmel weiterhin zu schauen – doch ein wildes Pochen, ein tiefer Herzschlag riß ihn zurück in die Realität.

Seine Frau trat ein, war aufgelöst, wollte wissen, weshalb er sie nicht abgeholt habe, blickte auf das Bett, auf Jean, der plötzlich erschreckend nackt dort saß, aufstand, seinen Steifen nicht verbarg, sich in aller Ruhe anzog, ihm noch einmal tief in die Augen schaute, wehmütig, Abschied nehmend, stolz, verschwand.

Sie schwiegen sich an, sprachen kein Wort miteinander. Er war nicht mehr sicher, was passiert war, kaute seine Fingernägel, starb und wurde ein guter Familienvater ohne Sorgen.

Soweit diese Geschichte, diese Phantasie. Ich bitte Euch, sie zu drucken, und falls Ihr beim Lesen einen Steifen kriegt, so sucht Euch einen Mann Eures Vertrauens und sperrt Euch mit ihm ins Klo ein, zeigt Euch Eure Penisse und habt den Mut, Euch gegenseitig einen zu blasen. Dieser Text ist nicht pornographisch, da er von einem Minderjährigen verfaßt wurde. Die Frage, ob Jean Aids hatte, erübrigt sich Gott sei Dank, da diese Handlung in eine Vor-HIV-Zeit spielt.

Zu meinem Pseudonym eine Geschichte: Ich bin 17, Gymnasiast, männlich, schwul. Aber das weiß keiner.
Kürzlich verbrachte ich einen Abend mit Thomas, der eine weiche, zärtliche Lederhose und einen blauen Flauschpullover anhatte. Während ich ihn verstohlen beobachtete, stellte ich mir vor, wie schön er nackt sein müßte, wie gerne ich meinen steifen Schwanz von seiner Zunge erkunden lassen würde, wie gerne ich seine Brustwarzen ablecken würde, wie liebend gerne ich seine blonden Pobacken um meinen Penis legen würde. In meiner Phantasie begannen wir zu stöhnen und zu keuchen, wir rieben unsere Körper aneinander, seine blonden Haare vermischten sich mit meinen schwarzen Schamhaaren, wir streichelten einander überall, ich hätte explodieren können vor Lust – doch in Wirklichkeit habe ich ihn nur angeschaut und gewünscht.
Ich bin nämlich nicht schön und erotisch. Ich bin dick und häßlich. Doch es gibt zwei Dinge, die erotisch sind an mir: meine Stimme, die schon so manchen Typen am Telefon zu geilen Schreien und wildem Masturbieren getrieben hat: und meine künstlerische Ader, die erwacht, wenn ich meine Geilheit auf Nicht-Geiles umlenke.

Thomas Blauleders, 17 Jahre

Die Rettungsschwimmerin

In den 80er Jahren verbrachte ich die Sommerferien mit meiner Frau und den Kindern fast regelmäßig in Polen. Ein Privileg durchaus, denn nach der Verhängung des Kriegsrechts dort, trieb die *Sorge* der Behörden unseres Ländchens um die Sicherheit seiner *Bürger* neuerlich schillernde Blüten: Auch für die Ausreise in das Bruderland war nun der Nachweis über *dringende Familienangelegenheiten* vonnöten. Ein Kinderspiel für uns, denn bei der katholischen Verwandtschaft jenseits der Grenze (von der unser Wohnort nur durch das Oderbruch getrennt ist) ließen sich *heilige Kommunionen* und ähnlich unaufschiebbare Familienfeste jederzeit erfinden und amtlich bescheinigen. Den General mit der dunklen Brille haben wir nie gesehen, teilten aber die Sorgen unserer Freunde, mit denen wir an den Feuern vor unseren Zelten oder in ihren Warschauer Wohnungen diskutierten, waren dabei wohl auch ein wenig neidisch auf die Offenheit, die Aufbruchstimmung trotz alledem, die auch der kleine General nicht verhindern konnte, die ganz andere Atmosphäre in diesem Land, die uns doch früher schon so angezogen hatte. Und die Landschaften, die Seen und die weiten Wälder…

So waren wir also immer wieder losgezogen, Auto, Hänger, Zelte und Proviant; verschont in diesen Jahren von der Flut der Landsleute, die früher hier die Straßen verstopft hatten und die Plätze, und steuerten unser erstes Ziel an: einen kleinen See noch in Pommern, *Pojezierze Pomorskie*, genauer *Pojezierze Drawskie* heißt die Gegend, die östlich an das Gebiet um Szczecin anschließt, einen kleinen See mit einem größeren Nachbarn, dem *Jeziore Siecino*. Einen Namen für den kleinen Bruder habe ich auf keiner Karte gefunden; er liegt links von der Chaussee nach *Ostrowice*, von *Złocieniec* aus gesehen, der kleinen Stadt, in der wir unsere Einkäufe machten. An diesem Waldsee, nur knapp 300 Meter entfernt vom großen *Siecino* über die Straße und durch einen feuchten Graben mit ihm verbunden, machten wir damals oft zum erstenmal Station bei unseren Reisen, blieben ein paar Tage hier, um dann später weiter hinauf zu fahren über die Kaschubei bis zu den Masuren.

Mit seinem stumpfen Ende grenzte der «*Pomorski Paradiso*» (so nannten wir unseren See zum Spaß) gleich an die kleine Landstraße und war doch nicht zu sehen für den Unkundigen. Nur ein kleines Schild «*Biwak*» deutete auf den Ort hin, der uns in seiner Stille und Intimität schon vor ein paar Jahren geeignet erschienen war, einen Platz für unsere Zelte zu suchen; für uns und unsere Freunde, die mit ihren Kindern mitgekommen waren. Ohnehin zogen wir diese *Biwaks* den üblichen Camping-plätzen vor: eher klein waren sie, lediglich ein paar durch niedrige Stangen markierte und begradigte Stellen für ein Zelt, dazu Tische und Bänke aus aufgeschnittenen Baum-stämmen, ein Bretterklo weiter hinten im Wald, alles kostenlos. Kein elektrischer Strom natürlich und kein fließendes Wasser, das konnte man aus der Försterei holen, zwanzig Minuten auf dem Trampelpfad am Ufer entlang. Und ein wunderbarer langer Holzsteg ragte auf den See hinaus direkt bei den Zelten, ein Feuerplatz an sei-nem anderen Ende zum Ufer hin, genug alles für die ersten Urlaubstage, kaum 200 km von zu Hause...

S-förmig geschwungen lag der kleine See tief in den Wald geschnitten, der sich mit seinen hohen Ufern auf dem Wasser spiegelte und an die märkischen Seen nörd-lich und östlich von Berlin erinnerte, an die Gemälde von Leistikow. Und er gehörte allein uns, soweit es den *Biwak* betraf, den wir mit unseren Zelten völlig ausfüllten. Sonst auch den Anglern aus der Gegend, die ich am frühen Morgen überall an den Ufern sehen konnte, wenn ich ein-mal aus dem Zelt mußte vor dem Aufstehen, nur kurz hin-

auf zum Klosett auf dem Hang. Sie waren mit den Fahrrä-
dern gekommen, die an den Bäumen ringsum lehnten,
und waren selber kaum zu erkennen in ihren blauen
Arbeitsanzügen oder ihrem grünen Drillich, aufgereiht an
der gegenüberliegenden Seite, in hohen Stiefeln vor dem
Schilfgürtel, dort, wo er licht und schmal war, oder an
Bäumen lehnend, wo Lücken im Schilf den Blick auf das
Ufer freigaben. Zum Frühstück schon waren sie nicht
mehr da (nur manchmal noch ein einzelner alter Mann),
kamen auch am Tage und an den Abenden nicht hierher,
dann standen sie wohl drüben am *Siecino* und stellten den
Aalen dort nach, soweit ich die Antworten des Alten verstanden habe auf meine Fragen und meinen Sprachkennt-
nissen vertrauen konnte.

So fuhr ich endlich nach *Zlocieniec* irgendwann und
kaufte mir dort eine Bambusrute, dreimal aufgesteckt und
beringt, versehen mit einer *Grundrolle*; ganz ohne Vorbil-
dung, Rolle ist Rolle. Am Tage und an den Abenden ging
ich um den kleinen See herum, versuchte mein Glück mit
winzigen Kügelchen aus Brot und fing doch fast nichts.
Nur eine Stelle, eine kleine Bucht genau gegenüber unseren Zelten, von Bäumen überdacht, schien mir zum
Fischen geeignet zu sein. Hier hatte ich sie springen sehen,
manchmal auch ein paar ganz kleine erwischt, wenn nur
die Schnur sich nicht ständig verfangen hätte in den Ästen
der großen Birke über mir. ‹Gut für Aale kleine Fische›,
hatte der alte Mann vor ein paar Tagen zu mir gesagt,
doch die hatten wir immer selber gegessen bisher, im
Feuer geröstet mit angespitzten Haselstecken.

Schon am Tage nach unserer Ankunft, im
Jahr 1987 muß das diesmal gewesen sein, kam
am späten Nachmittag eine *Trabant-Limousine* den
steilen Weg von der Straße herunter gerollt. Das kleine
Auto mit dem schwarzen polnischen Nummernschild sah

noch hilfloser aus als unser *601, Kombi,* immerhin mit Dachträger und Anhänger. Dem Auto entstieg eine junge Frau, schlicht gekleidet mit Bluse und langem Rock. Das Haar über dem Nacken zu einem lockeren Knoten geschlungen, suchte sie auf dem Rücksitz herum und schritt dann stolz, zwei Taschen tragend und ein Buch unter den rechten Arm geklemmt, auf *unseren* Steg zu. Dort angekommen, zog sie sich inmitten der spielenden Kinder umständlich um (ihre Augen, wenn sie vorsichtig zu uns herüberschaute, ihr *Silberblick* – ganz eigenartig in ihrem schönen Gesicht), hantierte stundenlang unter einem Frotté-Umhang, bis sie sich dann, ohne weiter Notiz von uns nehmen zu wollen, in einem schwarzen Badeanzug mit ihrem Buch auf der Spitze des Steges niederließ. (Schöner Hintern, dachte ich bei mir, und fühlte mich von tadelnden Blicken aus meiner familiären Umgebung getroffen, denen meine Aufmerksamkeit für das Umkleideritual der fremden Frau nicht entgangen war.)

Kaum saß sie dort auf ihrem kleinen Handtuch, dem See und der Nachmittagssonne zugewandt, streifte sie die schmalen Träger herunter und gab ihren Oberkörper der Sonne frei. Ein seltener Anblick hier in Polen, der mich schon deshalb reizte – wenn auch die Form ihrer Brüste nicht zu erkennen war, vom Campingtisch vor unserem Zelt aus. Sie blieb eine Weile dort sitzen auf dem Steg, las in ihrem Buch mit geradem Rücken, streifte sich dann irgendwann plötzlich den Badeanzug wieder hinauf, erhob sich und sprang kopfüber ins Wasser. Schwamm hinüber zum anderen Ufer die 100 Meter, war eine Weile dort nicht zu sehen und kam auf Brust oder Rücken kraulend irgendwann zurück. Darauf zog sie sich wieder auf diese Weise um, die ich der Neugier meiner Blicke nicht entziehen konnte, griff dann ihre Sachen, ging würdevoll zu ihrem kleinen Auto und fuhr davon.

Seit ein paar Tagen war sie nun schon jeden Nachmittag hier gewesen, die Fremde, immer um die gleiche Zeit, das gleiche Programm, die gleichen Rituale... und hatte nur kurz zurückgenickt, wenn ich sie in ihrer Sprache grüßte. Zweifellos gehörte dieser See an den Nachmittagen *ihr*, so wie den blauen und grünen Männern am frühen Morgen. *Wir* waren nur geduldete Gäste, und ich versuchte, in den Stunden ihrer Anwesenheit die lärmenden Kinder vom Steg fernzuhalten. Doch die rannten mit ihren Schwimmflügeln ständig bis zur Spitze, sprangen seitwärts herunter und schwammen zurück ins flache Wasser. Immer wieder, zusammen alle vier, und auf den fünften, den kleinsten, mußte ich am *Ufer* achten. Die anderen rannten, sprangen kreischend und schwammen, spritzten um die Frau auf unserem Steg herum und schienen durch meine Nervosität noch zusätzlich darin motiviert.

Einmal wollte Friederike, die älteste, plötzlich ohne die Schwimmflügel weitermachen. Sie warf sie ans Ufer zu mir hin und ignorierte meinen Protest, ich kann schon selber schwimmen, bin schließlich fast bald zweite Klasse. Ich rief sie zurück, lief ihr nach auf den Steg, mußte aber umkehren zu dem Kleinen, der mir gefolgt war – und sah sie eben noch springen. Im nächsten Moment sah ich, wie die stolze Herrin unseres *Pomorski Paradiso* plötzlich aufsprang, hörte das Wasser spritzen unter ihrem Gewicht, und schon Sekunden später kam sie mir entgegen, meine Tochter im Arm.

Dieser Kind schwimmt noch nicht perfekt. *Pan*, sagte sie, sollen üben noch mit es.

Sie hatte mein Kind vor mir abgesetzt im flachen Wasser, noch außer Atem meinen Dank abgewehrt und dann erst wieder den Badeanzug hochgezogen über ihre Brust, die Träger über ihre Schultern gestreift... Ich wollte sie einladen, Kaffee oder Wein, wollte reden mit ihr und dankbar sein. Sie lehnte ab, freundlich und souverän, *nie ma za co,* ich habe gelernt Retten von Wasser, ging zurück auf ihren Platz auf dem Steg und las weiter in ihrem Buch.

Von nun an beobachtete ich sie noch genauer an den Nachmittagen, wenn sie wieder kam. Ich bemerkte täglich kleine Veränderungen. Hatte ich den Schmuck auf ihrer braunen Haut vielleicht früher nur nicht bemerkt? Erst waren es die Ringe an ihren Händen, dann an den Ohren, das kleine goldene Kettchen ums linke Fußgelenk kam dazu, und gestern war sie mit einem kurzen Kleid und glänzenden schwarzen Schuhen auf hohen Hacken gekommen. Die hatte sie beim Umkleiden anbehalten und selbst noch auf dem Steg, konnte nicht mehr würdig schreiten auf den Brettern dort, stakste eher den Weg zur Spitze hinaus und mußte, mehrfach einknickend, die Unsicherheit ihrer Schritte mit den Hüften ausgleichen, um die Balance zu halten. Dort hatte sie die Schuhe sorgfältig nebeneinandergestellt, ihr kleines Handtuch ausgebreitet und sich vor dem Hinsetzen kurz zu mir umgeschaut... Wir versuchten nach dem Zwischenfall mit Friederike noch einige Male vergeblich, sie einzuladen, Kontakt mit ihr aufzunehmen. Vor allem meine Frau und unsere Freunde, die waren an jenem Tage im Wald gewesen, hatten die Rettung nicht miterlebt und glaubten mir nicht, daß die spröde Polin unseren Dank nicht wollte. Du hast sie verschreckt mit deinen Blicken, bekam ich zu hören, was findest du eigentlich so schön an ihr mit ihrem billigen Schmuck? Und: Hast du gesehen daß sie schielt? ... Ich konnte ihren Blick nicht vergessen, ihren schnellen Atem unter der nackten Brust, hörte noch ihre Stimme, den schönen Akzent *(dieser Kind schwimmt noch nicht perfekt...)*, und ich mochte ihr Becken, ihren Po (im Verhältnis viel größer als die kleinen Brüste) und die schmalen Schultern, die ich jeden Tag sehen konnte. Von hinten wieder nur, wenn sie dort saß auf dem Steg... Und irgendwann stand sie plötzlich auf, um in den vorabendlichen See zu springen, für eine Zeit zu verschwinden am anderen Ufer. Einmal bin ich auf den Steg hinausgegangen, als sie drüben war, meinen kleinen Sohn an der Hand, und wollte den Titel ihres Buches kennen, der von weitem nie zu entziffern gewesen war. Doch ich mußte umkehren, wenige Schritte vor dem Ziel: komm mit dem Jungen vom Steg herunter, wenn der das alleine nachmacht und niemand ist in der Nähe... Nur noch bis zum Wochenende würden wir hier sein, so war es beschlossen, drei Nachmittage noch und hoffentlich kein Regen.

Am Tag vor unserer geplanten Weiterreise, am frühen Nachmittag diesmal schon, war ich mit meiner Angel und einem Eimerchen herumgegangen zum Ufer gegenüber. Wollte heute endlich größere Fische fangen, wenn es ging, und mit den kleinen vielleicht später herüber zum *Siecino* am Abend. Aale mit dieser Angel? Ich würde es versuchen, könnte hinauswaten bis zum tieferen Wasser, denn zum Werfen taugte meine einfache Rolle nicht. So versuchte ich es wieder an verschiedenen Stellen, den Brotteig knetend in der Hand, und gelangte schließlich zu der schattigen Bucht gegenüber von unseren Zelten. Ich konnte das Lärmen der Kinder hören, die Stimmen der Mütter, wenn Streit zu schlichten war, ich sah sie da drüben vor den Zelten spielen und auf dem Steg. Das war eine gute Stelle hier. Nur die Birke, deren Stamm schräg über das Ufer in den See hinausragte, überforderte mit ihren schirmenden Ästen wieder mein mangelndes Geschick, mit der langen Rute umzugehen, wenn die Pose zuckte und einen *Biß* tief unter der dunklen Oberfläche des Wassers anzeigte. Wir verfingen uns dann regelmäßig miteinander, die

Schnur, die Birke und ich. Am Ende behielt der Fisch die Freiheit und ich hatte das Nachsehen. Und zwischendurch schaute ich wieder über das Wasser hinüber zum Biwak und dem Steg: würde *die Frau* auch heute kommen wie sonst, mich vielleicht sogar vermissen drüben, und könnte ich sie endlich noch einmal von *vorne* sehen, wenn auch nur von sehr weit weg? Meine Gedanken und meine Sehnsucht wechselten hin und her, zwischen *Frau* und *Jagd*.

Irgendwann, noch kein Fischchen schwamm in dem vorsorglich vollgeschöpften Eimer, hatte ich eine neue Idee: Man könnte hinaufsteigen auf den Baum, dort oben sitzen, wo der Stamm sich gabelte, und aus dieser Höhe sein Glück versuchen, mit Schnur und Rute andere Regionen des dunklen Wassers erreichen. Der Aufstieg war schwierig. Die Angel in der einen und den Eimer in der anderen Hand kroch ich auf Knien den schrundigen und bemoosten Stamm hinauf, mich mit den vollen Händen und den Ellenbogen irgendwie abstützend. Eine lange Hose wäre jetzt besser gewesen, die hätte mich schützen können, als ich einmal abrutschte und mir an der Rinde die empfindliche Haut innen am Oberschenkel schrammte. Ich fluchte laut – gut, daß mir hier niemand zusehen und über meine Ungeschicklichkeit lachen konnte. Oben angekommen, hängte ich den Eimer an den Stumpf eines abgebrochenen Astes und versuchte, eine leidlich bequeme Position zu finden mit meiner kleinen Badehose, sicher und halbwegs gemütlich. Ich schaute hinüber zum Biwak, zählte die Kinder auf dem Steg mit ihren signalfarben leuchtenden Schwimmflügeln an den Armen und steckte dann das erste Teigkügelchen auf die Hakenspitze. Dabei war endlich das unregelmäßige Knattern eines *Trabis* zu hören, der drüben im

Leerlauf den steilen Weg herunterrollte, dann die Autotür, die zweimal zugeschlagen werden mußte, um zu schließen. Ich brauchte nicht zu schauen, das war *die Frau*, wieder war sie gekommen. Wieder zog sie sich umständlich um, auch ohne meine Blicke im Rücken zu wissen, hantierte mit beiden Armen unter dem Umhang, hob irgendwann auf einem Bein balancierend mit den Zehen des anderen Fußes etwas Weißes vom Boden auf, ihre Unterhose bestimmt, bugsierte sie über ihre Korbtasche und ließ sie fallen, nahm sich dann hockend den schwarzen Badeanzug von dort heraus und ließ ihn unter dem blaßroten Frotté verschwinden. Noch einmal kam heftig Bewegung in ihren Umhang, dann fiel er zu Boden. Langsam schaute sie sich nach allen Seiten um und schritt zum Steg, barfuß diesmal wieder, wie ich an ihrem sicheren Gang sehen konnte. Das alles hatte ich einigermaßen gut erkennen können von hier oben, kaum 100 Meter entfernt, und hätte doch gern jetzt ein Fernglas gehabt für ihr Sonnenbad auf der Spitze des Steges. Doch dazu kam es heute nicht: Sie setzte sich nicht, hatte weder Handtuch noch Buch unter dem Arm, schon vorher mehrfach gezögert auf ihrem Weg und sich immer wieder umgeschaut; stand nun ganz vorne auf dem Steg und schaute, mit den Händen ihre Augen vor der Sonne schützend, ausdauernd und konzentriert an meinem Ufer entlang.

Nur kurz hatte ich meinen Blick von ihr abgewandt, nach der Spitze des Schwimmers suchend, der eben noch auf dem schattigen Wasser unter mir zu sehen gewesen war. Da tauchte er plötzlich auf von tief unten, zog zuckend einige Meter seitwärts davon und verschwand im nächsten Moment wieder in der Tiefe. Endlich, ein Fisch, bestimmt ein großer dieses Mal, ich vergaß die Frau, und mein Herz klopfte heftig. Ich riß die Rute hoch, so weit es ging, und – verfing mich mit ihrer Spitze wieder in den Ästen über mir. Von dort herab war die Schnur hinunter ins Wasser nun straff gespannt, folgte vibrierend den Fluchtbewegungen *meines* Fisches und kam mir dabei irgendwann so nahe, daß ich sie weit vornüber gebeugt endlich greifen konnte mit einer Hand, den nutzlosen Angelstecken in der anderen. Zweimal um meine Hand geschlungen, schnitt mir die Sehne in die Haut bei dem Versuch, den Fisch sofort heraufzuziehen aus der Dunkelheit. Natürlich hätte meine Kraft dafür ausgereicht, doch wollte ich vorsichtig sein, hatte Angst, die Schnur zu zerreißen, solange er sich da unten so heftig wehrte. Nach rechts zog er davon, dann nach links, oder versuchte in die Tiefe zu entkommen, gab langsam nach und ließ sich endlich heraufziehen an die Oberfläche: Eine Schlange, erschrak ich im ersten Augenblick, doch es war ein großer *Aal*, der sich da unten wand und drehte. *Mein* Aal, mein erster Aal. Ich ließ die Rute los, ließ sie hängen an ihrer Spitze in den Ästen über mir und zog nun mit beiden Händen den Fisch an der Schnur zu mir herauf, der nicht stillhalten wollte. Jetzt konnte ich endlich versuchen, ihn selber zu fassen mit der Hand, aus der er mir immer wieder entglitt. Ganz glatt und etwas schleimig drehte und wand er sich in meinem festen Griff, schlang sich am Ende um mein Handgelenk (etwas schauerlich war das), und ich konnte ihn mitsamt der Schnur, dem Haken in seinem Maul, in den Eimer hinter mir bugsieren. Dort schwamm er plötzlich frei, hatte den Haken verloren, schlängelte wie wild im Kreise herum und drohte, sich herauszuwinden. Ich zog mein T-Shirt aus, so schnell es ging, das war die einzige Chance, und stopfte es über den Fisch in den kleinen Eimer. Ein Aal, dachte ich und begann fieberhaft die Spitze meiner Rute aus den Ästen oben zu befreien, ein Aal mit *Brot*, am hellichten *Tag*, in *diesem* See? Das glaubt mir niemand, da muß ein kleines Fischchen am

Haken gewesen sein, vielleicht während ich dieser Frau beim Umkleiden zugesehen hatte, dann kam der Aal, wollte das Fischchen fressen und blieb dabei selber am Haken hängen, phantastisch... Ich war noch immer aufgeregt, gleich wollte ich es noch einmal probieren, hatte nach vergeblichen Versuchen meine Angel am Ende mit einem kräftigen Ruck aus dem Baum befreit; und ein paar Birkenblätter, die ich dabei abgerissen hatte, schwammen nun unter mir auf dem dunklen Wasser. Ich formte nervös ein neues Kügelchen aus dem Teig, der ganz glitschig geworden war in meiner Hand, präparierte den Haken und warf die Angel von neuem aus. Im nächsten Moment hörte ich ein Platschen drüben vom Steg, suchte die Wasseroberfläche ab und sah sie schwimmen, meine Glücksbringerin, mit kräftigen Zügen direkt auf mich zu.

Wenn du mir nicht einmal mehr von *weitem* den Anblick deines Körpers gönnen wolltest, dachte ich etwas enttäuscht, kein Sonnenbad vor dem Schwimmen heute an unserem letzten Tag, dann komm jetzt nur nicht ausgerechnet hier an Land und verscheuche mir die Aale mit deinen langen Beinen... Und hatte meinen Blick schon wieder auf die Pose konzentriert, die dieses Mal noch etwas weiter vom Ufer auf dem Wasser stand: dort kurz vor der Grenze des Schattens, hinter dem der See nicht mehr so dunkel spiegelte wie unter mir, dort, wo das Wasser *grün* leuchtete und in der Sonne glitzerte. Ich hörte das Kreischen der badenden Kinder und suchte wieder kurz nach der Schwimmerin; die hatte die halbe Strecke schon hinter sich gelassen. Ob die mich hier sieht, mich vorhin schon gesehen hat, meinen Kampf mit dem Aal, fragte ich mich ein wenig stolz, und als ich das nächste Mal nach ihr schaute, hatte sie unser Ufer schon fast erreicht. Sie entschwand meinen Augen hinter einer Schilfnase am Rande der kleinen Bucht, knapp 30 Meter rechts von meinem Baum entfernt. Angestrengt blickte ich über meine Schulter auf den Uferstreifen hinter dem Schilf, durch das sie waten müßte, um trockenen Boden zu erreichen. Ich drehte mich, so weit es ging, wo blieb sie nur?, oder schwamm sie bereits zurück, während ich nun auf sie wartete, hatte mich gesehen vorhin und verzichtete jetzt sogar auf den gewohnten Landgang?

Nein, da war sie angekommen. Kaum einen Steinwurf entfernt von mir balancierte sie vorsichtig auf einem modrigen Stamm dem Ufer zu, der zwischen dem Schilf im Wasser lag. Den kannte ich auch schon, hatte ihn einmal mit meiner Angel als Steg benutzen wollen vor das Schilf und war dann abgerutscht, seitlich zwischen die Binsen ins Wasser gefallen. Sie war geschickter als ich, die Polin, und gelangte triefend, aber sicher an Land. Dort löste sie zuerst den Knoten ihrer Haare, schüttelte sie auseinander und wrang seitwärts gebeugt die nassen Spitzen über dem Boden aus. Dann stand sie unschlüssig, von meinem Platz aus durch einen Schleier kleiner Zweige nur undeutlich zu sehen, stand und schaute wieder um sich her, lange und aufmerksam. Dabei war mir ganz so, als hätten sich unsere Blicke getroffen einen Moment, als wären ihre Augen kurz verharrt bei meinem Baum. Doch offenbar hatte sie mich doch nicht entdeckt, wandte ihre Aufmerksamkeit jetzt eher dem Waldboden zu, sandig hier und mit trockenen Gräsern spärlich bewachsen, ging dann noch einige Schritte auf den Hang zu, noch näher zu mir heran, und schaute sich von dort noch einmal um, bevor sie sich niederließ. Hier konnte ich sie ganz deutlich sehen durch eine Lücke im Gesträuch, ein sonniges Plätzchen hatte sie da gefunden, einen hell leuchtenden Flecken in der Nachmittagssonne. Nun spätestens hätte auch sie mich wirklich sehen müssen, ihr Blick war frei in meine Richtung, und sie hatte doch geschaut, auch schräg herauf zu mir. Ich hatte dabei mehrfach und überdeutlich mit dem Kopf genickt zum Gruß, sicherheitshalber, aber ihre Augen waren weitergewandert ohne Reaktion. Nun saß sie dort in der Sonne, die Ellenbogen auf den Knien abgestützt, und betrachtete aufmerksam ihre Zehen, spreizte sie nacheinander und hob dazu die Ballen. Die Nägel waren rot lackiert heute, sehr rot. Das war wieder neu, doch dafür fehlte der goldene Schmuck. Dann lehnte sie sich plötzlich zurück, stützte sich mit den Armen nach hinten ab, warf das Haar zurück, den Kopf in den Nacken, und gab sich mit geschlossenen Augen der Sonne hin. Ich erschrak. Was sollte ich jetzt tun, wenn sie vielleicht gleich wieder den Badeanzug herunterstreifen würde, wenn sie dann halb nackt mich irgendwann entdeckt hier oben? Vergeblich schaute ich um mich auf dem Baum herum, nach einem anderen Sitzplatz suchend, von dem aus ich nicht zu sehen sein würde. Oder sollte ich jetzt noch hinüberrufen, *dzień dobry Pana*, vielleicht durch ein Geräusch ihre Aufmerksamkeit auf mich lenken? ...Da war es schon zu spät. Sie lag inzwischen ganz auf dem Rücken, die Augen geschlossen, die Knie immer noch angezogen mit seitlich auseinandergestellten Füßen, und hatte das Oberteil bereits bis weit unter ihren Bauchnabel heruntergezogen. Mit klopfendem Herzen schaute ich rüber, nur jetzt nicht bewegen, und konnte ihre noch von der Kühle des Wassers spitzen Brüste sehen, und wie sich ihre Brustwarzen in der Wärme der Sonne langsam entspannten, ganz weich wurden und rund. Etwas später sah ich sie müde eine Hand heben, die kleine nasse Haarsträhne unter ihrem Kinn beiseite schieben und sich dann wohlig mit den Fingerspitzen langsam über Hals und Schlüsselbeine streichen, zwischen den Brüsten entlang hinunter bis zum Nabel und wieder hinauf. Wie im Halbschlaf oder bei einem schönen Traum. Und nach einigen Momenten wieder, bald auch mit der anderen Hand, mit zehn Fingerspitzen nun, die Handgelenke gebeugt wie bei einer Harfenspielerin und die Arme mit den Ellenbogen dicht neben ihrer Taille abgestützt. Nun begannen die Wege ihrer Hände am Hals gleich bei den Ohren, führten über Schlüsselbein und Brüste, näherten sich einander auf ihrem Bauch und den Leisten, gingen über den schmalen Streifen des zusammengeschobenen Badeanzugs hinweg ein Stück die Oberschenkel hinauf, zurück auf ihren bedeckten Schoß hin, führten auf die Mitte zwischen den Schenkeln zu, die sich leicht geöffnet hatten, und endeten schließlich dort, wo ich ihre Finger nicht mehr sehen konnte. Nach einigen Momenten tauchten sie wieder auf und suchten sich ihre Wege über die nackte Haut, die doch immer das eine Ziel hatten: bedeckt mit dem knappen Textil und meinen Blicken verschlossen.

Zu dem Herzklopfen von vorhin, der Angst, entdeckt zu werden, war nun eine Erregung gekommen, die meinen Puls noch mehr antrieb. Der Anblick dort drüben, vor allem die Nippel ihrer Brüste, die wieder steif geworden waren trotz der wärmenden Sonne, ließ es nun auch bei mir *steif* werden und schwellen in meiner kleinen Badehose. Und während ich weiter angespannt schaute, erschrak ich plötzlich heftig, schrumpfte förmlich zusammen vor Schreck (auch in meiner Hose unten), denn der Aal neben mir im Eimer hatte sich über das T-Shirt an die Oberfläche gekämpft und versuchte nun mit wildem Platschen zu entkommen. Ich begann ihn mit der Hand zu bändigen, die Geräusche zu unterbinden und im Eimer die alte Ordnung wiederherzustellen. Schließlich hielt ich ihn mit dem T-Shirt auf dem Boden des Eimers einigermaßen ruhig. Meinen Blick jedoch wandte ich nicht von der liegenden Frau: Hatte sie etwas gehört und würde mich nun entdecken? Bestimmt!, erschrak ich wieder, denn sie hatte innegehalten für einen Augenblick, ganz angespannt den Kopf etwas gehoben und sich umgeschaut, sich dann aber auf die Seite gedreht und mir ihren Rücken zugewandt, ihren schönen Po unter dem glänzenden schwarzen Stoff.

Mit angewinkelten Knien und etwas eingerollt lag sie nun da, hatte mich wohl doch nicht bemerkt, und würde mich jetzt nicht sehen können, nicht ohne sich vorher umzudrehen. Das beruhigte mich zunehmend, auch der Aal war wieder still auf dem Boden des Eimers, und ich betrachtete diesen Hintern, der mich schon seit Tagen so fasziniert hatte. Ich sah die Grübchen kurz über dem heruntergezogenen Badeanzug, konnte den Ansatz der Kerbe ahnen, die ihre Backen teilte, die Falten sehen darunter, wo ihre Schenkel ansetzten. Ruhig lag sie da und schien zu schlafen. (Und ich war dankbar, daß auch im katholischen Polen die Bademode so überaus knapp ausfiel; *fleicheslustig* könnte man fast sagen.) Das Blut kehrte in meine Glieder zurück und begann wieder zu pulsieren. Nervös knetete ich mit der einen Hand an meinem Bauch herum, hielt mit der anderen die Angel (hoffentlich beißt jetzt kein Fisch), verlagerte dann mein Gewicht abwechselnd von der einen zu der anderen Seite, denn meine Beine drohten einzuschlafen vom langen Sitzen auf dem Stamm. Ich stützte mich dabei jeweils mit einem Ellenbogen ab und hoffte auf weitere reizvolle Szenen. Die sollten kommen, nach wenigen Minuten schon, und stellten die verlorengegangene Enge in meiner Badehose endgültig wieder her, steigerten sie immer weiter, bis dieser Zustand später fast unerträglich wurde in meiner unbequemen Lage...

Doch nacheinander: Während ich in die Betrachtung der Lebensretterin meiner Tochter versunken war, ihres herrlichen Hinterns vor allen Dingen jetzt, mich zwischendurch manchmal zurückdrehen mußte und meinen Nacken massieren (denn ich saß noch immer fast mit dem Rücken zu der kleinen Lichtung, auf der sie lag), wagte ich nun auch nicht mehr, mich umzusetzen. Eben noch hatte ich ihre hellen Hüften betrachtet und die kräftigen Ober-schenkel im Sonnenlicht, unter dem Textil die verborgene *Mitte* zwischen den Hälften ihres schönen Pos zu erahnen versucht, da waren dort nun plötzlich ihre Fingerspitzen zu sehen: Sie hatte beide Hände zwischen die Schenkel genommen und die *roten* Fingernägel leuchteten vor dem Schwarz des Badezeugs… Mir stockte der Atem, und ich mußte daran denken, wie sie sich vorhin ihren Bauch gestreichelt hatte, ihre Schenkel und die Brüste; wie ihre Nippel wieder steif geworden waren in der warmen Sonne. Vor Lust vielleicht?! – So sollte es auch weiterge-hen da unten im Gras, da *unten* bei *ihr*, das hoffte ich auf meinem Baum, und das Herz schlug mir bis zum Halse. Ich versuchte ganz vorsichtig, meine Angel loszuwerden aus der Hand, sie wieder mit der Spitze in die Äste des Baumes zu hängen, so wie es vorhin versehentlich gesche-hen war. Doch das wollte jetzt nicht gelingen, und jedes Rascheln der Blätter, die Geräusche dabei in den Ästen über mir, trieben mir den Schweiß auf die Stirn. Vorsorg-lich hatte der Jäger in mir vorher so viel Schnur von der Rolle gezogen, daß der Köder im Wasser bleiben würde und die Pose weiter ruhig schwimmen könnte, während ich den Stecken nach oben richten, und mit der Spitze in den Ästen herumstochern mußte, um sie dort künstlich zu verheddern. Nach allen vergeblichen Versuchen ließ ich die Rute sinken, die überflüssige Schnur trieb nun in Schlaufen auf dem Wasser. Ich drehte Kopf und Schultern nach zwei, drei ewigen Minuten wieder herum zu dem Bild, das die ganze Zeit über meine Sinne beherrscht hatte, zu den Fingern *unten*, zwischen den Schenkeln der fremden Frau…

Aber der Platz war leer. Keine Frau lag mehr auf dem kleinen Flecken sonnigen Waldbodens. Nach der Enttäu-schung des ersten Augenblicks hatte ich doch eine Spur gefunden, die mich wieder erregte und hoffen ließ; einen

Beweis dafür, daß sie noch irgendwo hier in der Nähe sein mußte. Ganz nackt inzwischen, denn auf dem Waldboden lag der schwarze Badeanzug, auf links verdreht und nachlässig hingeworfen. Und das kleine weiße Futter des Zwickels leuchtete in der Sonne. Ich spähte angestrengt, versuchte die Nackte zu finden, die Farbe ihrer Haut auszumachen zwischen den flimmernden Blättern ringsherum. Ich lauschte nach knackenden Ästchen unter ihren Schritten und hörte doch nur das Rauschen des Waldes, die summende Sommerluft und von drüben, von unseren Zelten, die Stimmen der Kinder. Ach hätte ich mich doch nur nicht um diese dumme Angel gekümmert vorhin, hätte die Unbequemlichkeit in Kauf genommen, die ich doch nicht ändern konnte! Nun, da ich nicht mehr so vorsichtig sein mußte, legte ich die Spitze meiner Angel vornüber in das Gewirr eines herabhängenden Astes, klemmte den Griff der Rute zwischen Stamm und Oberschenkel ein, wird schon halten irgendwie, und hatte jetzt wenigstens beide Hände frei. Ich stützte mich endlich richtig ab, versuchte mich zu entspannen und träumte mir die nackte Polin herbei: Wie gern hätte ich zugeschaut, wie sie sich endgültig ausgezogen hatte – hätte ihren ganzen Körper betrachten können dabei, von vorne oder hinten, egal, und hätte die Richtung erkennen können, in die sie nun verschwunden war. Und ich griff durch die Badehose nach meinem Glied, ließ meine Hand dort kreisen und gab mich der Vorstellung hin, es wäre *ihre* Hand in *ihrem* Schoß und ich könnte sie beobachten dabei, den Ausdruck der *Lust* auf ihrem Gesicht sehen, die ich doch selber jetzt empfand.

Noch ein paarmal hatte ich mich zwischendurch umgeschaut: der Badeanzug lag unverändert im dürren Gras, keine Frau, keine Haut, kein Haar. Und ich spürte genau, daß sie hier irgendwo war, meinen Blicken entzogen, und in der Nachmittagssonne fortsetzen würde, was sie unter meinen Augen vorhin begonnen hatte. Ich stellte mir ihre steifen Nippel vor, ihren weichen Bauch; ich sah ihre Hüften vor mir und die Schenkel, der Sonne entgegen leicht geöffnet. Mit geschlossenen Augen verfolgte ich den Weg ihrer Hände, sah den Glanz auf ihren Fingern, wenn sie auftauchten aus der Dunkelheit zwischen den Schenkeln, und sah ihre Bewegungen intensiver und zielstrebiger werden, während sie mit der anderen Hand abwechselnd ihre Brüste massierte. Mit meinen eigenen Fingerspitzen glitt ich inzwischen über die nasse Spitze meines Gliedes (so wie man vorsichtig eine zarte Praline aus der eingestanzten Vertiefung auf dem Boden der Schachtel nimmt) oder ließ die Fingerkuppen über das empfindliche Häutchen auf der Unterseite kreisen. Den Gummizug der Badehose hatte ich mit dem Daumen der anderen Hand eingehakt und heruntergezogen, so daß die übrigen Finger dort unten mithelfen konnten. Manchmal mußte ich innehalten, mich zu einer Pause zwingen, wollte den drängenden Höhepunkt hinauszögern. Denn die Polin in ihrem Versteck, ganz deutlich sah ich sie vor mir, war auch noch nicht soweit. Sie hatte sich inzwischen gedreht, lag nun fast auf dem Bauch, ihren Körper auf den Knien und der linken Schulter abgestützt, reckte sie mir ihren Hintern entgegen, und mit den Fingern ihrer *beiden* Hände streichelte und rieb sie sich überall dort unten, von vorne und von hinten. Ich konnte, wenn sie sich mit der einen Hand die Backen auseinanderzog, die Finger der anderen sehen, wie sie mit roten Nägeln über die glänzende Furche glitten zwischen dem schwarzen Kräuselhaar oder vorne in der Öffnung dort verschwanden. Und während ich mir ihr Gesicht vor Augen rief, ihre Lippen geöffnet und gerundet wie zu einem O, mußte auch ich endlich *mein* Glied fest ergreifen. Nach so langer Zeit, die ich gewartet und gezögert hatte, nahm ich die Haut unter der heißen Spitze in meine Faust und schob sie hoch, zog sie wieder herunter, immer mehr und schneller an der prallen Eichel entlang, die fast zu platzen drohte. Ich spürte mein rasendes Herz, versuchte die Laute meines heftigen Atems zu unterdrücken und hatte jetzt keine Bilder mehr vor den Augen: Unter den zusammengekniffenen Lidern stürzten verschwommene Flecken greller Farben auf mich ein, die zu golden schimmernden Flächen wuchsen, als sich all meine gesammelte Lust zu konzentrieren begann und mit einem fast stechenden Gefühl die Wirbelsäule emporstieg zum Kopf und mir für einen Moment die Sinne nahm. Dann zuckte das Glied in meiner Hand, schleuderte heftig den Samen hinaus in die Luft und wollte nicht enden damit. Ich hatte die Augen schon wieder geöffnet, als mein Bewußtsein viel zu schnell wiedergekehrt war, denn ich fürchtete vom Baum zu fallen. Mein Glied pulsierte noch immer, pumpte die letzten Spritzer heraus, und ich sah, wie sie unter mir auf der dunklen Oberfläche des Wassers landeten mit einem leisen Geräusch wie von schweren Regentropfen. Ich sah kleine Ringe entstehen um diese Stellen: winzige Wellen, die sich vergrößerten, einander überschnitten und sich dann irgendwann verloren – während die Spritzer meines Samens, fast weiß und ständig ihre Gestalt verändernd, langsam in die Tiefe abgesunken waren.

Mit meinen Augen folgte ich ihnen und wollte noch nicht zurückkehren in die Wirklichkeit des Tages, als mich eine kleine Bewegung auf dem Spiegelbild des Wassers aus meiner Versunkenheit riß und eine Stimme: Die Spitze meiner Angel, deren scharfe Kontur auf dem Wasser gegen das Spiegelbild des Laubdaches der Bäume deutlich zu sehen gewesen war, bog sich plötzlich kräftig nach rechts herüber gegen den See hinaus, und gleichzeitig hörte ich vom Ufer fast unter mir: *ryba bierze* (ein Fisch hat angebissen). Entsetzt schaute ich hinunter zum Fuß des Baumes, mein rasendes Herz war fast stehengeblieben, da stand *die Frau*. Stand lächelnd an den Stamm gelehnt im schwarzen Badekleid und wiederholte mit einem warmen Kichern: *ryba bierze*, zeigte dann auf das Wasser direkt unter meinem Platz und sagte: ... und so vielen kleinen Fischen hast du in das *jezioro* gemacht – wie sagt man? – in See hinein... Der Atem hatte mir gestockt, kaum konnte ich die Situation so schnell erfassen und nach Worten ringen, als sie schon ihre Lippen schürzte zu einem beruhigenden Ssssch!, und mit ihrem Blick freundlich in meine entsetzten Augen sah: Das kommt von Sonne und Stille und Wald, nicht schlimm, ist gut für Seele, ich selber habe auch getan in meine Paradies... und wurde unterbrochen von einem Rascheln und Knacken in den Ästen, aus denen meine Angel herunterfiel, ins Wasser schlug mit der Spitze zuerst und danach der ganze Stock. *Ryba bierze*, lachte die Polin noch einmal und stieg ins Wasser unter mir, folgte der Angelrute, die langsam auf den See hinaustrieb, und versuchte, sie zu greifen. Warte, wollte ich rufen, die Angel ist egal jetzt, und brachte noch immer kein Wort heraus. Wenig später, ich hatte inzwischen die Fassung wiedergewonnen und meine *Sachen* geordnet, stand sie unter mir mit dem Stecken in der Hand und reichte ihn mir mit der Spitze nach oben: *Prosze pani!*

Sie hätte mit den Händen fast meine baumelnden Füße berühren können, so nahe waren wir uns jetzt, und ich stammelte meinen Dank, *bardzo dziekuję, dziekuję dla wedka*... Bitte sehr meine Herr, lachte sie und wandte sich schon wieder dem tiefen Wasser zu, und Achtung für die Fischen! Dabei zeigte sie hinaus auf den See, zeigte mit ihrem Finger in die Richtung, in der die Schnur meiner

Angel in das Wasser eintauchte; nicht mehr straff gespannt wie eben noch, sondern schlaff jetzt und von einer kleinen Strömung getrieben. Schon war sie weiter gewatet, bis über den Bauch im Wasser schon und hatte gerade zum Schwimmen ansetzen wollen, als ich mühsam nach den richtigen Worten klaubend rief: *poczekaj, chwileczkę, jak twoje imię, jak pobie na imię...?* Meine Name heißt *Ewa*, drehte sie sich noch einmal zu mir um, ich soll schwimmen jetzt zu meine Auto. Muß fahren heute abend 300 Kilometer zu *Kattowice*, nach meine Kinder und Mann dort. *Do widzenia!*, auf Wiedersehen, winkte sie noch fröhlich und stieß sich dann ab, kopfüber in die Fluten, tauchte wieder auf nach einigen Metern und kraulte mit einem solchen Getöse davon, daß meine Rufe sie nicht mehr erreichen konnten.

Ich saß ratlos hier oben, immer noch auf meinem Baum. Mein Herz schlug zum Zerspringen, und am Ende meiner Wirbelsäule spürte ich den Rest der vergangenen Lust. Langsam rollte ich die Schnur meiner Angel ein. Kein Widerstand deutete mehr auf den starken Fisch hin, der doch vorher am Haken gewesen sein mußte. Ich drehte die Kurbel meiner Rolle ohne Spannung und schaute der schwimmenden Eva nach. Nur wenige Minuten vergingen, und sie hatte das andere Ufer erreicht, ließ den Steg außer acht, auf dem heute kein Handtuch, kein Buch und auch nicht die glänzenden Schuhe zurückgeblieben waren. Sie ging an der Badestelle an Land gleich neben dem Steg, auf dem die Kinder tobten wie immer, zog sich nicht um, sondern trocknete sich nur flüchtig ab. Raffte ihre Sachen zusammen, die Tasche und den Frotté-Umhang, trug alles zum Auto und warf es auf die Hinterbank. Dann öffnete sie den kleinen Kofferraum, der (wie ich bis hierher sehen konnte) bis zum Rand gefüllt war, kramte dort eine Weile herum und rief schließlich die Kinder herbei. Irgend etwas verteilte sie an jeden, winkte ihnen noch kurz zu und fuhr davon. Das Geräusch des Motors konnte ich noch eine Weile hören, bis es nach einigen Biegungen der Chaussee verklungen war.

Ich hatte die Angel endgültig eingerollt und warf sie an Land. Dann griff ich den Eimer mit meinem Aal und kletterte vorsichtig zurück zum Ufer. Von dort versuchte ich den Platz zu finden, auf dem diese *Ewa* gelegen hatte: erst sie und später ihr Badeanzug. Ich fand die Stelle, schaute von dort hinüber zu meinem Baum und war erschrocken, wie deutlich auch ich zu sehen gewesen sein mußte, wie nahe meine Astgabel von hier zu erkennen war. Sie wußte es die ganze Zeit, dachte ich beklommen, und hat meine Blicke in Kauf genommen. Sie hat meine Erregung gekannt, bevor sie dann ans Ufer kam zu mir *(und so vielen kleinen Fischen hast du in See gemacht...)*. Ich schaute mich um nach der Stelle, auf der sie nachher gelegen haben könnte *(ich selber habe auch getan in meine Paradies...)*, und fand ein paar Meter weiter einen Platz im Schatten, auf dem das dort dichtere und saftigere Gras ganz breitgelegen schien. Dort legte ich mich nieder und fand doch keine Ruhe. Ich drehte mich hin und her mit verwirrten Sinnen, legte sogar mein Gesicht auf den Boden, um sie noch *riechen* zu können, doch da war nur der Geruch von Gras und Erde. Und endlich schlief ich ein für eine halbe Stunde oder mehr.

Die Sonne war fast schon hinter dem waldigen hohen Ufer verschwunden, als ich wieder erwachte. Ich stand auf, ging zu meinen Sachen ans Wasser hinunter und fand den Aal in meinem Eimerchen nicht mehr. Er hatte sich befreit und das rote T-Shirt zurückgelassen. Nicht wichtig, dachte ich und fröstelte im Schatten des frühen Abends. Mußte dann trotzdem noch kurz ins Wasser, denn meine Lust hatte zwei kleine Flecken auf der Badehose hinterlassen. Nicht alle kleinen Fischen habe ich in See gemacht, dachte ich dabei, und außerdem muß ich nachher das nasse T-Shirt erklären: Bist du mal wieder ins Wasser gefallen, du Dummer? Da könnte ich dann betreten nicken, und gefangen habe ich heute auch wieder nichts.

Als ich zu den Zelten zurückkam, begrüßten mich die Kinder begeistert: Weißt du überhaupt, was hier los war? Die Frau hat uns Lutscher geschenkt, hat sie uns abgegeben von denen, die für ihre eigenen Kinder waren. Die heißen Marek und Ewa und wohnen in der Stadt. Hast du wenigstens heute einen Fisch gefangen? Wir müßten sonst wieder verhungern, wenn die Frau uns nicht die Lutscher gegeben hätte, ein Glück! Machen wir heute noch ein Feuer? Wann fahren wir morgen? Friederike kann schon richtig gut schwimmen! Vorhin hat sie nur noch einen Schwimmflügel gehabt die ganze Zeit und ist kein einziges Mal unter Wasser gekommen...

Albrecht Henkys, 42 Jahre

Illustration: Stefanie

Streit und Sex

Den erregend- sten Sex habe ich mit dir in dem eigenartigen Vakuum zwischen Streit und noch nicht erfolgter Verständigung. Ein erstes Anzeichen von Versöhnlichkeit ist, daß wir zusammen essen. Aber du weigerst dich, im selben Bett mit mir zu schlafen, und klärst die Verhältnisse: Möchtest du drüben schlafen oder hier?

Ich bleibe, du gehst.

Ich höre, wie du dich nebenan ausziehst; die Gürtelschnalle klimpert gedämpft, wenn deine Hose zu Boden fällt, ich höre das Zünden des Feuerzeugs, mit dem du die letzte Tüte des Tages anbrennst, und ich weiß, du wartest. Daß ich komme... im Dunkeln zu dir unter die Decke schlüpfe und die Hand auf deinen Schwanz lege. Spüre, wie er unter meinen Fingern hart und heiß wird und Lust sich in mir ausbreitet wie ein Glutball.

Ich höre deinen Atem unnatürlich laut, während ich mich nähere, meinen eigenen unregelmäßig dazwischen. Noch ehe ich auf dir liege, sind deine zielstrebigen Hände auf meinen Brüsten, auf meinem Bauch. Sie suchen die Hitze zwischen meinen Schenkeln... Ich liebe es, wenn du mich von hinten öffnest. So machst du mir heiße, schnelle Lust... Ich bin willfährig unter deinen kundigen Fingern, begierig, auch deine Lust zu schüren. Ich rutsche tiefer, nehme deinen Schwanz in den Mund. Direkt, unerwartet und sehr tief. Du ziehst scharf die Luft ein. Stöhnst, als ich anfange, dich auch noch langsam zu massieren. Laß uns vor dem Spiegel weitermachen. Du willst es nicht nur spüren, du möchtest zusehen, wie ich dir einen blase.

Ich lasse dich nicht kommen, ich will, daß du mich verwöhnst, ich bin so feucht, so bereit... Du läßt mich über deinem Mund knien, spreizt meine geschwollenen Schamlippen weit für deinen lüsternen Blick. Du dringst mit deinen Fingern in mich ein; stößt in schnellem, heftigem Rhythmus in meine Fotze, feinfühlig, wissend in meinen Anus. Meine genußsüchtige Klitoris ist deiner Zunge ausgeliefert, so zwingst du mich unaufhaltsam in diesen sengenden, scharfen, wollüstigen Orgasmus. Der mich jetzt erfaßt.

Jetzt.

Gisela Kozak, 40 Jahre

Beim Zahnarzt

Beim Zahnarzt Mein Zahnarzt ist ein echter Frauentyp. 1,95 m groß, sportliche Figur, blaue Augen und eine sanfte, beruhigende Stimme.

Trotzdem ist mir bei jedem Zahnarztbesuch etwas unbehaglich zumute. So war ich dann auch erleichtert, als die mehrwöchige Behandlung endlich zu Ende war.

Aus Dankbarkeit für sein Verständnis lud ich ihn dann auch spontan zum Mittagessen ein. Die Mittagspause ging viel zu schnell vorbei, so gut hatten wir uns unterhalten.

Als ich ihn zurück zur Praxis brachte, gab ich ihm einen Kuß auf die Wange. Dabei hat es wohl gefunkt. Es folgte ein leidenschaftlicher Kuß, seine Hände suchten meine Brüste. Er öffnete meine Bluse und saugte ausgiebig an meinen Brustwarzen, die sich ihm freudig entgegenstreckten.

Ich lag schon halb auf dem Schreibtisch der Anmeldung, als er mir den Slip runterzog und meine Schenkel mit Küssen bedeckte. Dann leckte und küßte er meinen Kitzler. Ich befürchtete, gleich in Ohnmacht zu fallen. Er fand Punkte, mich zu erregen, die ich bis dahin selbst noch nicht kannte. Mein Herz klopfte mir in den Ohren. Ich fühlte meinen Orgasmus nahen. Da hörte er plötzlich auf. Alles in mir schrie: «Weitermachen!» Aber er öffnete seelenruhig seine Hose. Der Anblick erfreute mich allerdings auch. Ich liebe es, wenn ein Penis so stark erigiert ist, daß er sich nach oben biegt. Als er ganz langsam in mich eindrang, kam ich mit solcher Macht, daß ich laut schrie. Das Ganze hatte nicht länger als zehn Minuten gedauert, aber es wird mein stärkstes sexuelles Erlebnis bleiben. Es ist schon fünf Jahre her. Den Mann habe ich nie wiedergesehen. Ich habe mir einen anderen Zahnarzt gesucht, einen älteren mit dickem Bauch, denn ich wollte meine Ehe nicht gefährden.

Petra M., 35, Hausfrau

ENGLISCHVOKABELN AM NACHMITTAG

Erotische Erinnerungen

Nach dem nassen Frühjahr gab es nichts an diesem Sommertag herumzumäkeln. Draußen lag das Rindvieh unter den Obstbäumen; die Hühner hatten sich breitgemacht im Schatten, und selbst Barry, dem Mischlingshund, fehlte jeder Schneid, Nachbars Katze zu jagen. Auf der Bundesstraße 27 quälten sich die skandinavischen Laster mit ihren Wikingernamen durchs Dorf. Bunte Boten einer fremden Welt, die für uns am Horizont endete. Nur wenige Bewohner waren schon in Kassel. Wenn es mal über die Ortsgrenze ging, dann im Herbst mit dem Kuhgespann und Kartoffeln. Oder zum Kohlenholen in die nächste Kleinstadt. Oder in die Klosterschule der Kreisstadt. Fernfahrten waren in den 50er Jahren eine Seltenheit und in den Augen der bodenständigen Landbewohner ein überflüssiger Luxus, über den noch wochenlang geredet wurde. So ging alles seinen ruhigen Gang.

Alles bestens. Dachte jedenfalls auch der Vertreter für Hühner- und sonstige Brühe und Schnürsenkel für hohe Arbeitsschuhe. In seinen beiden abgewetzten Pappkoffern hatte er noch anderen Kleinkram, als er, schief nach links hängend, auf dem staubigen Weg vom Dorf an unserem etwas abseits liegenden Haus vorbeischlurfte. Ich habe ihn immer bewundert, wenn er freundlich blieb, auch wenn die Geschäfte nicht so gut gingen.

Und es hätte auch alles seine Ordnung gehabt, wenn ich mich nur ganz dem Englisch hätte widmen können. Brinkmann hatte uns Untersekundanern eine «schwere Arbeit» angekündigt. Sein Gesicht mit den ernsten Falten auf der schon etwas hohen Stirn erweckte bei uns den Eindruck, als ob unser späteres Leben von dieser idiotischen Abhandlung über einen irgendwie wichtigen Edelmann der Insel abhinge. Doch die Gedanken wirbelten ungeordnet durcheinander. Sie lösten sich wie rasend vom Englischbuch und schossen pfeilgerade dorthin in das Haus, wo es nach frischen Brötchen, Gewürzen aus fremden Ländern und den übrigen Dingen eines «Colonial-Waren»-Ladens roch. Zu Anna, deren Anblick seit gestern in mir seltsamste Träume und unkontrollierbare Gefühle entfachte. Mir wurde richtig schwindlig.

MIT BEWUSSTSEIN HATTE ich sie zum ersten Mal an meinem Abkürzungsweg zum Bahnhof gesehen. Das allein war noch nichts Besonderes. Doch diesmal brachte mich einiges gewaltig durcheinander. Weil der Weg über die Bleiche nicht sehr begangen war und die Sonne vom Himmel strahlte, sah dieses Bild einer Frau keinen Grund, bis zum Hals bekleidet zu sein. Obenrum bedeckte eine ärmellose Bluse mit wenig Stoff nur teilweise ihre vollen Formen. Der weite Faltenrock schwang locker um die runden Hüften. Alles das konnte ich von einem Haselbusch am Gartenrand aus beobachten. Es war nicht genau zu erkennen, was sie dort auf den Beeten machte. War auch egal. Aber als sie sich in meine Richtung drehte und dann bückte, hätte ein Blitz mich kaum mehr geblendet als das, was sich mir da bot.

Die Bluse war so weit, daß ich die vollen Brüste, so wie sie Rubens gemalt hatte und die in einem diskret versteckten Buch meiner Eltern zu sehen waren, in ihrer ganzen Schönheit sehen konnte. Jede ihrer Bewegungen beim

Pflücken brachte sie ins Schwingen. Und wenn sich Anna kurz aufrichtete, um die Erdbeeren auszuschütten, ich erkannte das jetzt, formten ihre Brustwarzen kleine Hügel unter dem Stoff.

AN ALLES DAS dachte ich in meinem niedrigen Zimmer im 300jährigen Fachwerkhaus vor meinen Englischvokabeln und hatte alle Mühe, mir etwas für die morgige Arbeit einzuprägen. Es wollte nicht klappen. Der Anblick dieser Frau hatte sich in mir festgesetzt. Mein Verstand hatte keine Chance gegenüber den Gefühlen. In Gedanken wanderte eine Hand unter die Klappe der kurzen Lederhose. Mein kleiner Freund, für den ich bis dahin keinen Namen fand, hatte dort sein Zuhause. Bis vor zwei Jahren lebten wir ohne Probleme zusammen. Doch dann gab es hin und wieder Kummer. Mal beulte er meine Hose zur Unzeit aus, wenn sich ein weibliches Wesen in meiner Nähe ungeschickt bewegte und so manches zu sehen war, was sonst züchtig bedeckt blieb. Nachts geschah es, daß schwüle Träume ihn zur Raserei brachten. Ich hatte dann meine Mühe, ihn zu beruhigen und mit dem Taschentuch trockenzutupfen. Doch zunehmend waren die Begegnungen zwischen einer meiner Hände und ihm zur Gewohnheit geworden.

Er war längst recht selbständig geworden und wuchs hin und wieder zu meiner Verwunderung auf eine beachtliche Größe. Dann schwollen kleine, blaue Adern unter seiner blassen Haut. Er wurde so hart, daß er sich nur schwer zur Seite biegen ließ. Sein Kopf mit dem Spalt vorn färbte sich bei höchster Anspannung dunkelrot bis ins Bläuliche. Das konnte ich aber nur sehen, wenn ich langsam und, ich gebe es zu, genußvoll die Vorhaut zurückzog. Durchsichtige Tropfen drangen langsam aus der Spalte vorn. Zwischen den Fingern fühlten sie sich an wie das Salatöl, das hinter dem Tresen des «Colonial-Waren»-

Ladens im Regal stand. Wir gewöhnten uns aneinander, wenn auch manchmal das schlechte Gewissen wegen der Warnungen der Älteren uns drückte. Vor allem «Pinsel», unser Biologie-Lehrer, warnte mit erhobenem Zeigefinger und sorgenzerfurchter Stirn vor allen Gefahren, die mit Frauen zusammenhingen, und riet zu kalten Bädern.

DOCH DIESMAL WAR alles anders. Hatte ich ihn in den Monaten vorher immer beruhigen können, indem ich ihn sanft streichelte und er sich dann mit einem heißen Ruck und vielen kleineren hinterher entlud, so half das diesmal nicht. Es verging nur kurze Zeit, dann zeigte er sich wieder so selbständig wie meine Gedanken. Es war gut, daß alle Leute auf dem Feld waren. So mußte ich nicht fürchten, bei unserem heimlichen Tun beobachtet zu werden. Zuverlässig lief eine heiße Welle über meinen Körper, konzentrierte sich in Lendenhöhe und explodierte dort. Weißer Samen traf im Bogen in die Badewanne. Wohlige Entspannung folgte regelmäßig einem fieberähnlichen Schauer.

Eine Weile hielt ich ihn danach immer in der Hand und beobachtete ihn, wie er ganz langsam kleiner und weicher wurde. Manchmal dachte ich daran, wie das wohl wäre, wenn diese Hand jemand anderem gehören würde.

DIE UHR GING langsam auf halb drei. Um halb sechs würde Schluß sein draußen auf dem Feld. Füttern um sechs, Abendessen um sieben. Das war die festgefügte Zeiteinteilung im Sommer. Dreieinhalb Stunden noch. Eine Konzentration auf die Vokabeln war schier unmöglich. Und immer noch das heiße Wetter, das alles lähmte, nur nicht meinen Körper. Ich zermarterte mir den Kopf, welcher Vorwand mich in den «Colonial-Waren»-Laden bringen könnte. Ein Heft fehlte – das war's! Jetzt, wo der Vorsatz gefaßt war, ging alles schnell.

Nur mein kleiner Freund war mir etwas im Wege. Weil er sich reckte und ich den Weg durch die Hälfte des Dorfes machen mußte, verstaute ich ihn auf der linken Seite der kurzen Lederhose. Gleich neben der Hosentasche. Im Spiegel auf dem Flur kontrollierte ich noch einmal, ob eine verdächtige Ausbeulung mich verraten würde.

‹Albern›, dachte ich mir. ‹Will doch nur ein Heft kaufen. Warum also klopft mir nur das Blut im Hals?› Auf der Brücke über dem Bach hielt ich kurz an, um nach den Forellen zu schauen. Die stehen dort immer unter dem Ufer. Nur die Schwänze bewegen sich langsam in der Strömung. Mit der Hand hatte ich schon manche gefangen. Das Wasser war aber zu trübe, weil die Enten bachaufwärts den Grund aufwühlten. Also weiter. In der Gastwirtschaft an der Bundesstraße saß offenbar niemand. Alle Leute waren auf dem Feld. Fritz, der Wirt, hing im Fenster und guckte die Straße rauf. «Tach», antwortete er auf meinen Gruß. Ich hoffte, daß er mir mein Durcheinander im Kopf nicht ansehen würde.

Beide Hände hatte ich mittlerweile in die Hosentaschen gestopft. Die linke, weil es was zum Bändigen gab, und die rechte nur so. Mehr wegen der Symmetrie. Dabei guckte ich mal hierhin, mal dorthin. Möglichst gelangweilt sollte das aussehen. Aber immer noch haute das Herz gegen das dünne Hemd. Müßte eigentlich jeder sehen. Den roten Kopf konnte ich bei den Temperaturen auf die Hitze schieben.

‹Nur nicht zu schnell laufen! Dann sieht doch jeder, wie es um dich steht›, dachte ich und schlenderte langsam weiter. Ein verdammter Mist wäre es aber, wenn die alte Pfeiffersche mit ihrem erbärmlichen Schandmaul im Laden sein würde. Oder noch schlimmer, wenn viele Leute sich vor dem Tresen herumdrücken würden. Dann müßte ich das Heft kaufen und wieder ab nach Hause. Keine Zeit also, Anna allein anzuschauen oder sogar mit ihr zu reden. Vielleicht will sie aber gar nicht schwätzen mit einem grünen Jungen, dessen Hirn weich ist vor lauter wirren Gedanken.

Noch zwei Häuser weiter. Dann bin ich da. Der alte Fister, grauhaarig auf krummen Beinen in seiner geflickten Manchesterhose und wahrscheinlich zu dieser frühen Stunde nicht mehr ganz nüchtern, brummelte eine Antwort auf meinen Gruß. Für einen Moment verdeckte einer der Nordland-Laster den Blick hinüber zum Laden. Die Tür zu den Gewürzen und Anna stand halb offen. Tante Martha, die Mutter von Helmut aus dem Kringel mit ihrem verkniffenen Blick, stieg die fünf Stufen der Treppe hinab.

UND DANN STAND sie in der Tür, sie, die meinen Nachmittag so durcheinandergebracht hatte. Mit langsamem Schritt und leicht wiegenden Hüften bewegte sie sich zurück zum Laden, dessen Gerüche ich so gut kannte und in den sie eigentlich nicht hineinpaßte. Mit einer kurzen Kopfbewegung warf sie ihre langen schwarzen Haare zurück und wollte gerade die Tür hinter sich schließen, als sie mich sah.

Anna! Für einen Untersekundaner der Inbegriff weiblicher Verlockung. Mindestens fünf Jahre älter als ich und nicht so albern wie Kreislers Gudrun aus der Nachbarschaft, die immer gickerte, wenn sie mit ihren ebenso albernen Freundinnen auf der Milchbank saß und wir Jungen an ihnen vorbeikamen.

Ich spürte wieder das Blut in meinem Hals und stolperte mehr, als ich ging, hinüber. Richtig bekloppt muß ich ausgesehen haben, denn ein Lächeln huschte über ihr von der Sonne gebräuntes Gesicht.

«Mann , hast du 'ne Birne. Wie'n Leghuhn. Siehst aus, als wenn dich gleich der Schlag treffen würde», meinte sie und ging leicht wiegend vor mir her.

«Kommt von der Sonne», kam es mir stockend von den Lippen, und dabei betrachtete ich ihren herrlichen Hintern. ‹Barock› war wohl die richtige Bezeichnung dafür, wenn ich mich an den Kunstunterricht erinnerte. Über dem weiten Rock (der von gestern) umspannte eine Bluse (nicht die von gestern) ihren Oberkörper. Hinten saß sie recht eng, so daß ich mit einem Blick feststellen konnte, daß darunter nichts mehr war. Die Bestätigung kam, als sie sich etwas drehte und die Sonne ihre vollen Brüste im Profil, gleichsam wie einen Scherenschnitt, meinen Augen präsentierte.

Vollends aus der Fassung brachte mich aber die arg gespannte Vorderseite der Bluse, deren Inhalt die Knöpfe wegzusprengen drohte. Die drei obersten waren offen, und die anderen drei saßen weit auseinander, daß der so gebotene Einblick mich zusätzlich quälte und neben der linken Hosentasche sich nichts mehr rühren konnte, weil offenbar mein kleiner Freund den Platz voll ausfüllte.

In meiner Phantasie radierte ich die hindernde Bluse weg und stellte mir vor, wie sich die beiden üppigen Hügel vom oberen Ansatz im harmonischen Bogen bis hin zu ihren Spitzen schwangen. Dabei sah ich schon in Gedanken, wie meine Hand sie leise anhob und von unten her umspannte. Ganz zart natürlich. Ich erschauerte.

SIE MUSSTE WOHL gemerkt haben, daß ich sie anstarrte. Und sie hatte wohl auch gesehen, wohin mein Blick ging. Sie schaute an sich hinunter, über den Tresen und dann zu mir auf der anderen Seite. Ganz langsam beugte sie sich nach vorn und stützte sich mit dem rechten Ellbogen auf der Platte ab.

«Wirklich verdammt warm heute», bemerkte sie beiläufig, «du bist aber nicht bis hierher gelaufen, um mit mir übers Wetter zu reden, oder?»

Meine Blicke verirrten sich in ihren Ausschnitt, wo ich

den Ansatz der Brüste sehen konnte und den tiefen Graben, der zwischen ihnen lag. Der vierte Knopf konnte offenbar den Druck nicht mehr aushalten und sprang auf. Und der Einblick wurde noch besser.

«Was is' nun? Willste was kaufen, oder?»

«Ähem, nun ja. Mir fehlt ein Heft. Für Vokabeln.»

«Hinter dir im Schrank! Mußt nur unten die Tür aufziehen.»

Ich drehte mich um und guckte nach der Tür. Beim Bücken war mir mein Freund so im Weg, daß es bald weh tat. Ich versuchte, ihn umzustauen, ohne daß Anna meine Pein merken konnte. Mittlerweile war ich so durcheinander, daß ich die Tür in die falsche Richtung aufziehen wollte.

«Herrje – du bist aber heute völlig daneben», kam es hinter dem Tresen vor. «Ich komm' mal rüber.»

Sie kam auf meine Seite und ging neben mir in die Hocke. Dabei öffnete sich ihre Bluse so weit, daß ich, regelrecht erschrocken, bis zu den Spitzen schauen konnte, als ich einen Seitenblick riskierte. Bisher hatte ich deren Existenz nur geahnt, weil sie sich sonst als kleine Hügel außen abzeichneten.

«Laß mich mal.» Dabei beugte sie sich über mich. Durch die dünne Bluse fühlte ich, wie eine ihrer Brüste über meinen nackten Oberarm streichelte und dann kurz vor dem Ellbogen innen liegenblieb. Mit der linken Hand griff Anna in die unterste Schublade, während ihre rechte Hand sich auf mir abstützte.

Ganz unauffällig, so dachte ich jedenfalls, ging meine rechte Hand zum linken Arm, wo noch immer ihre Brust geradezu Blasen in meine Haut brannte. Als wollte ich mich nur ein bißchen jucken, strich ich langsam meinen Arm hinauf, bis meine Hand unter dieser herrlichen Last ankam.

‹**UND JETZT KRIEGST** du eine hinter die Ohren, und Anna ist tief beleidigt›, dachte ich, als meine Hand am Ziel unter ihrer Brust ankam. Doch nichts geschah. Annas köstliches Gewicht blieb auf meinem Arm, sie suchte weiter nach dem Vokabelheft, und ich drückte ganz langsam den Handrücken gegen ihr weiches Fleisch. O Wunder! Ihr Druck verstärkte sich, und nichts war's mit einer Ohrfeige. Im Gegenteil!

Sie tat so, als ob sie noch ein bißchen tiefer in der Schublade suchen müßte, und drückte so noch mehr auf mich. Sekunden später gab Annas linke Hand das Suchen nach dem albernen Heft auf. Sie stützte sich mit beiden Händen auf mich. Ihr Atem streifte meinen Nacken.

«Brauchst du jetzt unbedingt das Heft?» fragte sie mich in dieser blödsinnigen Stellung knapp über dem geschrubbten Dielenboden und stellte sich langsam wieder auf.

Mit dem Rücken stand sie zum Tresen, den Oberkörper zurückgelehnt. Ich konnte sie auf weniger als einen Meter Entfernung betrachten. Unauffällig natürlich, wie ich dachte. Zum ersten Mal roch ich bewußt ein weibliches Wesen. Die Gewürze im Laden, die Gerüche der Blumen vor dem Haus und etwas ganz Eigenartiges, das von ihrem Körper stammen mußte, ergaben eine Mischung, die mich noch kribbeliger machte.

Die Bluse war nach einer Seite verrutscht und zeigte jetzt weniger. Der Graben, in dessen Tiefe ich am liebsten mein Gesicht versenkt hätte, war wieder verdeckt. Anna blieb so einen Moment stehen und schien ihren Spaß an meiner Verwirrung zu haben. Denn längst hatte sie die Richtung meiner Blicke erkannt. Ihre amüsiert hochgezogenen Mundwinkel schienen das zu bestätigen.

Langsam löste sie sich vom Tresen, ging die zwei Schritte zur Tür und schloß sie zu.

«Feierabend für heute. Es kommt doch keiner mehr

am Nachmittag», sagte sie. «Mußt du gleich wieder nach Hause, oder willst du mit mir im Garten was Kühles trinken?»

Ich stotterte was von «Zeit haben» und brachte keinen zusammenhängenden Satz zustande. Wie ein kleiner Hund folgte ich ihr durch die Küche hinter dem Laden in den Garten. Nach der Kühle des Hauses brannte die Wärme draußen um so mehr. Es zog sich etwas in mir zusammen, was ich in dieser Intensität bisher nicht gespürt hatte. Mein Freund, den ich in den Minuten vorher wenig beachtet hatte, meldete sich geradezu schmerzhaft zurück. Unauffällig steckte ich meinen unbotmäßigen Begleiter wieder so auf die linke Seite, daß er dort hinter der Seitentasche nicht mehr auffiel.

‹WESHALB SOLL SO'N Vollblutweib eigentlich an mir Gefallen finden?› fragte ich mich und stolperte hinter ihr her hin zum kleinen Gartenhäuschen, das völlig zugewachsen am Ende des Gemüsegartens stand.

«Setz dich in die Laube. Ich hole was zum Trinken», meinte sie und drehte wieder ab zum Haus.

Ich schaute ihr nach und versuchte, Ordnung in meine Gedanken zu bringen. Gut, ich fand mich nicht unbedingt häßlich. Vor dem großen Spiegel im Schlafzimmer der Eltern hatte ich mich oft betrachtet, wenn niemand da war. Ich sah eben so aus, wie man am Übergang vom Jungen zum Mann aussieht. Meine Haut war heller als die von Anna, und Sommersprossen hatte ich auch. Die Haare auf der Brust hatten sich noch nicht entschieden, was sie mal werden wollten. Nur meinen kleinen Freund umkräuselte schon ein roßhaarhartes Gebüsch an der Stelle, wo er aus mir herausragte. Auch der Beutel, der normalerweise zwischen meinen Beinen locker herunterhing, aber immer dann eine harte und grobrunzelige Haut bekam, wenn die sechzehn Zentimeter zu voller Länge erblüht waren, wurde von einer harten Haarpracht bedeckt.

ANNA KAM ZURÜCK. Leicht schwangen ihre vollen Hüften im weiten schwarzen Rock. Die nackten Füße steckten in Ledersandalen. Ihre Bluse war vorn wieder zu bis auf die beiden obersten Knöpfe. Schade drum.

Auf drei Seiten war die Laube von wildem Knöterich zugewachsen. Die Sonne schien von hinten durch das grüne Blattgewirr und hatte alle Mühe, hier und da durch einige Löcher in das Innere des Häuschens zu dringen. So konnte man von drinnen nach draußen ins Helle schauen, wer aber dort stand, hatte alle Mühe, im kühlen Halbdunkel etwas zu erkennen.

Sie setzte sich neben mich auf die einzige Bank, die auf ganzer Länge der Rückwand hinter dem schmalen Tisch zum Sitzen einlud.

Anna hatte einen bestimmten Duft. Ich dachte dabei an unseren Hund, wenn Nachbars Mischling wieder mal heiß war. Mir ging's ähnlich.

Die Knöterichhecke bot guten Schutz gegen die Sonne, und in der Hütte war es dadurch angenehm kühl im Vergleich zu draußen. Doch seitdem Anna neben mir saß, schien die Sonne auch im Schatten. So heiß war mir mit einem Mal.

«Himbeersaft oder Mineralwasser oder beides zusammen?» fragte sie.

«Egal – oder was du trinkst», antwortete ich.

Sie schenkte ein und schob mir das Glas zu. Handgelenk und Finger waren schmal und schlank. Ich nahm das Glas. Meine Hand blieb für einen Moment auf der ihren liegen. Anna ließ es geschehen.

Durch ihren dünnen Rock konnte ich ihren Körper dicht neben mir spüren. Immer war sie ein bißchen in Bewegung. Mal rutschte ihr Oberschenkel nach vorn, dann hob sie ihn wieder an, und beim nächsten Mal drückte ihre Schulter gegen meine.

Diese leichten Bewegungen ließen mich leise erschauern, drang doch durch den Stoff auch die angenehme Wärme ihrer Haut. ‹Wie weich und samt muß die sein?› fragte ich mich und hob die Arme über den Kopf, um mich zu recken. Die linke Hand fand wieder zurück zum Saftglas, und der rechte Arm legte sich auf die Rückenlehne der Bank.

«Du hast ganz schön geschwitzt», meinte ich, als meine Hand an ihrem Rücken entlangstrich, «ist aber auch warm», beendete ich diesen geistreichen Satz.

Amüsiert hob und senkte sie abwechselnd die Schultern und drückte sich an die Rückenlehne. Ich wurde mutiger und legte die offene Handfläche auf ihren Rücken. Das war für mich so, als ob meine Finger in einer elektrischen Steckdose Halt finden wollten. Die Gedanken im Kopf verklebten zusehends.

«Du hast aber auch nasse Stellen vorn auf deiner Brust. Hinter dir liegt ein Tuch, mit dem ich dich ein bißchen abrubbeln könnte, oder?» fragte sie und wartete meine Antwort nicht ab.

Mit flinken Fingern hatte sie die fünf Knöpfe meines karierten kurzärmeligen Hemdes aufgemacht und war schon mit der Hand auf der Haut.

«Komm, zieh es ganz aus. Hierher kommt niemand. Du brauchst dich nicht zu genieren», sagte sie so nachdrücklich, daß ich nicht mehr widersprach.

Sie zerrte das Hemd aus der Hose und rubbelte erst meinen Rücken, dann meine Brust ab.

«Soll ich bei dir auch?» fragte ich plötzlich und wunderte mich über meinen Mut.

Sie schaute mich an. So wie eine Katze. Augen nicht ganz auf – aber hellwach.

«Nur den Rücken, ist das klar?»

Ich hätte nicht geglaubt, daß sie darauf einging. ‹Aber nun los, du Maulheld!› sagte ich zu mir und fingerte zittrig nach dem Handtuch. Der Atem ging mir, als ob ich den Weg zum Bahnhof dort oben auf dem Berg gerannt wäre.

Anna drehte mir jetzt den Rücken zu. Langsam, als ob ich mir die Finger an ihrer Haut verbrennen könnte, versuchte ich, ihre Bluse am Rücken hochzuziehen. Das konnte schon deshalb nicht klappen, weil sie so verdammt eng anlag.

«Paß auf, ich mach' mal vorne auf. Dann kannst du besser an den Rücken», lachte sie. Mit beiden Händen hielt sie aber das Vorderteil fest vor ihren Brüsten, so daß ich trotz allem Halsverrenken nichts von den Rundungen sehen konnte, an denen mir so viel lag.

ACH JA, ICH hatte ihn ganz vergessen. Meinen kleinen Freund, der nun erst recht unbotmäßig an seine Existenz erinnerte. Er konnte zwar nicht von innen an meine Hose pochen, aber gewaltig drücken tat er. Ich legte das Handtuch hin, um erst mal zu verpacken, was dort unter dem Leder der kurzen Hose sich regte. Und kurz war sie jetzt wirklich. Durch das ganze Hin und Her war das linke Hosenbein so weit hochgerutscht, daß er mit seinem Kopf frische Luft schnuppern konnte. Zurück mit ihm an seinen Platz!

Da drehte Anna plötzlich den Kopf zu mir, um zu schauen, was für ein Gewürge ich hinter ihrem Rücken machte. Das Handtuch rutschte auf den Boden. Ich Trampel wollte hinterher und stieß so tapsig gegen den Tisch, daß die Gläser klirrten und beinahe umgestürzt wären. Das Chaos war komplett.

NUN HATTEN WIR Jungen schon gewaltige Erfahrungen. Meinte auch ich. Immerhin hatten wir bei den Amis schon oft den «Playboy» und auch andere Schriften abgestaubt. So wußten wir ganz genau, wie Frauen aussahen, wenn sie nicht so züchtig verhüllt waren wie die in unserer dörflichen Umgebung. Eltern zeigten sich ohnehin nicht nackt. Und was sonst noch an Tanten, Kusinen oder Mitschülerinnen da war, schien alles zu tun, um möglichst geschlechtslos zu wirken.

Wir hatten zwar keine Ahnung, was sich unter den Stoffstückchen verbarg, mit dem die «Playmates» ihre Hüften verhüllten. Aber wie weibliche Busen aussahen, das wußten wir. Die Amerikaner schienen besonders große und runde Busen zu schätzen. Wir auch!

In den vergangenen Stunden hatte ich in Gedanken immer wieder neue Formen modelliert. Mal erschienen mir Annas Brüste groß und schwer, dann wieder ragten sie frech in die Gegend mit ihren Spitzen. Wie sahen wohl die Brustwarzen aus, die sich oft unter dem Stoff von Blusen oder auch Pullovern abzeichneten? Hatten sie einen großen Hof wie die der Playmates?

Auf alle Fälle mußten es wunderschöne Rundungen sein, die alle harmonisch ineinander übergingen und es wert waren, für die Nachwelt festgehalten zu werden. Und ob die Haut so weich, zart und sanft war, wie ich sie mir vorstellte?

Fragen, die ich nicht beantworten konnte.

ABER WAS SICH mir an diesem heißen Nachmittag in der Laube bot, übertraf alles bisher Zusammenphantasierte! Anna hatte bei ihrer abrupten Drehung vergessen, daß ihre Bluse offen war und ihre Brüste frei und ohne Einzwängung durch engen Stoff meinem Blick ausgesetzt waren.

Ich stand steif und starr, wußte nichts zu sagen und muß wohl unendlich dämlich dreingeschaut haben. Ein heller Lacher Annas brachte mich wieder in die Wirklichkeit zurück.

«Du guckst wie ein Kalb, Mensch! Hast du noch nie eine Frau gesehen?» kam unerwartet ihre Frage statt einer wütenden Bemerkung wegen meiner Blicke.

Ich schluckte und sortierte mühsam meine Gedanken.

«Nee, das heißt, ähem, noch nicht so wie dich. Also ohne was vor den, hmm äh, ja so Dingern wie da», und ich zeigte mangels vernünftiger Worte auf ihre Brüste.

Ihr Lachen machte mich unsicher.

«Komm und hilf mir. Ich krieg' die Knöpfe so schlecht zu», forderte sie mich auf.

Mit zitternden Fingern fummelte ich mehr, als ich half, und traf dabei, diesmal – Ehrenwort! – ohne es zu wollen, ihren Busen. Das machte alles noch schlimmer.

Die Haut war wirklich so samten, wie ich sie mir vorgestellt hatte. Warm und so sagenhaft zart hatte ich mir Brüste nie vorgestellt. Meine Finger blieben etwas länger auf ihrer Haut liegen, als eigentlich nötig war. Ach Quatsch – es wäre überhaupt nicht nötig gewesen. Aber wann hätte ich diese Gelegenheit noch einmal gehabt?

Zu mehr traute ich mich aber nicht. Von wegen ‹mal drunterfassen› oder gar streicheln. War nichts mit meinem Mut. Ich japste, ohne es zu merken, wie unser Barry, wenn er hinter Karnickeln hergewesen war und sich dann in den Schatten eines Leiterwagens schmiß.

Anna war sichtlich amüsiert und keineswegs sauer auf mich und meine zaghaften Annäherungsversuche. Ihre Mundwinkel waren leicht in die Höhe gezogen, als ich sie wieder anschaute. In ihren Augen funkelte es verschmitzt.

«Du hast wohl noch nie 'ne Frau so richtig angeguckt?» fragte sie.

«Angeguckt sicher, aber immer waren sie ganz fest angezogen», druckste ich und gab mir dann einen Stoß: «Aber so was Schönes wie dich habe ich noch nie gesehen!»

Die Knöpfe waren mittlerweile zu. Schade!

«Das Vokabelheft muß ich aber noch irgendwann holen. Vielleicht schon morgen, wenn's dir recht ist», murmelte ich, um nur was zu sagen.

Vor dem Laden rief jemand.

«Bleib noch'n Moment hier oder geh hinten raus. Du weißt ja, was die gleich reden, wenn ich den Laden zugemacht habe und mit dir dann nach vorn komme», riet Anna mir und strich mir noch einmal zum Abschied über die Haare. «Bis dann also!»

Es klang so, als ob sie mich doch wieder sehen wollte. Es konnte aber auch sein, daß ich ihre Worte so verstehen wollte.

Nach ein paar Minten haute ich dann hinten durch den Garten ab und ging über die Bleiche am Bach lang zu uns nach Hause.

Carl Westberg (Pseudonym), 60 Jahre

Wildes Wochenende

Phantasie bezüglich Norbert: ich treffe ihn in der Mensa, ein Tablett in der Hand, er hat auch ein Tablett in der Hand, ich greife von hinten um seine Taille: «Paß auf Kleiner, ich versuche dich von hinten rumzukriegen. Ich bin ein tagaktiver Vampir und brauche nur in deine süße Halsschlagader reinzubeißen, dann bist du tot.» Tatsache ist, daß er für mich der Verzauberte bleibt, der nicht sieht, was ich geben kann, da er vorher schon abblockt. Also schlußendlich diesen Sommer ohne ihn.

Donnerstag-Nacht war ich bei Hans, wir schliefen zusammen, ich hatte ausnahmsweise mal an die Gummis gedacht. Jedenfalls war ich wieder relativ passiv genießend und er bewunderte mich wieder: «bist du schön», was ich dann auch gerne hörte. Irgendwie eingespielt. Aber Hans ist erstaunlich vielseitig, insofern, als daß er gerne seinen Kopf in meine Lagune steckt, mich dort genüßlich leise stöhnend leckt, während ich mit meinen Füßen an seinem Schwanz spiele. Die Muster sind klar und wiederholen sich leicht variiert seit Jahren. Darum brauche ich auch immer wieder Sex mit anderen, weil ich bei anderen nicht in so einer Gewohnheit drin stecke und von Anfang an etwas agiler sein kann, die Rollen sind noch nicht so fest.

Am Tag darauf war ich jedenfalls gespannt auf Wilhelmshaven, ich wollte Jan mit meinen gesammelten Erfahrungen überschütten, nicht erdrücken, aber beglücken. – Mal schauen, was sich ergibt…

Jan kam gerade vom Fußball-Training, als ich seine Hausnummer ausfindig gemacht hatte. Er war echt süß, gab mir Zeit, erst mal ankommen. Ein bißchen Small-Talk über Job, über Hans, mein Techteln mit ihm, später bei Käsebrot über die Party-Situation, wo wir uns kennengelernt hatten, wie war es damals weitergegangen, als wir auseinandergingen. Sein Urlaub in der Dominikanischen Republik, Karibik im Februar. Ich war kurz in Wien. Na ja, dann wollte ich unbedingt noch den Hafen sehen und mir ein bißchen die Beine vertreten. Also fuhren wir noch mit seinem Auto ins Hafen-Viertel und stiegen da aus, wo er oft surft, gingen vielleicht fünfzig Meter auf der «Promenade». Und ich begrüßte die Nordsee. Jan ermunterte mich, jetzt mußt du sie aber auch anfassen. Das machte ich und leckte noch meinen Finger – wirklich salzig. Bei ihm zu Hause – kurzer Blickkontakt auf seiner Couch. Woll'n wir ins Bett? Bis auf die Unterhose ausgezogen und schwupp: vorsichtiges Streicheln und Wiedererkennen von Körper zu Körper. Jan küßt nicht so gerne. Sein Sex war nicht so hart wie im Januar, als er so betrunken war. Viel mehr Zärtlichkeit, ich war auch überrascht von mir, daß ich so Lust hatte, in aller Ruhe zu streicheln. Er ist so wunderbar kräftig vom leidenschaftlichen Surfen. Ich griff so gerne in seine Arm-, Schulter- und Rückenmuskeln. Bei Wind ist er in seiner vorlesungsfreien Zeit mit Freunden sofort auf dem Wasser. Ich würde ihn gerne mal dabei ansehen und bewundern. Dreimal, einmal vorm Einschlafen, einmal ein Quickie mitten in der Nacht, um drei, einmal vormittags, nach der «Pinkelpause». Mit Gummi, er meint, es sei nichts mehr gekommen. Ich: «ist das schlimm?» Er: «nein.» Ich kenne ihn noch nicht gut genug, als daß ich genau an seinen Reaktionen ablesen kann, wann er «kommt», so daß ich nur ungefähr mitschwinge. Aber so Sex pur hat was. Mittags gab's frische Brötchen, Kuchen. In der letzten halben Stunde, als ich eigentlich schon wieder unterwegs sein wollte, sagte ich vorsichtig, daß ich nicht verliebt sei, daß es nicht mehr so schlimm mit mir sei wie früher, als ich, wie seine Schwester ihm erzählt hatte, mich immer schnell verliebte. Über seine Gedanken, bevor ich kam, meinte er: «ich hatte mir da keinen Kopf gemacht.» Schön, da waren wir uns einig – keine Komplikationen erwünscht. Er hatte ein nervöses Zucken im Gesicht. Vielleicht säuft er deshalb so viel, um seine Psycho-Kiste zu unterdrücken. Er hat einen recht hohen Muskeltonus und ist ein bißchen ein Typ, der sich überfordert und seine Grenzen überschreitet.

Irgendwie liebe ich sie alle, die Männer, wie sie sich so einrichten im Rollen-Urwald des Mannseins hierzulande in den Mitt90ern.

Jan, eher der Harte, der Feten-Säufer, der als Jugendlicher fast bei 'nem Autounfall ums Leben kam, in der Phase, als er den Betrieb des verstorbenen Vaters kurzzeitig übernommen hatte und noch Abitur nachmachte. Jetzt der Surfer, am liebsten bei starkem Wind – natürlich dann vor allem im Winter vor der Haustür, oder in der Karibik, Fußball spielend mit Marine-Soldaten – Single. Natürlich Single. Bei so 'nem zeitintensiven Hobby und so 'nem frauenarmen Kaff wie Wilhelmshaven.

Dann die sensiblen Selbstzweifler, wie Norbert, die mit ihren Müttern seelisch Verheirateten, die immer die Frauen enttäuschen müssen, bis sie endlich nach jahrelangem Therapieren das destruktiv Selbstzerstörerische, das alle irgendwie haben, ablegen können und endlich die vielbesungene Liebe sich ausbreiten kann.

Dann die Prinz-Denmark-Fans, wie Hans. Naturbursche, eine undefinierbare Mischung aus spießig und tolerant, leidenschaftlicher Forscher im Naturschutz, Billard-Fan und seit Jahren regelmäßig in seiner Stammkneipe.

Dann die Dandy-Typen, wie meine neueste Errungenschaft, Anton. Künstler-Typ, frisch gebackener Unternehmer in der Werbebranche.

Hier weiß ich nicht, wer wen verführte, er mich, oder ich ihn. Samstag, zurück aus Wilhelmshaven. Gerade hatte ich zwei Konzerte mit der Samba-Gruppe hinter mich gebracht. Das erste, direkt von der Autobahn in die Demo – für Amnesty, die tiefe Baß-Trommel vor dem

Bauch. Dann am Nachmittag in 'ner ungenutzten Fabrik, Tag der offenen Tür der dortigen Ateliers. Ich war noch völlig aufgedreht und hatte Lust, mit allen Männern zu flirten. Anton kam reingeschneit, sah mich, nahm mich in den Arm, küßte mich. Ich: «na, wir haben doch auch noch 'ne Rechnung offenstehen.» Er: «du bist ja genauso schlimm wie ich, mein Kompliment. Hast 'ne sexy Stimme.» Ich war nach den Nächten mit Hans und Jan und dem Draußen-Musikmachen leicht heiser. Fühlte mich aber großartig. Anton war eigentlich schon vor zwei Monaten scharf auf mich gewesen, was mir fast schon unheimlich gewesen war, nach 'nem kurzen Lambada-Tanz, damals auf der Fete. Zu Hans hatte ich gesagt: «du mußt mich vor Anton retten, sag Bescheid, wenn du fährst.» Doch dann kam in Sekundenschnelle völlig unerwartet das Angebot von Jan: «du brauchst nur ja sagen.» Also war ich mit Jan zu mir gefahren.

Zum Zeitpunkt der zweiten Begegnung mit Anton hatte ich auf einmal überhaupt keine Bedenken mehr. Er kam mir abends auf die Fete hinterhergestiegen, wie ein Teeny war ich aufgeregt gewesen, ob er kommen würde. Kurz zuvor war noch ein kleiner Straßen-Umzug mit dem harten Kern der Samba-Gruppe, Samba-Reggae spielend, fröhlich um den Block gezogen, bis die Polizei einschritt. Anton meinte dann ziemlich bald: «die Musik ist nicht mehr besonders tanzbar, willst du noch lange bleiben? Laß uns gehen, wir haben doch noch was anderes vor.» Nun standen wir also Arm in Arm vor der Haustür, über uns schallte die Feten-Musik. Er: «Ich bin noch nie so früh von 'ner Fete gegangen. Wo wollen wir hin, zu mir oder zu dir?» Ich: «Was hast du denn zu bieten?» Er: «Frühstück ans Bett, Badewanne.» Ich: «Frühstück ans Bett, frische Brötchen.» Wir entschieden uns für die Badewanne.

Jedenfalls waren wir eindeutig triebbestimmt scharf aufeinander und wollten uns das Leben gegenseitig versüßen, was voll gelang. Ganz zu Beginn unserer Ausschweifungen meinte er zu mir: «Moment, ich will keinen Sex, ich will Spaß.» Ich hatte auf ihm gelegen und ihn geküßt, fing an, ihn sanft, eindeutig zu streicheln, ich weiß nicht mehr, wie konkret ich seinen Schwanz einbezog. Jedenfalls lachte ich, warf mich auf die Seite neben ihn und sagte: «kein Problem, kannst du haben.» Also wurde das Vorspiel zum Hauptspiel, wurde das zarte Streicheln, Küssen, Lecken ein Spiel ohne Ende mit immer wieder kleinen neuen Variationen.

Ich bin so glücklich, daß ich über Stunden so zärtlich sein konnte, daß der Rahmen entsprechend stimmte. Anton gab auch sein Bestes, glaube ich. Andeutungen nach zu urteilen haben wir beide noch ein Potential miteinander, das wir in den gemeinsamen erotischen Stunden nicht voll ausschöpfen konnten. Zum Beispiel wirkten die Aids- und die Gummifrage als starke Grenze, die uns sogar einen ziemlich harten gemeinsamen Absturz bescherte. Er hatte irgendeinen leckeren Likör auf meinen Bauch geschüttet und zärtlich abgeleckt. Ich war inzwischen dermaßen aufgegeilt, daß ich minutenlang auf 'nem sehr hohen Erregungs-Plateau surfte, auf ihm liegend. Was ihn wiederum dermaßen aufgeilte, daß er seinen Schwanz ohne Gummi einführte. Ich war seiner Aktion völlig ausgeliefert, kein Eigenwille mehr. Irgendwann kamen die ersten Gedanken durch. Ich kam nicht runter, irgendwann wurde es dann egal, und es fühlte sich ja doch gut an. Seine Prüfungsinstanz wurde sich der prekären Situation bewußt, er: «das ist ja nicht zum Aushalten» – oder so. Eine Sekunde später, völliger Abfall der Energie in den Keller, ich werfe mich wie erschlagen zurück auf meinen Rücken. Bleibe liegen, atemlos, zu Atem kommend, sehr tief, sehr entspannt atmend, sehr ozeanisch. Die Gedanken kommen: das war fies von ihm, sein Glied einzuführen, Wut. Minuten später krabbele ich neben ihn mit meinem Kopf zu seinem. «Das war fies, ich wußte eigentlich, daß du fies bist.» Mit meiner Hand fahre ich ihm ins Gesicht und presse meine Finger auf seine Gesichtsknochen. Er gibt's zu. Minuten später, er: «da gehören immer zwei dazu.» Ich: «ich konnte nichts machen, hatte mich nur ein bißchen hingegeben.» Meine Stimme war schon völlig weg, nur noch ein kratziges Flüstern. Ich: «ich bin jetzt leicht geschockt.» Dann sagte ich, daß er mir weh getan hatte, als ich auf ihm saß, daß es zu tief war. Zwar liebe ich 'nen süßen Schmerz, aber das war zuviel. Er: «Da mußt du auf dich aufpassen.» O. k., stimmt. «Und dann gibt es ja immerhin noch die Aids-Frage. Ich machte letztes Jahr 'nen Test. Wo du dich überall rumtreibst.» Er wägt ab, daß ein Test nicht viel aussagt. Irgendwann setzte sich 'ne Egal-Stimmung bei mir durch. Ich sagte es. Daß mir allmählich alles egal wird und ich in einem Zustand zwischen gestern und morgen bin. Ich wollte, daß er mich von hinten vögelt, ohne Gummi. Ich hatte seinen Schwanz schon eingestöpselt. Er: «so geht das nicht. Jetzt willst du es aber wissen, was?» Er fand noch ein Gummi und vögelte mich von oben. Versöhnung. Er: «das könnte noch schöner sein.» Ich flüsterte: «wir sind ja noch Anfänger...»

Susanne Hellmann, 34 Jahre

Constanze

Ich möchte Ihnen von einem Erlebnis berichten, welches ich mit meiner Frau zu Beginn unserer Ehe hatte und das mich bis heute immer wieder fasziniert. Ich will sie hier Constanze nennen, was jedoch nicht ihr richtiger Name ist.

Wir haben recht früh geheiratet, als ich noch studierte (heute bin ich 28 Jahre alt und von Beruf Ingenieur, sie arbeitet im Hotelwesen), und unser Sexleben ist für sie wie für mich abwechslungsreich und von der Neugier geprägt, alles auszuprobieren, was uns einfällt. Oralsex war für sie ebenso faszinierend wie für mich; vor unserer Ehe hatte ich zwei Affären, die mich diesbezüglich sehr frustriert haben. Doch nun genug der Vorrede.

Constanze und ich sind im Schlafzimmer, in dem sich ein großes, mit Satin bezogenes Bett befindet. Es ist sehr groß, orangefarben bezogen mit einem schwarzen Gitter am Kopfende. Sie trägt nichts weiter als einen schwarzen BH (ohne Träger) und ihren ebenfalls schwarzen Slip, während ich selbst schon nackt bin. Ich nehme sie in die Arme und küsse ganz sanft ihren Hals. Wir legen uns aufs Bett, und ich streichle sie, schmiege mich an sie und sie küßt mich, dann flüstert sie mir ins Ohr: «Fessel mich!» Ich löse mich von ihr, während sie sich entspannt und in erwartungsvoller Erregung auf den Rücken legt. Ich schiebe ihr das Kopfkissen zurecht und hole aus dem Nachtschränkchen zwei kurze Stricke hervor. Sie hebt ihren

rechten Arm und ich küsse ihre Hand, bevor ich ihr
Handgelenk an eine Strebe des Gitters führe, wobei
ihr Arm bequem abgewinkelt ist. Ich kann ihre Achselhöhle sehen, die einen ganz leichten, schwarzen
Haaransatz zeigt. Ich nehme das Seil und binde ihr
Handgelenk an der Strebe fest, was sie schon
sichtlich erregt. Nachdem ich das Seil festgezogen
habe (ohne daß es weh tut, aber trotzdem fest
genug, daß sie sich nicht rühren kann), küsse ich
ihren Arm, der weich und entspannt auf der kühlen
Bettwäsche ruht. Ihre sanfte Haut erregt mich, und
ich streichle ihre Achselhöhle, bevor ich über sie
drüber auf die andere Seite steige und den linken
Arm genauso festbinde. Ihre Erregung wird stärker.
Jetzt liegt sie vor mir, wehrlos meiner Lust ausgeliefert, was mich enorm aufgeilt. Ich lege mich
neben sie und wir küssen uns. Unsere Zungen spielen leidenschaftlich miteinander, und ich fühle,
daß die Fesselung sie stark erregt, weil sie mich
umarmen will und nicht kann. Ich gleite an ihr
abwärts und öffne ihren BH. Ganz langsam, im Zeit-
lupentempo, ziehe ich ihr dieses reizende Stück
Wäsche von ihrem Körper. Ihre Brüste sind vor
Erregung schon ganz fest, und ihre Brustwarzen
wirken wie zwei wohlschmeckende, süße Kirschen.
Ich lege mich wieder neben sie, berühre ganz
leicht mit den Fingerkuppen ihre Brustwarzen. Sie
stöhnt laut auf, und ihr Unterleib beginnt sich
rhythmisch zu bewegen. Ich blicke an ihrem wunderbaren Körper hinunter und sehe, daß sie die Beine
gespreizt hat und schon schön feucht zwischen
ihren Beinen ist. Dort, wo sich ihre Lustpforte
befindet, zeichnet sich ein schwarzer, feuchter
Fleck ab. Ich nehme eine Brustwarze von ihr in den
Mund und berühre sie ganz leicht mit der Zungen-

spitze, worauf sie richtig mit ihrem Hintern in
die Luft geht. Sie wirft den Kopf hin und her und
stößt einen lauten Schrei aus, ihre Geilheit hat
ein Ventil gefunden. Ich gleite mit dem Kopf weiter an ihr hinab und küsse den feuchten Fleck auf
ihrem Slip, bevor ich mich aufrichte und ihn langsam ausziehe. Ihre schwarzen Schamhaare kommen zum
Vorschein, und ich habe Mühe, den Slip langsam
auszuziehen, weil sie ihre Beine ständig spreizt.
Schließlich verschwindet das letzte Stück Stoff
von ihrem Körper. Mein Penis ist vor Erregung sehr
lang geworden, und die Spitze tritt fest und rot
hervor, sie glänzt schon, und ein kristallklarer
Tropfen fällt auf ihre Brust. Ich nehme ihn mit
dem Finger auf und führe ihn an ihren Mund, sie
leckt es gierig auf. Ich komme über sie und sage
ihr, daß sie meine Hoden lutschen soll, was sie
auch sehr genußvoll tut. Ich kann es nicht länger
halten, stöhne laut auf, ziehe meine Hoden aus
ihrem Mund und stecke ihr schnell die Schwanzspitze in den Mund.

Sofort fängt sie gierig an zu saugen - und
dann kommt es mir, ein Schwall Sperma ergießt sich
zwischen ihre heißen Lippen. Ich ziehe ihn erst
raus, als ich spüre, daß sie alles geschluckt hat.
Dann küsse ich sie und verschwinde wenig später
mit meiner Zunge in ihren Achselhöhlen. Sie windet
sich und stöhnt, daß sie auch geleckt werden
wolle. Ich lege mich neben sie, lächle sie an und
nehme das zweite Kopfkissen, befehle ihr, den Po
etwas anzuheben. Sie tut es willig. Sie spreizt
sofort die Beine, stöhnt nur noch: «Leck mich
aus...!», aber ich nehme erst noch einmal zwei
längere Stricke, mit denen ich ihre Füße am Bett
fixiere. Dann lege ich mich auf sie, küsse sie

nochmals auf den Mund und sage ihr, daß ich alles
auflecken werde. Dann gleite ich an ihr herunter,
umfasse ihr Becken mit beiden Armen, um sie zu
fixieren - und verschwinde mit der Zunge zwischen
ihren Schenkeln. Ihre Schreie sind unglaublich,
ich spüre, wie sie sich in ihren Fesseln windet,
und genieße dieses Gefühl in vollen Zügen. Sie
trieft vor Geilheit, und es ist ein irrer Genuß,
zu spüren, wie ihr Saft förmlich aus ihr heraus-
spritzt. Ich habe den Mund weit geöffnet, um alles
mitzukriegen, und der süßlich schmeckende Sirup,
der mir in den Mund läuft, macht mich auch immer
schärfer. Bevorzugt schlecke ich mit der Zungenspitze an ihrem Kitzler; wenn ich sie dort berühre, kommt es mir so vor, als ob ein Stromstoß
durch ihren Körper geht. Ich liege halb auf dem
Bett, und die Berührungen meiner Schwanzspitze mit
der herrlich weichen, kühlen Bettwäsche geilen
mich zusätzlich noch auf, und ich spüre, daß es
mir noch mal kommt. Ich unterbreche die Schlecke-
rei, um ihr meinen Schwanz noch mal in den Mund zu
stecken (wir hatten uns versprochen, es heute aus-
schließlich oral zu machen), aber es kommt etwas
früher, und ich spritze auf ihre Brust und in ihr
Gesicht. Die Mühe, den Samen aufzuwischen, mache
ich mir nicht, sondern verschwinde gleich wieder
zwischen ihren Beinen, und es dauert nicht lange,
bis sie nach lautesten Spitzenschreien und einem
erdbebenähnlichen Zittern, das durch ihren Körper
geht, erschöpft und befriedigt in den Kissen in
sich zusammensinkt. Ich nehme den Mund von ihrer
Muschi und lecke noch den Saft auf, der auf die
Bettwäsche gelaufen war, schlucke alles hinunter
und schaue mir meine geliebte Frau an - sie hat
die Augen geschlossen, der Samen auf ihren Brüsten

und in ihrem Gesicht hat Bahnen gezogen, und ihr
ganzer Körper ist naßgeschwitzt. Ich komme hoch,
lege mich neben sie und nehme sie in meine Arme;
sie ist noch nicht wieder in der Lage, etwas zu
sagen, sondern ist noch völlig außer Atem. Ich
nehme mit dem Finger den Samen auf und führe ihn
in ihren Mund; fast mechanisch lutscht sie ihn ab
und schluckt mein Sperma. Es ist ein wunderbarer
Anblick, ihr dabei zuzuschauen. Dann liegen wir
zehn Minuten ganz still nebeneinander, nachdem ich
sie zugedeckt habe. Danach erst ist sie im Stande,
mir zärtlich ins Ohr zu flüstern, daß sie noch nie
einen solchen Orgasmus hatte, und daß meine sanfte, kundige Zunge öfter mit ihr spielen soll. Sie
küßt mich, auf die Wangen, den Hals und auf den
Mund, sie flüstert mir zu, daß sie mit meiner
Zunge zu gern spielen möchte. Ich lege mich sanft
auf sie und presse meine Lippen auf ihre, und
unsere Münder öffnen sich; lange liegen wir so
übereinander und küssen uns. Schließlich löse ich
meine erschöpfte, aber ganz entspannte Frau von
ihren Fesseln, nehme sie auf meine Arme, trage sie
ins Bad und dusche mit ihr. Ganz sanft und vorsichtig seife ich sie ein und trockne ihren weichen Körper ab, bevor wir uns wieder ins Bett
legen und eng umschlungen einschlafen.

Anonym, maennlich, 28 Jahre

Der Kuß

Camille betrachtete sich das engumschlungene nackte Paar. Welch ein Kuß, welch Hingabe, welch Leidenschaft! Wann zuletzt hat mich ein Mann mit solcher Verführungskunst umarmt, geküßt. Versunken in ihrer Liebe füreinander scheinen sie Raum und Zeit um sich herum zu vergessen. Nichts wird mehr gedacht, nur noch empfunden. Lust. Lust und Liebe. Sein Atem hinterläßt mehr als ein Entzücken auf ihrer nackten Haut. Ein unendliches Verlangen strömt in ihr herauf, das nun jede Pore ihres Körpers, ihrer Seele erfaßt. Dieses Verlangen dringt tief in ihr dunkles Dreieck ein und verbreitet dort einen köstlichen Schmerz von Gier und Wollust. Die Begierde flüstert ihrem Amor zu: Liebster, Geliebter, nimm mich, nimm mich, schnell. Grabe deine Hände, dein Gesicht, deinen Mund tief in meine Blume hinein. Koste mich, schmecke mich und erlöse mich von diesem süßen Schmerz. Und dann nimm mich noch mal, von vorne, von hinten, so, wie du es am liebsten magst, nur zu, ich bin bereit und weich und warm, so tauche ein.

Und er läßt seine Hände gleiten, sein sanfter Mund schmeckt ihre Haut und kostet ihre Blume. Geliebte, Süße, welch Lust, welch Freude, dich zu spüren. Und welcher Hochgenuß, dein Leiden zu vernehmen. Dein süßer, süßer Schmerz dringt in meine Ohren und löst in mir Begehren aus. So nimm mich denn als deinen Diener, der dich und deinen Garten behutsam und behende zum Blühen bringen will. Und laß mich deine Blume mit Freude nun begießen, damit ihre Pracht sich entfalten kann.

In ihrer Liebe füreinander, gerade in diesem Augenblick, in dieser Sekunde wurde es dunkel um sie herum. Das Verlangen, die Leidenschaft, die Sehnsucht füreinander ließ sie in ein Universum tauchen, in ein Universum von Lust und Liebe. Und nur ein Feuerwerk der Freude konnte Stille wieder in sie einkehren lassen, so daß beide voller Erschöpfung und Glückseligkeit die Sterne am Firmament betrachten konnten. Endlich Ruhe. Es war ein Liebeswerk.

Camille erhob sich, ihr war schwindelig geworden. Verlegen bemerkte sie, daß sie nicht alleine war. Ein junger Mann hatte neben ihr Platz genommen und ebenso das nackte Paar beobachtet, das sich so voller Leidenschaft und ohne Scheu vor allen küßte. Für einen Moment, für eine Sekunde trafen sich ihre Blicke. O Fremder, würdest du mich küssen und mein Diener sein? Was frag' ich, natürlich willst du. Doch genügt mir die Erinnerung an dich, an uns, an diesen Augenblick, und diese Sekunde wird mir die Sehnsucht nach der Liebe ewig mit Lust erfüllen.

Camilla Klein, 31 Jahre

Ich . Du . Wir .

Illustration: Eckhard Twistel

Kontaktanzeigen lese ich regelmäßig, obwohl ich nur ab und zu auf eine antworte: In einer sexuellen Zwangslage bin ich nicht, aber ich mag den Kitzel.

Im «Statt-Blatt», April-Nummer, fand ich kürzlich die knappste Annonce, die ich je gesehen habe. Sie ging so: «Ich: Frau. Du: Mann. Wir: Sex! Chiffre: Sekt oder Selters!» Ich fühlte mich gekitzelt. Auf ein weißes Blatt Papier zeichnete ich mit dickem schwarzem Strich zwei krude Genitalsymbole, wie meine Schüler sie auf ihre Tische kritzeln, und ich schrieb darunter mit großen Blockbuchstaben: «BIGMAC ODER SALTIMBOC-CA?» Meinen Namen – ich heiße Leo Schreiner – und meine Adresse setzte ich klein und fein in eine Ecke, dann schickte ich die Post ab. Sehr große Erwartungen verknüpfte ich damit nicht; ich spiele aber gern an mehreren Tischen gleichzeitig.

Antwort kam schon drei Wochen später. Aus einem weißen Umschlag zog ich ein Kalenderblatt heraus, auf dem ein üppiges Blumenbeet prangte: Mai. Der 20. war durch ein rotes Herz umrahmt, darunter stand, auch in Rot: «Ottostraße 53. 19 Uhr». Auf der Rückseite waren mit demselben Strich zwei ausladende Bögen gezeichnet, jeder mit einem Nippel auf dem Gipfel. Darunter: «POLSTER ODER PLANKE? – MAJA.»

Ich war erregt, aber auch ein bißchen beunruhigt. Mein Gegenüber spielte anscheinend ein ganz eigenes Spiel. Kleine Abenteuer schätze ich durchaus, aber Fallen möchte ich lieber meiden. Die Ottostraße liegt in einem etwas verwahrlosten Stadtviertel, ziemlich weit von meiner Wohnung entfernt; ich war noch nie dort gewesen. Immer wieder ging mir der zwanzigste Mai im Kopf herum, und als der Termin kurz bevorstand, war mir klar, daß ich mich längst entschlossen hatte. Als der Tag gekommen war – es war ein Montag –, wusch ich mich gründlich, kleidete mich sorgfältiger als sonst und steckte ein bißchen Geld ein; auch an Kondome dachte ich. Bevor ich die Wohnung verließ, legte ich einen Zettel auf den Küchentisch: «Hallo, Ria! Bin Ottostr. 53; es kann ziemlich spät werden!!» Meine Lebensabschnittsgefährtin würde vermutlich auch dann nicht Alarm schlagen, wenn ich die Nacht über wegbleiben sollte, aber etwas sicherer fühlte ich mich so doch.

Von der Bushaltestelle Westpark mußte ich noch einige Minuten laufen, dann stand ich in der Ottostraße vor einem dreistöckigen, grauen, etwas verschossenen Gebäude. Sechs Klingeln waren neben der Haustür, oben links klebte über dem Namensschild ein Papierstreifen; darauf stand: MAJA. Vorsichtig löste ich das Papier ab – darunter gab es nur ein leeres Rähmchen. Ich drückte auf den Klingelknopf, und mit einem Knall und einem leisen Schnarren wurde die Haustür entriegelt. Über dämmrige Treppen stieg ich nach oben.

Auf der obersten Etage war eine der beiden Wohnungstüren halb geöffnet; langsam trat ich ein und kam in einen sehr dunklen Korridor. Die Luft war warm, trocken und etwas abgestanden. Drei Schritte war ich gegangen, da schloß sich hinter mir die Tür mit einem Schlag, und ich stand völlig im Dunkeln.

«Grüß dich, Leo!» sagte plötzlich eine angenehme Altstimme irgendwo vor mir. Ich murmelte einen Gruß, da griffen zwei schmale Hände kräftig nach den meinen und zogen sie von meinem Körper weg. Ich hielt den Atem an. Meine Fingerkuppen berührten warme, trockene Haut. Vorsichtig zuerst, dann etwas kecker fühlte und tastete ich; einen flachen Bauch spürte ich, leicht ausladende Hüften, muskulöse Oberschenkel. Ich strich zögernd nach oben und hatte volle, runde Brüste unter meinen Fingern. Sehen konnte ich nichts, aber vor mir stand eine zierliche, völlig nackte Frau, die sehr sanft atmete, sich nicht bewegte und meine kleinen Ausflüge über die Oberfläche ihres Leibes ruhig geschehen ließ. Ich ertastete ihre Schultern, ihren zarten Hals, ihr feines Kinn. Als meine Fingerkuppen ihre Lippen berührten, zog sie meine Hände sanft, aber deutlich wieder auf ihr Schlüsselbein herunter. «Maja?» fragte ich. Sie ließ nur ein kehliges Summen hören. Ich trat behutsam an sie heran, legte meine Arme um sie und streichelte ihren Rücken. Ihr Hintern war rund und fest; mein Glied stemmte sich gegen ihren Bauch. Ganz sacht wiegte sich die Frau in den Hüften und flüsterte auf einmal: «Zieh dich aus!» – «Wie; hier im Flur?» fragte ich überrascht. Aber sie fing an, meine Jacke, mein Hemd und schließlich auch meine Hose aufzuknöpfen. Da setzte ich mich auf den Fußboden, zog zuerst meine Schuhe und Strümpfe und dann meine übrigen Kleider aus. Nur die Unterhose behielt ich an; dort steckte ich meine Kondome hinein. Mehr als ich sieht sie ja auch nicht, dachte ich.

Die Frau war inzwischen hinter mich getreten und band mir flink einen schmalen Schal fest über die Augen. Dann zog sie mich in die Höhe, und ich stand etwas benommen auf. «Blinde Kuh, ich führe dich!» summte sie, den kindlichen Singsang, und drehte mich ein paarmal herum. «Wohin denn?» sang ich weiter, aber sie schwieg, öffnete irgendwo eine Tür und zog mich in ein Zimmer hinein.

Etwas stickig schien die Luft in dem Raum zu stehen; es war warm, und es roch ein wenig nach alten Tüchern. Ich ließ mich führen, ging ein paar Schritte in den Raum hinein, wurde ein wenig gedreht und dann sanft nach rückwärts geschoben. Etwas Weiches spürte ich an meinen Waden, bekam einen raschen Stoß vor die Brust und fiel hintenüber auf ein Polster oder ein Bett. Reglos blieb ich auf dem Rücken liegen. Ich nahm an, daß das Zimmer nicht dunkel war; meine Erektion in dieser albernen

Unterhose mußte also gut zu sehen sein. Nackte Füße hörte ich tappen. Ich griff an den Schal, der um meinen Kopf gebunden war, und bewegte ihn vorsichtig. «Nein!» flüsterte es dicht neben meinem rechten Ohr. Etwas berührte flüchtig meine Lippen, kehrte wieder und kitzelte meinen Mund: Ihre Brüste schwangen über mein Gesicht. Eine Brustspitze fing ich mit meinen Lippen ein, sog und leckte; sie schmeckte ein wenig nach Butter und wurde an meinem Gaumen hart. Die Frau stöhnte leise, dann setzte sie sich mit gespreizten Beinen auf meinen Bauch, beugte sich über mein Gesicht und überließ ihre andere Brust meinem Mund und meiner Zunge. Meine Hände hielt sie fest, so daß meine Arme weit auf der Matratze ausgebreitet lagen. In dieser Stellung schien sie es sich bequem gemacht zu haben: Sie schnurrte leise, steckte mir abwechselnd ihre prallen Brüste in den Mund und schaukelte sanft auf meinem Bauch. Ich konnte spüren, wie ihre Möse naß wurde, und ab und zu bäumte sich mein Schwanz ein wenig auf. Aber ich blieb liegen; es sollte Majas Spiel bleiben.

Nach fünf Minuten oder vielleicht auch einer halben Stunde erhob sich die Frau plötzlich. Dann ließ sie kurz meine Arme los, aber nur, um einen Strick um meine Handgelenke zu schlingen. «Was machst du?» fragte ich heiser. – «Psst!» flüsterte sie und band mich flink irgendwo fest. Dann stieg sie vom Bett herunter und ging ans Fußende. Sie zupfte an meiner Unterhose, zog sie herunter, kitzelte mich an der Innenseite der Oberschenkel und kniff mich in den Hodensack. Dann zog sie mir mein letztes Kleidungsstück ganz aus. Für die Präservative würde jetzt eben sie verantwortlich sein, dachte ich.

Kraftvoll drängte sich die Frau zwischen meine Schenkel. Sie zupfte an den Härchen auf meinen Beinen, biß sanft in mein Knie und küßte meinen Oberschenkel. Dann wanderte ihr Mund sachte weiter und liebkoste meine

Leisten. Mein Schwanz berührte manchmal ihr Haar, manchmal ihre Wangen, manchmal ihre Nase und ihr Kinn, ab und zu auch ihre Brüste. Er pulsierte prall, stand wie ein Pfahl, glühte; aber sie schien ihn nicht zu beachten. Ich stöhnte laut, und ein heftiges Zucken ging durch meinen ganzen Körper. Maja gurrte und schmatzte, dann erhob sie sich kurz, und irgendeine warme Flüssigkeit lief von oben auf meinen Unterleib. Es prickelte auf meinem Schwanz, etwas lief über meine Schenkel, mein Bauch wurde leicht massiert, etwas kratzte leicht an meinen Brustwarzen, ein Finger schob sich in meinen Anus, und schließlich schloß sich etwas Muskulöses, Feuchtes, Kühles um meine Eichel. Verschiedenste Sensationen überschwemmten mich, ungeahnte Gefühle machten mich innerlich zucken und taumeln, und wie auf einer brüllenden gichtigen Brandungswoge schwamm ich einer Entladung entgegen, wie ich sie noch nie erlebt hatte.

Als ich wieder zu mir kam, lag die Frau neben mir, eng an mich gekuschelt. Zunächst blieb sie still liegen, dann fanden ihre Lippen meine Halsbeuge und stiegen zu meinem Gesicht auf. Mein Mund bekam einen langen Kuß, der etwas herb schmeckte; bitter, süß und salzig zugleich. Bald darauf band sie meine Handgelenke los und stupste mich an, und ich stand langsam von dem Lager auf. Sie führte mich wieder durch das Zimmer und durch die Tür, ließ leise irgend etwas fallen, sagte: «Geh jetzt wieder zu Ria!» Ich hörte, wie sich ein Schlüssel im Schloß drehte. Wie benommen stand ich da, atmete tief und nahm den Schal von meinen Augen: Es war dunkel. Zunächst versuchte ich, die Tür, durch die ich gerade gekommen war, wieder zu öffnen, aber sie blieb verschlossen. Ich hämmerte mit den Fäusten dagegen – nichts. Nach einiger Zeit gab ich auf und suchte nach meinen Kleidern. Ich fand alles auf dem Boden wieder, sogar meine Kondome, und bald hatte ich mich wieder angezogen.

Als ich nach Hause kam, war es kurz nach zehn. «Hallo, Leo», sagte Ria munter, «so spät ist es ja doch nicht geworden. War's denn schön?» Ich murmelte etwas von Kollegenkreis und zog mich in mein Arbeitszimmer zurück, wo ich weder lesen noch schreiben konnte, sondern traumverloren vor mich hin starrte, bis Ria ins Bett gegangen war.

Am Tag darauf hatte ich so viel zu tun, daß ich auch nicht eine halbe Stunde für einen Ausflug abzweigen konnte. Aber am 22. Mai fuhr ich wieder in die Ottostraße. Der Papierstreifen war fort; ich drückte also auf den Klingelknopf ohne Namensschild. Ich klingelte mehrmals und wartete dazwischen ziemlich lange – nichts rührte sich. «Junger Mann, da wohnt schon seit mindestens drei Wochen keiner mehr», sagte jemand hinter mir. Eine ältere Frau ging mit gezücktem Schlüssel auf die Haustür zu. «Danke, das wußte ich nicht», antwortete ich und ging langsam und niedergeschlagen zur Bushaltestelle zurück.

Woher kennt Maja meine Lebensumstände? Wer ist sie? Eine Kollegin? Oder vielleicht eine Freundin von Ria? Oder die flinke Nachbarin mit den braunen Augen? Oder etwa die Frau von meinem Steuerberater? Oder die kleine Apothekerin von nebenan? Ich werde es wohl nie wissen. Ich: Mann. Du: Frau. Wir: Sex!

Winfried Schumacher, 50 Jahre

Lust

Langsam öffne ich die Augen. Ob Gundi noch neben mir liegt? Gestern war sie das erste Mal mit in meine Wohnung gekommen. Es war eine lange Nacht geworden, bis wir ermattet aneinandergekuschelt eingeschlafen waren. Gundi hatte mir erzählt, daß sie, egal wie spät sie nachts ins Bett kommt, wieder früh wach wird und dann mit ihrem Hund Gassi geht.

Ich blinzele in die Ecke des Zimmers. Dort liegt der kleine Hund friedlich zusammengekuschelt auf einer Decke und schläft. Gundi liegt ein Stück weiter neben mir, die Bettdecke bis zu den Ohren hochgezogen. Verwundert, daß sie um diese Uhrzeit doch noch schläft, schiebe ich die Decke ein bißchen zur Seite. Gundi hat ein Sweatshirt an. Dann war sie also doch schon, ohne daß ich es gemerkt hatte, mit dem Hund draußen gewesen und hatte sich wieder ins Bett gelegt.

Ich spüre ein Bedürfnis, diese Frau zu streicheln. Vorsichtig schiebe ich meine Hand unter die Decke und streiche von Gundis Taille zu den Schenkeln. Plötzlich stutze ich. Sie hat keinen Slip an, aber etwas knistert an ihrem Bein. Verwundert hebe ich die Decke etwas an. Fast lache ich laut los. Auf was für Ideen diese Frau kommt...

Mit Tesafilm hat sie einen kleinen Zettel an ihrer Hüfte festgeklebt: «Frisch gewaschen!» Ich schiebe die Decke weiter weg, so daß ich jetzt Gundis Hinterteil nackend vor mir liegen habe.

Etwas regt sich in mir. Ich fange an, schwer zu atmen.

Vorsichtig greife ich mit beiden Händen Gundis weiche Pobacken, ziehe sie ein bißchen auseinander und beuge meinen Kopf zu ihrem Unterleib hinunter. Dann stoße ich meine Zunge in ihre Möse. Gundi stöhnt im Schlaf auf und schiebt mir ihr Hinterteil entgegen. Lustvoll lasse ich meine Zunge hin und her über die warme, weiche Möse gleiten, die unter meinen Liebkosungen zu zucken anfängt. Ich presse meine Zunge gierig tiefer in das feuchte Fleisch, das sich mehr und mehr öffnet. Mein Schwanz fängt an zu klopfen. Ich lasse Gundis Popacken los und schiebe ihr meinen steifgewordenen Schwanz in die nasse Möse. Mit beiden Händen umklammere ich von hinten Gundis Brüste. Ich spüre, wie die Spitzen unter meinen Fingern hart werden. In Gedanken sehe ich die kleinen, vor Erregung rot gewordenen Brustwarzen vor mir. Ich stoße meinen Schwanz wieder und wieder, so tief es geht, in den weichen Frauenkörper hinein. Gundi windet sich unter meinen Stößen und läßt grunzende Laute vernehmen. Dann schießt eine warme Fontäne an meinen in ihr wühlenden Schwanz. Ich antworte mit einem kräftigen Strahl Sperma, das sich mit Gundis Mösensaft vereinigt.

Während ich meinen Kopf noch zärtlich an Gundis Rücken reibe, fühle ich ihre Brust schlaff werden. Ich lasse sie los und ziehe meinen jetzt ebenfalls schlaffen Schwanz aus ihrer vor Nässe glänzenden Möse. Mit einem Seufzer schläft Gundi weiter.

Ich küsse behutsam ihren Po und gehe befriedigt unter die Dusche.

Katja Renfert, 47 Jahre

DAS PASSENDE KLEID

Sie stand nackt vor dem geöffneten Kleiderschrank. Sie wußte nicht, wozu sie sich entscheiden sollte, griff schließlich ein kleines schlichtes tiefblaues Samtkleid aus dem Schrank, streifte es über und strich mit ruhiger Hand den Stoff am Körper glatt. Sie liebte dieses Kleid, weil es sie an die Stoffpuppe erinnerte, die ihr ihre Mutter, als sie drei Jahre alt war, aus altem Vorhangstoff genäht hatte. Als sie die Knöpfe schloß, spürte sie jedoch die grobe wenig anschmiegsame Struktur der Innenseite. Ihr Körper mußte sich von innen nach außen fügen, damit etwas von der Geschmeidigkeit des Samtes für die eigene Haut fühlbar wurde. Sie sah darin selbst wie die Puppe aus, klein, zartgliedrig, zu dürr für eine Frau ihres Alters. Andere trugen wohlige Ringe um breite Hüften und leicht hängende Brüste, Beweise tragender Mütterlichkeit. Sie dagegen hatte die Gestalt eines Kindes nie ganz verloren. Man schätzte sie immer wieder 10 Jahre jünger, nur auf Grund ihrer Statur.

Sie schloß den Kleiderschrank, warf zuvor noch einen Blick auf die Innenseite der Tür. Darin hing ein Zettel, auf dem mit sorgfältiger Handschrift die Wochentage geschrieben standen und dahinter, ebenso sorgfältig, die Namen einer Reihe von Männern.

MONTAG

Als Karl ihr die Tür öffnete, sah er sie unvermittelt freudig an, wie ein Junge, der von seiner zu erwartenden Überraschung wußte und deshalb besonders schalkhaft das Staunen des Überraschers erhoffte. Sie hatten keinen genauen Zeitpunkt vereinbart. Sie hatte ihm gegenüber lediglich locker geäußert, daß sie am Montag vorbeizuschauen beabsichtigte, um ihm ein paar Bücher vorbeizubringen. Er öffnete die Tür weit und breitete dabei gleichzeitig einladend die Arme aus. In seiner kleinen dicklichen Erscheinung wirkte er wie ein munterer Kobold. Er führte sie in sein Wohnzimmer, das gleichzeitig auch sein Arbeitszimmer zu sein schien. Über und über mit Stapeln von Büchern und Papieren bedeckt mußte es jedem Fremden wie ein heilloses Chaos erscheinen, aber er zog sogleich ein bestimmtes Buch und einen Kommentar aus zwei verschiedenen Winkeln dieser Büchergebäude. Es waren Texte, über die sie am Vortage gesprochen hatten und die er ihr zur Verfügung stellen wollte.

Da stand sie nun mitten in diesem verwahrlost anmutenden Zimmer, in den Händen das Versprochene und nicht wissend, wie es weitergehen soll. Schnell ergriff er die Initiative, schob irgendwelchen Unrat von einem gemütlich wirkenden Sofa und fragte sie, ob sie Tee trinken möge. Da es noch früher Nachmittag ist, erklärte er, möge er ihr nichts Alkoholisches anbieten. Möglicherweise fände sie sonst den Weg nach Hause nicht mehr. Dabei lachte er ungewöhnlich kräftig. Karl war äußerlich kein besonders attraktiver Mann. Eher das Gegenteil. Außer seiner sinnlichen Fülle um den Bauch herum, war ihm schon erstaunlich viel Haar ausgegangen, was er mit einem ungeschickten Scheitel zu kaschieren versuchte. Sie hatte ihn schon ein paar Mal auf Veranstaltungen getroffen, in der Regel in der Begleitung eines Freundes, sehr zurückhaltend, Frauen gegenüber eher scheu. Jetzt setzte er beide Teetassen nebeneinander auf den Tisch, rückte ein Kissen zur Seite und plazierte sich unverhohlen neben sie, obwohl die Nähe einen gemeinsamen Blickkontakt eher erschwerte als erleichterte. Er machte Witze über seine Unordentlichkeit und sah dabei wirklich sehr komisch aus. Sie war überrascht, ihn so zu erleben. Sie hatte ihn anders eingeschätzt. Neben ihm kam sie sich vor wie ein Schulmädchen, das sich verbotenerweise in einer unaufgeräumten Gartenlaube zum ersten Rendezvous verabredet hat. Sie mußte ihren Oberkörper etwas verdrehen, um sich ihm zuwenden zu können. Und dabei verrutschte ihr Kleid zusehends. Sie versuchte es mit einigen Zügen zu richten, aber es verzog, so daß der feine Samt kleine häßliche Falten zeigte und um so mehr von ihren Beinen. Seine Äußerungen waren ausgesprochen spitzfindig und von gekonntem Humor, eben auch eher von der Brillanz eines genialen Abiturienten. Er hatte sich nun, das eine Bein über das andere geschlagen, ganz schräg auf das Sofa gesetzt, den einen Arm hinter sie gelegt, so als müsse er dies tun, weil kein Raum für ihn geblieben wäre. Manchmal, wenn ihm eine besonders schlagfertige Pointe gelang, beugte er sich lachend ihr entgegen und sah dabei freudestrahlend in ihre Augen. Das waren Momente, wo sie am liebsten weggeschaut hätte. Es beschämte sie etwas. Es war, als habe sie ihm nicht zugetraut, daß er sie verführen könnte. Dabei begann sie zunehmend heiterer und ausgelassener zu werden. Das Kleid bekam kleine Schwitzränder unter den Armen und schien überhaupt viel zu warm für diesen Anlaß. Als er eins der Bücher, die sie sich von ihm ausleihen wollte, auf dem Tisch ausbreitete und sie darin blätterten, berührten sich ihre Körperseiten, wie zwei Menschen, die wie zufällig ein Stück nebeneinandergehen. Sie spürte die Erschütterung in sich. Wie der grobe Innenstoff des Kleides durch die aufsteigende Erregung wie mit Klebstoff stumpf an ihrer Haut hing. Als er ihr dann noch den Arm um die Schultern legte und er die Weichheit des Samtes zu spüren bekam, als Antwort, als Entscheidung dafür, wie sie sich anzufühlen wünscht, erzitterte sie unter dem Stoff. Es war eine Art Schwips, eine durch und durch erheiterte Erregung in ihr, die ungeduldig auf eine Fortsetzung, eine Steigerung wartete. Jede zufällige oder beabsichtigte Berührung klang in ihr wie der Schlag auf eine Zimbel, gleichmäßig schwingend und starr zugleich.

Plötzlich sprang er auf, mit hoch rotem verlegenem Gesichtsausdruck. Er habe glatt einen Termin im Verlag verschwitzt. Das gibt Ärger, rief er aus. Es schien ihm peinlich zu sein, daß er dies so spontan verraten hatte, die Bedeutung dieses Treffens für ihn. Sie möge nicht böse sein, aber man könne sich ja für den kommenden Abend verabreden. Und sie solle dieses kuschelige Kleid wieder tragen, rief er ihr zu, während er gleichzeitig in die Diele eilte, um ihren Mantel zu holen. Als sie draußen auf der Straße stand, unter ihrem Arm das Geliehene von ihm, mußte sie laut lachen. Welch ein zauberhafter glatzköpfiger Kobold er gewesen war. (...)

DONNERSTAG

Das weiße Tennisröckchen war so kurz, daß man schon im Schritt das darunter sich befindliche Spitzenhöschen sah. Es wippte wie der erste Unterrock in Kindertagen. Sie hatte ihr Haar streng zusammengebunden und sah wie ein verlorengegangenes Schulkind aus. Das Match mit dem jungen Mann auf der anderen Seite des Netzes war heftig. Er war gut durchtrainiert und sie kam schnell ins Schwitzen. Das Hemd klebte ihr am Körper und zeichnete ihre kleinen, noch festen Brüste sorgfältig ab. Das Gesicht war ihr tief gerötet vor Anstrengung. Manchmal ließ sie mutlos den Schläger sinken und bat um eine Pause. Dann eilte er lachend ans Netz, um ihr zuzurufen, sie solle nicht aufgeben. Wenn sie sich an der Bank trafen, um etwas zu trinken oder nur den Schweiß mit einem Handtuch aus dem Gesicht zu wischen, taten sie, als wäre der Anblick ihrer erhitzten Körper, der zu sehenden nackten Haut und des Spiels der Muskulatur, die mehr als in anderen Situationen des Alltags von der Lebendigkeit des Anderen zu erzählen wußte, nur Ausdruck seiner Funktionalität. In heißen Sommern waren sie bereits mehrmals miteinander schwimmen gewesen. Und obwohl ihre Körper nun unzweifelhaft nur von dem Notwendigsten bedeckt waren, betrachteten sie sich, als sei das Leibliche des anderen nicht vorhanden, unsichtbar unter Verschluß gehalten. So war es auch hier. Nach dem gemeinsamen Spiel verschwanden sie, jeder getrennt nach Geschlecht, in den Waschräumen des Clubs und trafen nur wenig später, wohlriechend und wie verwandelt, im Clubraum aufeinander. Die Tennistaschen neben sich gestellt, kletterten sie ermattet auf die hohen Barstühle, er half ihr hinauf, gleich einem Kavalier beim Kutschefahren. Sie lachte über ihr Ermattetsein und die Notwendigkeit, sich körperliche Unterstützung zu erbitten. Er nutzte die Gelegenheit, so gleich sie auch an den Hüften zu packen und auf den Stuhl zu hieven. Er faßte sie an den Hüften, hob sie, wie in einem inszenierten Tanz, viel höher als notwendig und vergnügte sich an der Zartheit ihrer Person. Seine Hände hielten sich an ihrem Körper auch dann noch fest, als sie sicher auf der Stuhlfläche gelandet war. Es schien, als habe er mit der Prüfung ihres Gewichts und dem erfolgreichen Besiegen ihrer Schwäche selbst Platz nehmen können, obwohl er es nun vorzog, neben ihrem Hocker stehenzubleiben. Er umschlang sie, fügte in rascher Folge sein Gesicht in die unmittelbare Nähe des ihrigen, wandte es dann wieder ebenso abrupt anderen Gästen an der Theke zu, wenn man einen Scherz machte oder von Sportnachrichten zu berichten wußte. Es ging sehr zielsicher vor, bemühte sich um rasche Vertrautheit. Seine Schilderungen von dem Kollegium seiner Schule glich dem Bericht eines Sohnes, der über seine Familie klagte. Er lästerte über die, die nicht einmal mehr zum Sport gehen dürften, weil ihnen ihre Frauen dies untersagen würden. Frauen als Mütter in der Schule und Frauen als Kommandanten zu

Hause, das würde er nicht dulden. Aber bei ihrer zerbrechlichen Art müsse sie sicher von einem Mann eher einen Stahlhelm verpaßt bekommen, damit sie nur etwas von der Befehlsstärke dieser häuslichen Feldwebel bekäme. Sie sah ihn überrascht an. Sie konnte ihm nur zögernd folgen. Seine Annäherungen, seine Hand auf ihren Hüften, die Dichte seines Atems an ihrem Gesicht, diese unbekümmerte Selbstdarstellung und diese verschlüsselten Äußerungen über sein Ideal einer Frau verwirrten sie. Es war jedoch keine unangenehme Zerstreutheit. Es war wie das Wecken nach einem tiefen Schlaf. Er war stürmisch in den Augenblick gedrungen, hatte sie zu umklammern begonnen und ihr durch die Sicherheit seiner Bewegungen ein sattes Gefühl des Fallenlassens gestattet. Sie wäre jetzt gerne mit ihm alleine gewesen. Sie hätte gerne die belebte und gut durchblutete Haut befreit, herausgelassen aus dem Kleid, das sie nach dem Duschen nur unwillig übergeworfen hatte. Sie hatte vergessen, wer er war, und hatte begonnen, nur spüren zu wollen, wer er hier zu sein schien. Für Augenblicke wußte sie, was sich ihr Körper wünschte. Sie sah es vor ihrem inneren Auge, sah ihre Körper sich ineinander verschlingen, so als würde der Atem des Lebens nur durch die Großflächigkeit des Berührens existieren. Jede Lücke, jedes Fehlen eines leibhaftigen Kontaktes wäre wie die verlorengegangene Kontrolle über den Atem selbst.

Es waren die derben Witze des Nachbartisches, die sie zurückriefen, sie erkalten ließen. Er hatte nun sein Bierglas genommen und sich, mit der Absicht, dieses nur kurz zu tun, an den Tisch dieser Leute gesetzt. Nun saß sie allein auf ihrem Stuhl, eine von den vielen, die sich wie in einem großen Kreisspiel von Tisch zu Tisch unterhielten. Sie spürte den Wechsel seiner Abwesenheit wie einen Windzug. Die Hand war fort, so rasch wie sie sich auf ihre Hüften gelegt hatte, und hinterließ eine stärkere Sensibilität für die übriggebliebene Kälte. Es schien ihr, als verharre sie bis zur Endlosigkeit in dieser Haltung. Als er sie am späten Abend nach Hause brachte, umschlang er sie noch einmal zielstrebig und heftig, küßte sie vollmundig und ließ dabei seine Hände über ihren Körper gleiten, als wolle er sich vergewissern, daß sie das Ziel seiner Begierde war. Nie zuvor hatte auch sie so rasch die Initiative ergriffen und ihre Hände dazu benutzt, ihrer Lust nach Erfahrung stattzugeben. Sie waren hemmungslos und begannen ohne Scheu, Körperräume aufzusuchen, die sie ihnen gestattete wie eine Mutter ihren Kindern das Ausgehen. Ihre Hände rieben sich an seinem Körper, erfaßten, ergriffen, was ihnen in den Weg kam, streichelten und eilten weiter, ohne Sinn, ohne ein Ruhen. Sie drängte sich an seinen Leib und ließ seine Zunge dabei in sich gleiten, fast, als wolle sie ihn, wie die Hexe ihr Opfer, in sich verschlingen. Beinah hätte er sich von ihr losreißen müssen, denn sie bemerkte mit Sekundenverspätung, daß er sich zu lösen versuchte. Er wolle heimgehen. Er würde ihr noch sicher Gute Nacht von zu Hause wünschen und morgen früh würden sie miteinander telefonieren und für den Abend habe er Kinokarten und was sie am Wochenende mache. Sie hörte seine Worte nicht. Sie erschrak nur, fühlte so etwas wie Scham, Verletztheit, daß es kein Ende gab, das sie gemeinsam gewollt hatten. Es war ihr, als wäre sie wieder das kleine Mädchen von damals, kurz nach dem warmen Sommerregen, der sie wie eine Blume begossen hatte und dessen Wassertropfen auf der Haut ein wohliges Kribbeln auslöste. Als sie dann aber nach Hause kam, war sie erkaltet und diese feuchte Kühle drang in sie tiefer und unerbittlicher ein, als dies jede andere bisher getan hatte. Es war zum Frieren die Erinnerung und die Sehnsucht nach Wärme hinzugekommen und hatte sie traurig werden lassen.

FREITAG

Lumoi, der Schauspieler, lud sie mit einer gewissen Regelmäßigkeit zum Tangotanzen ein. Er bestand darauf, daß
sie immer dasselbe Kleid trug, immer auf die gleiche Art
und Weise das Haar scheitelte und zur selben Zeit am selben Ort sich auf den Weg zum Lokal machten. Es war wie
eine Inszenierung, deren Applaus nicht ausblieb, weil sich
die Leute mit eben dieser selben Regelmäßigkeit nach
ihnen umschauten. Sie hatte ein schwarzes, schmal ge-
schnittenes Kleid an, dessen Dekolleté in nur angedeute-
ten Armansätzen sich fortsetzte, so daß es immer wieder
geschah, daß diese wie Trägerchen verrutschten und auch
noch die ein oder andere Schulter unfreiwillig freigaben.
Er dagegen trug immer dieselbe schwarze Hose mit dem
unmodernen großen Aufschlag, einen besonders breiten
Ledergürtel und ein weißes Unterhemd mit kurzen
Ärmeln, an deren Ansatz man den gewaltigen Umfang seiner Muskulatur sich abzeichnen sah. Sein Haar hatte er
mit Pomade streng nach hinten gekämmt. Das Gesicht
war wie freigeräumt und die Grobknochigkeit seiner
Gesichtszüge, die Strenge seines Blicks ließen ihn derb und
geheimnisvoll wirken. Das Tanzlokal befand sich in einer
Seitenstraße, direkt hinter dem Rotlichtviertel. Es war
ein großer Saal, spärlich ausgestattet, asketisch in seiner
Ausstrahlung. Vielleicht wollten die Besitzer das Milieu
der französischen Tango-Lokale der zwanziger Jahre wie-
derbeleben, aber es war mehr der Bann, durch Strenge die
Leidenschaftlichkeit zu kontrollieren. Lumoi war ein
ausgezeichneter Tango-Tänzer. Keine seiner Partnerinnen
konnte sich seiner Führung entziehen. Er glitt durch den
Saal, in den Armen eine Frau, die wie ein Feigenblatt von
seinen Armen getragen schien. Er zerbrach jeden Widerstand, und Ergebung war das einzige, was er im Tanz duldete. Vom ersten Augenblick sah er durch sie hindurch,
direkt auf ihren Körper. Das schwarze Kleid war das Tuch

eines Altars. Ihr Körper war das, was er zu opfern verlangte. Sie hätten auch unbekleidet tanzen können. Es sah jeder, was zwischen ihnen geschah, und doch fand es nicht wirklich statt. Es war das wilde Begehren zweier Raubtiere, die Kraft ihres menschlichen Wesens, diese zügeln, bewußt und mit sich wiederholender und steigender Lust daran. Es war wie das Anhalten eines Atems, das Stocken des Blutes. Bei jeder Drehung, bei jedem exakten Schritt, spitz, aggressiv und von kleinster Genauigkeit, sahen sie einander an wie Tiere vor dem Angriff. Manchmal, wenn sie das Gefühl hatte, die Knie könnten ihr versagen, ergriff sie Panik. Würde sie nur ein wenig stolpern, würde er über sie herfallen, sie fangen, ergreifen und mit sich ziehen. Sie wußte, daß es grade diese aufsteigende Angst war, diese mit Feuchtigkeit und Säften ihres Körpers gefüllte Begierde, nach der sie verlangte. Nur das gemeinsame Raubtier in ihnen versprach das Höchstmaß an Erfüllung, an Ekstase. Sie waren nie so weit gegangen, es sich zu gestatten, weil dann der Augenblick gekommen wäre, danach ein anderes Kleid anziehen zu müssen, ein rotes, ein gelbes, ein weißes oder gar graues. Das Alte wäre zerrissen worden und für das Danach wären keine Wünsche mehr offengeblieben. Aber gerade dieses Wünschen, diese Angst vor der Erfüllung, diese gefürchtete Übermacht des Mannes reizten sie auf das Äußerste. Dieses Hin- und Hergerissensein zwischen der Begierde, von ihm ergriffen zu werden, und der Furcht, in seinen Armen zu einem selbstlosen Nichts zu verschmelzen, machte ihr klar, daß sie von ihm beschützt zu werden wünschte, und sei es vor ihm selbst. Und diesen Schutz, den er nicht um ihretwegen leistete, sondern um immer wieder sich seiner eigenen Stärke zu gefallen, gab er ihr, jeden Freitag in demselben Lokal, zur selben Stunde mit der gleichen Disziplin eines geübten Liebhabers.

SAMSTAG • SONNTAG

Sie war nackt und spürte um so mehr jeden Windzug, der durch die unterschiedlich schattigen Räume ihrer Wohnung wehte. Die Luft trieb ein besonderes Spiel mit ihren Sinnen, denn wenn sie zwischen dem Türrahmen stand und das leicht vom warmen Wasserdunst erwärmte Bad betrat, sich der Dunst wie Nebel vorsichtig auf ihre Haut legte, war da noch der andere Teil ihres Körpers in der Kühle des schattigen Nachbarraumes. Sie genoß diesen Wechsel. Sie suchte förmlich dieses Spiel der Temperaturen. Auch, wenn sie sich auf einen Sessel setzte und mit dem Gesäß und den Oberschenkeln den Stoff zu erspüren versuchte, war ihr, als würde sie von tausend Liebhabern umarmt, jeder mit einer anderen Botschaft. Sie war so ganz und gar mit sich allein und doch umgeben und erweckt von unzähligem Möglichen. Gegen Mittag liebte sie es, sich vorsichtig vor unbeabsichtigten Blicken schützend, in die Sonne nach draußen zu treten und sie wie eine Göttin der Leidenschaft zu begrüßen. Sie war in diesen Augenblicken so sehr eins mit sich selbst, daß sie wie mit tausendfachen Sensoren durch ihr Zuhause eilte, unruhig, erregt, so ganz von innen nach außen tretend, ohne Schutz und ohne Bedingungen, daß sie es war, die ihren Körper zu lieben begann, stärker, heftiger, zärtlicher, als sie es je einem Mann gestattet hatte.

Eva Betz, 43 Jahre

Traumtänzer

Manchmal ist die Grenze zwischen Traum und Wirklichkeit fließend. Mir passiert es, daß ich über ein reales Ereignis nachdenke, überlege, wie ich mich jetzt verhalten soll, und dabei zu träumen anfange. Dabei sind die Traumbilder fast so realistisch wie die Erinnerung an die realen Bilder. Manchmal gleite ich dann in den Schlaf, und die Bilder werden unrealistisch und verworren, dann träume ich halt. Aber manchmal, wenn ich nicht schlafen kann oder darf, dann lebe ich fast in meiner Trampel. So etwa muß es sein, wenn Leute verrückt werden und dann nicht mehr unterscheiden können. Auch bei ihren Geschichten gibt es einen ernsthaften Ausgangspunkt. Aber noch weiß ich, wo die Grenze verläuft. Nur wenn ich eine Geschichte aufschreibe, ja dann ist plötzlich für den Leser nicht mehr klar, wo diese Grenze ist. Das reizt mich ungemein.

Ich sitze nachts in meinem Taxi und warte auf Fahrgäste, das Funkgerät rauscht nur noch, der Regen klatscht an die Scheiben, das Radio ist längst aus, weil sein Geplärre auf Dauer nur noch nervt. Die Anspannung der vergangenen Stunden ist gewichen und macht einer Müdigkeit und Kälte Platz, die langsam an den Beinen hochkriecht und gegen die auch die Standheizung nicht anheizen kann. Ich fange an zu überlegen, wie das alles gekommen ist mit uns und wie es weitergehen soll. Wie konnte ich mich auch auf diese Geschichte einlassen!

Aber ich bin da so reingeschlittert, obwohl ich eigentlich der Handelnde war. Ich war es, der sich nicht gut fühlte und überstürzt das Haus verließ. Ich war es, der dann in der Kneipe gehockt hat und sich fragte, was er da eigentlich tue. Also ging ich, wußte aber nicht wohin. Eine seltsame Unruhe hatte mich befallen, ich wollte was erleben, ich wollte was verdrängen. Es zog mich in das verruchte Nachtleben. Zum Glück, oder war es mein Pech? Es gibt Geldautomaten, sonst wäre es überhaupt nicht gegangen; so machte ich mich auf den Weg. In der kleinen Großstadt steuerte ich mit traumtänzerischer Sicherheit das verruchte Viertel an, das hier nur aus einer Straße besteht. In der Peepshow krachte ich wieder auf den Boden der Realität. Der Münzschlitz wollte fünf Mark von mir. Das wirkte so ernüchternd, daß ich schlagartig keine Lust mehr hatte und der Geiz in mir wieder die Oberhand gewann. Was für ein Blödsinn, ich war doch hier, um Geld auszugeben, und ob es nun fünf Mark kostete oder nur eine wie früher, war doch eigentlich egal. Aber ich wollte nicht mehr, der Preis war unangemessen. So zog ich weiter. Auch die bunten Bilder in der Videokabine konnten mich nicht begeistern. Vierundsechzig Variationen eines einzigen Themas zeigten dann doch irgendwann Wirkung. Gerade als ich mich für einen Film entschieden hatte, war meine Zeit abgelaufen. So entsteht die Sucht nach mehr. Auch ich konnte mich ihr nicht entziehen und warf eine weitere Münze ein. Doch statt nun bei meinem Programm zu bleiben, es zu genießen und es wirken zu lassen, switchte ich wieder voller Unruhe durch die bunte Bilderwelt. Nach wenigen Minuten war die Traumwelt mit ihren immergeilen Frauen abermals erloschen.

Ich öffnete die Tür zur Realität und ging. Was suchte ich hier eigentlich noch? Ich wollte nach Hause, zurück zu den Menschen, die nicht nur aus Geldschlitzen bestanden. Also zum Auto und auf den Weg gemacht. Die innere Unrast war aber immer noch nicht besiegt. Und da gab es ja noch diese Straße hinter dem Bahnhof, wie es sie wohl in jeder größeren Stadt hinter dem Bahnhof gibt, in der die Frauen hinter Fensterscheiben sitzen. Wo der Kunde die Ware im Schaufenster begutachten kann. Diese Straße lag auf dem Weg. Auch ich wollte mal schauen, auch mal das Gefühl genießen, begehrt zu werden, wenn auch nur als Kunde, ungeniert glotzen zu dürfen, ohne schlechtes Gewissen. Der Parkplatz vor meiner Nase war da schon fast wie ein Fingerzeig. Mit einem seltsamen Gefühl im Bauch bog ich in die Straße ein. Das war das Richtige für mich. Ich konnte laufen, frieren, mich blöd fühlen und gleichzeitig träumen, schauen, begehren. Ich genoß es, wie die Frauen blickten, mich taxierten, einsortierten. Dieser abschätzende Blick, den ich nur zu gut kannte, von mir selber. Die Frage: «wird das ein Kunde», sie stellt sich hier nicht anders als bei mir im Taxi.

Die Frauen am Anfang der Straße waren jung, sehr jung und schön, aber sie reizten mich nicht. Zur Mitte hin wurde das Personal reifer, die Gesichter charaktervoller, die Wäsche raffinierter. Am Ende in der Ecke saßen die Alten und die Farbigen. Ich drehte um und suchte weiter nach dem Unbestimmten. Mich interessierte nur die Mitte. Nur hier löste der Blick auf die Frauen und deren Erwiderung dieses gewisse Kribbeln in mir aus. Außerdem gab es da zwei oder drei Stiefelfrauen, die beim ersten Abgehen nicht in ihren Fenstern zu sehen waren. Aber gerade sie reizten mich am meisten. Tatsächlich war eines der Fenster, die eindeutig einer Domina gehörten, inzwischen besetzt. Die Lady war zwar interessant in ihrem Lederdress, aber irgendwie wirkte sie nicht echt. In ihrem Blick lag etwas Forderndes, bestimmt hatte sie sofort erkannt, daß ich, wenn überhaupt ein Kunde, einer für ihre speziellen Dienstleistungen war. Als ich wieder vorne bei den Küken am Anfang angekommen war, hätte ich, wie schon so oft heut abend, gehen sollen. Irgendwie zog es mich wieder zurück in die Straße. Da war noch was. Ich mußte einfach noch mal zurück, noch mal die Domina ansehen. Vielleicht ist sie ja doch gar nicht so schlecht, arbeitete die Geilheit gegen die Vernunft an. Ich drehte um und kehrte in die Straße zurück. Ich kam mir langsam wie beim Spießrutenlaufen vor, denn die Gesichter der Frauen waren inzwischen eher genervt als freundlich. «Wieder so ein Spanner, der nur gafft und nicht zahlt», schienen mir ihre Blicke entgegenzuschreien. Nur die Stiefellady schien schon auf mich zu warten. Meine Schritte wurden langsamer, ich hielt fast an, aber auch jetzt war sie nicht attraktiver. Sie hatte den schmalen Grad zwischen der Symbolik von Stärke und Macht und trivialer Verkleidung verlassen. In ihrem Blick lag nicht das Böse, das einen an einer Domina reizen kann, sondern etwas Verächtliches. Während ich weiterging, überlegte ich, wie sie wohl zu Kunden kommt. Dieser Frau würde ich mich nie ausliefern, wieviel Geld ich auch hätte!

In diese Gedanken vertieft, ging ich fast automatisch weiter und sah gar nicht mehr genau in die Fenster. So bemerkte ich auch erst im letzten Moment, als ich schon fast vorbei war, daß eine Frau aus dem hintern Bereich des Hauses in ein leeres Schaufenster hineinkam und mich genau fixierte. Ich stoppte, mußte mich fast umdrehen, um den Blick zu erwidern. Ich sah zu ihr hoch, und sie blickte auf mich herab. Wir sahen uns in die Augen, und in mir knallte eine Sicherung durch. «Schau mir in die Augen, Kleiner» schoß es mir durch den Kopf. Die hochhackigen Stiefel aus Lackleder und der kurze schwarze Rock waren absolute Nebensache, bei diesem Blick. Sie öffnete das Fenster und fragte freundlich aber bestimmt: «Na, willst du mit reinkommen?» Ich zögerte, dann hörte ich mich von weit weg fragen: «Was kostet es denn?» – «Ab hundert aufwärts» entgegnete sie. «Ja okay» sagte ich wie im Traum. Sie deutete auf eine Tür und verschwand. Ich machte die zwei Schritte zum Eingang, da ertönte auch schon der Summer.

Automatisch, ohne nachzudenken drückte ich die Tür auf. «Nun gibt es kein Zurück mehr» sagte ich mir selber, während ich den Flur betrat. An einer zweiten Tür am Ende des Flurs erwartete mich die Lady. Erst jetzt kam ich dazu, sie mir richtig anzusehen. Sie war jung, Mitte zwanzig schätzte ich. Die Küken am Anfang der Straße waren zwar noch weit jünger, zu jung für dieses Gewerbe, wie ich fand, aber bei denen kam man nicht auf die Idee, daß sie als Domina arbeiten könnten. Im Vergleich zu denen war sie schon alt, aber für eine Stiefelfrau war sie sehr jung. Sie lächelte mich an mit ihrem übertrieben schwarzgeschminkten Mund. Dabei ging eine Freundlichkeit von ihr aus, die sich mit der Strenge ihrer Erscheinung und ihrem Blick zu einer Mischung paarte, die mich erneut erschauern ließ.

Die Begrüßung war förmlich und half routiniert über eine aufkommende Unsicherheit hinweg. Anschließend folgte ich ihr in ihr Zimmer in den ersten Stock. Ich betrat einen schwach erleuchteten Raum, der in dunklen Farben gehalten war. An den Wänden hingen einige S/M-Accessoires. Es gab auch ein Andreaskreuz und einen etwas ärmlich aussehenden Flaschenzug. Aber ein richtiges Studio, wie ich es mir vorstellte, war das nicht. Wir setzten uns einander gegenüber, und während ich wieder in diese wahnsinnigen Augen blickte, fragte sie unvermittelt: «Was wollen wir machen, worauf stehst du?» Mir schlug das Herz bis zum Hals. Plötzlich sollte ich erzählen, auf welche Perversionen ich stand, beschreiben, was mich geil macht. Wie mühsam war es gewesen, nur für mich selbst zu erkennen, worauf ich abfahre, wie mühsam war es gewesen, wenigstens mir selber gegenüber dazu zu stehen. Wie sollte ich das nun in Worte fassen? «Was wir machen können, hängt wohl mehr vom Preis ab als davon, worauf ich stehe», sagte ich, aber eigentlich nur, um Zeit zu gewinnen. Natürlich mußte ich was sagen, das war mir klar, aber was und wie? Während ich so ins Schwitzen kam, antwortete sie souverän und gelassen, daß natürlich bestimmte Sachen ihr Geld kosten, aber auch wenn ich mir das alles nicht leisten könnte, wolle sie wissen, wie ich so drauf bin.

So begann ich mit stockender Stimme zu beschreiben, wie ich mir eine geile S/M-Inszenierung vorstelle. Plötzlich unterbrach sie mich: «Aber eigentlich bist du doch eher ein Typ, der auf Partys geht und nicht zu Profifrauen», wollte sie wissen. – «Ja natürlich», entgegnete ich, und mir fiel eine Last von der Seele, war das doch ein Thema, über das ich leicht reden konnte und zu dem ich was zu sagen hatte. Aber wie hatte sie erkannt, daß ich zu dieser Szene gehöre? Diese Frage stellte ich mir und fast unbemerkt auch ihr. «An deinem Äußeren, deinen Augen und vor allem an deinem Ring», antwortete sie. Ach ja, der Ring an meiner rechten Hand, den nahm ich gar nicht mehr wahr. Dabei ist er das heimliche Erkennungszeichen der Leute aus der S/M-Szene. Auf der Straße oder in der Kneipe hat mich noch nie jemand darauf angesprochen, aber hier war es ja eigentlich klar, daß seine Bedeutung bekannt war. Andererseits, war es wirklich so klar, daß sich eine Profifrau in der alternativen S/M-Szene auskannte? Jedenfalls hatte ich ein Thema, über das ich leichter reden konnte. Ich fing also an, etwas weitschweifig von den S/M-Partys zu erzählen, auf die ich manchmal mit meiner Frau ging. Erzählte, was dort passierte, wer dort so hingeht, und war so richtig in meinem Element. Schien es nur so, oder war ihr Interesse größer geworden? Besonders als ich erwähnte, daß es auch in dieser Stadt regelmäßig solche Partys gibt, fragte sie sofort nach, wollte alles ganz genau wissen. Das Eis war gebrochen, ich hatte eigentlich nicht mehr das Gefühl eines Kundengesprächs und irgendwie fing auch sie an zu erzählen. Und was sie sagte, war eigentlich mehr als das, was man einem neuen Kunden erzählt. Oder war sie nur geschickt und wickelte mich um den Finger? Jedenfalls erfuhr ich, daß sie auch privat Interesse an S/M hatte. Eher in der anderen Rolle, erzählte sie, aber dafür fehle ihr der passende Partner. Andererseits merke sie immer stärker, daß sie sich auch für Frauen interessiere. Sie müsse unbedingt auch mal zu einer solchen Fete, stellte sie abschließend fest. Ich versprach, ihr die nächsten Termine mitzuteilen. Langsam kamen wir wieder zum Geschäft zurück. Ich bezahlte meinen Obolus, und sie verschwand damit aus dem Zimmer. Während ich mich befehlsgemäß auszog, überlegte ich, was da eben eigentlich abgelaufen war. War sie nur geschäftstüchtig oder war da mehr? Und wenn da mehr war, war es ein Interesse an mir oder war ich nur die Möglichkeit für sie, in eine für sie bis jetzt verschlossene Szene vorzudringen. Daraus könnte sie vielfältige Vorteile für sich ziehen. Andererseits, wenn ich ihr unter anderen Umständen begegnet wäre, etwa in der Disco, dann wäre ich doch auch nicht so mißtrauisch, dann wäre ich mir ziemlich sicher, daß da mindestens Sympathie zwischen uns ist. Eigentlich ist es doch doof, so mißtrauisch zu sein, nur weil sie diesen Beruf ausübte, sagte ich mir.

Schließlich habe ich als fortschrittlicher Mann natürlich keine Vorurteile gegen Prostituierte. Andererseits bin ich denn bescheuert? Ich hab mal gelesen, daß sich jeder zweite Freier in eine Prostituierte verliebt und sie unbedingt erretten will. Gehöre ich jetzt etwa auch zu diesen irren Traumtänzern?

Weiter konnte ich diesen Gedanken nicht nachhängen, denn die Tür ging auf, und eine gestrenge Herrin trat ein, schon der Gesichtsausdruck verriet, daß jetzt nichts mehr übrig war von der Freundlichkeit unseres Vorgesprächs. Ich mußte auf die Knie und die Session begann. Die Einzelheiten ihrer Behandlung erspare ich mir hier zu beschreiben, nur so viel, sie war konzentriert und mit Einfühlungsvermögen bei der Sache. Eigenschaften, die ich bei mancher Aktion auf einer Party bei dem dominanten Teil nicht immer gesehen habe.

Als es vorbei, sprich: ich gekommen war, räumten wir gemeinsam auf, und der freundliche, fast familiäre Ton von vorher war wie von selbst wieder da. Wir nahmen auch den Gesprächsfaden wieder auf. Sie erzählte, daß sie ein richtiges Studio unter dem Dach des Hauses einrichten wolle, denn die Möglichkeiten hier reichten ihr bei weitem nicht aus. Sie habe den Anspruch, ihren Job gut zu machen. Aber die nötigen Investitionen konnte sie noch nicht aufbringen. Insbesondere die Wahnsinnspreise, die für einschlägige Einrichtungsgegenstände bezahlt werden müssen, ärgerten sie. Dann fragte sie mich, ob ich nicht wüßte, wo sie billig einen Käfig herbekommen könnte. Ich nannte ihr die Adresse eines günstigen Händlers und wunderte mich gleichzeitig, daß sie ihn nicht kannte. So redeten und redeten wir. Irgendwann gab sie sich einen Ruck und meinte, jetzt müsse sie wieder an die Arbeit. Wir verließen den schwarzen Raum und sie geleitete mich noch die Treppe hinunter zur Tür. In mir arbeitete ein Gedanke, aber ich wußte nicht recht, ob ich ihn verwirklichen sollte. Schließlich, kurz vor der Haustür dachte ich: «Jetzt oder nie» und fragte, als sei es das Natürlichste auf der Welt: «Willst du meine Telefonnummer haben? Dann können wir noch mal reden wegen dem Käfig oder so. Ich höre mich mal um» Sie war sofort einverstanden und holte Zettel und Stift aus der nahen Küche. Ich schrieb ihr brav meine Adresse auf und fragte mich gleichzeitig, ob ich nicht einen großen Fehler beging. Aber eigentlich sollte sie sich ja melden, und nicht nur, weil sie einen Käfig brauchte. Nach kurzer Verabschiedung verließ ich das Haus und mit schnellen Schritten die Straße. Dabei hatte ich ein gutes Gefühl im Bauch. Entweder hatte sie ihren Job ganz hervorragend gemacht, oder da war doch mehr passiert, als ich bezahlt hatte. Jetzt sitze ich hier, warte und träume. Träume und warte auf einen Fahrgast und einen Anruf von ihr. Ich bin halt ein Traumtänzer.

Theo, 37 Jahre

Jour fixe
Natürlich war ihm die Sache unangenehm gewesen – solange er mittendrin steckte. Schon wenige Tage später allerdings begann sich das Ereignis zu verklären. Vergessen waren die steifen Knie und der zehrende Hunger. Dafür hatte er noch immer den wunderbaren Duft ihrer Kleider in der Nase, und er redete sich mit Erfolg das Gefühl eines gewissen Auserwähltseins ein. Wem passierte schon, was ihm passiert war?

Es hatte damit begonnen, daß er sich doch noch die zweite Wohnung im Parterre vorgenommen hatte. Zwar war abzusehen, daß er vor Beginn des Feierabends nicht damit fertig würde. Aber er könnte dann morgen früh sofort in der Wohnanlage B/6 auf der anderen Straßenseite weitermachen. Bruno war Installateur und mit der Aufgabe betraut, die Heizkessel der Hochhäuser am Bismarckplatz zu überprüfen und aus den Heizkörpern der einzelnen Wohnungen die Luft herauszulassen.

Die zweite Wohnung Parterre in der Anlage B/5 trug an der Tür ein anmutiges Emailleschildchen mit der Aufschrift: «Birgit und Helmut Müller». Er klingelte. Eine junge Frau öffnete, erfaßte mit einem Blick auf seine blaue Latzhose und den Wekzeugkasten den Zweck seines Besuchs, ohne daß er hätte ausreden müssen, und ließ ihn mit einem schnellen Nicken herein.

Donnerwetter, sagte er unhörbar zu sich selbst, während er die Kombination von blauen Augen, Lockenkopf und allerzartesten Gelenken auf sich wirken ließ. Donnerwetter. Er hatte den Grundriß der Wohnung im Kopf und wandte sich nach rechts. Richtung Bad. Sie kümmerte sich nicht weiter um ihn. Erst als er im Schlafzimmer angekommen war, stand sie plötzlich neben ihm. Er grinste sie an und wollte sie gerade um einen Schluck Wasser bitten, als sie beide hören konnten, daß die Wohnungstür geöffnet wurde. «Um Gottes willen», sagte die Frau und führte beide Hände zum Mund, als seien ihre Worte Perlen, die man am Herunterfallen hindern müsse, «das ist mein Mann!» Bruno grinste noch immer, weil er glaubte, sie verstünde sich auf das Imitieren von Filmszenen, und sagte gar nichts.

«Ja, stehen Sie nicht rum», flüsterte sie scharf, «wir müssen versuchen... Sie können doch nicht...» Sie war wirklich in Panik geraten und sah ihn mit atemlosem Entsetzen an. Ehe er noch dazu kam, irgend etwas zu entgegnen, hatte sie mit der Energie einer Löwenmutter auf Beutezug eine von fünf Kleiderschranktüren aufgerissen und drängte ihn in die dunkle Höhle.

«Bitte», sagte sie dabei immer wieder, «bitte, bitte...» und es war ihm ganz unmöglich, diesem Drängen zu widerstehen. Bis auf einen schmalen Spalt schloß sich die Tür vor seiner Nase und im gleichen Moment hörte er eine Männerstimme in der Nähe und dann ihre Stimme und wieder seine und dann entfernten sie sich langsam.

Bruno kam die Situation jetzt vor wie ein schlechter Witz. Raus und nichts wie weg, dachte er. Aber dann sah er sich mit den Augen des heimkehrenden Gatten, der ihn ohne Zweifel beim Verlassen des Schlafzimmers bemerken würde. Glaubt man einem, der sich im Schlafzimmer versteckt gehalten hatte, seine Arglosigkeit? Würde er nicht die arme Frau mit den zarten Gelenken in eine schlimme Lage bringen? Wer weiß, wozu sich Helmut in entsprechenden Situationen hinreißen ließ?! Birigt, da war er sich plötzlich ganz sicher, würde die Sache deichseln, so daß er schon bald gefahrlos entweichen könnte. Wahrscheinlich war jeden Moment mit dem Aufbruch der beiden zu rechnen, sagte sich Bruno. Sie könnten ja zum Beispiel ins Kino gehen.

Nichts dergleichen geschah. Statt dessen kam Birgit – er hörte es am Schritt – ins Zimmer zurück, riß blitzartig die Schranktür auf, ein Schraubenzieher – den mußte er irgendwo liegengelassen haben – flog herein und traf ihn schmerzhaft am Ohr. Bruno hatte sich im Schneidersitz auf dem Schrankboden niedergelassen, seine Knie berührten die Steilwände rechts und links. Die Tür war wieder zugestoßen worden und diesmal war der Ritz noch schmaler als beim ersten Mal. Zügig verlagerte sich das Geschehen daraufhin ins Schlafzimmer. Er hörte, wie Vorhänge zugezogen wurden und Betten aufgedeckt. Nebenan lief Wasser in die Wanne, ein Fön rauschte unmittelbar neben ihm und die Deckenbeleuchtung wurde zugunsten der Nachttischlampe ausgemacht.

Schon als er gekommen war, hatte Bruno mit einem leisen Hungergefühl auf die angenehmen Gerüche reagiert, die aus der Küche drangen. Jetzt knurrte sein Magen so laut, daß er glaubte, es müsse im ganzen Zimmer zu hören sein. Und die Vorstellung, daß wenige Meter von ihm entfernt zwei Satte miteinander aufs Lager sanken, ließ eine tiefe Verbitterung in ihm aufsteigen. Zudem war heute Donnerstag. Da ging er immer zum Essen zu seiner Mutter. Jede Woche eine Überraschung: Sülze mit Bratkartoffeln. Nudelauflauf mit Feldsalat. Oder Paprikagemüse mit vielen Zwiebeln und Baguette, ofenfrisch. Seine Mutter kochte gut, und hinterher sahen sie sich gemeinsam «Die Männer vom K3» an und Bruno trank sein Bierchen dazu.

Inzwischen waren Birgit und Helmut unter die Decke geschlüpft – gurrende und langsam an Intensität gewinnende Laute drangen alsbald an sein Ohr –, und damit war nun die allerletzte Chance vertan, mit Anstand aus der Sache rauszukommen. Als das Licht der Nachttischlämpchen dann auch erlosch, begann Bruno zu schluchzen. Stumm und trocken. In den Knien hatte er schon gar kein Gefühl mehr, eine Gürtelschnalle aus Metall hing ihm bedrohlich im Nacken und sein Hunger war wie eine einzige klaffende Wunde. Zärtlichkeit für eine Frau, sagte er sich schließlich (und das tröstete ihn), könne eben auch darin ihren Ausdruck finden, daß einer still im Schrank sitzen bleibt, so lange sie es will, und leidet und sich den Gedanken an die Mutter, die Reibeplätzchen und das Fernsehprogramm schlichtweg verbietet.

Wenigstens ein bißchen mehr Luft, dachte er dann und versuchte, vorsichtig den Türspalt zu erweitern. In diesem Moment ging eine der Nachttischlampen an, und kurz darauf wurde die Tür langsam von außen geöffnet. Helmut stand vor ihm. Ohne jedes Erstaunen sah er auf ihn herab, legte den Finger an die Lippen und reichte ihm väterlich die Hand.

«Kommen Sie», flüsterte er, «ich helfe Ihnen. Versuchen Sie, leise zu sein, meine Frau schläft schon...»

Bruno konnte kaum gehen. In der einen Hand den Schraubenzieher, in der anderen Helmuts Rechte, ließ er sich wie ein Schimpanse im Zirkus aus dem Schlafzimmer führen.

«Ich muß mich sehr bei Ihnen entschuldigen», sagte Helmut, als sie im Flur standen, und ließ seine Hand los. Sie setzten sich in die Küche. Bruno massierte seine Beine und Helmut schnitt ihm Brot und Käse ab.

«Man kann es Birgit nicht übelnehmen», sagte er, «in diesem Punkt steht sie unter Zwang.»

Birgit, so erfuhr Bruno, litt unter einem Kindheitstrauma. Ihr Vater hatte seine Frau einmal mit einem Liebhaber erwischt, und die kleine Birgit – Bruno stellte sich vor, wie zart sie damals gewesen sein mochte – war dabei, als der Vater den Liebhaber aus dem Fenster zu werfen drohte. Seitdem sei kein Mann vor ihr sicher: Briefträger, Zeugen Jehovas, Nachbarn, der Steuerberater und der Hausarzt hatten schon im Schrank gesessen. Wann immer sie auf einen Mann treffe, verstecke sie ihn.

«Leider ist kaum je einer so geduldig gewesen wie Sie», fuhr Helmut fort, «die meisten kommen zu früh herausgekrochen und dann wird es peinlich für alle Beteiligten.»

Bruno nickte und kaute. «Wie haben Sie Ihre Frau kennengelernt?» fragte er.

«Gute Frage», sagte Helmut. «Ich war früher Fensterputzer und, na ja, sie hat mich reingebeten, und kaum war ich drin, da saß ich auch schon im Schrank. Damals lebte sie noch allein, und als ich mich herauswagte, lag sie schon im Bett und...»

«Verstehe», sagte Bruno und griff zur zweiten Flasche Bier.

«Na ja», sagte Helmut schon wieder, «es stellte sich dann bald heraus...»

Das Geständnis fiel ihm sichtlich schwer, aber nachdem er sich eine Weile mit gesenktem Blick konzentriert hatte, sagte er geradeheraus: «Meine Frau überwindet auch mir gegenüber ihre körperliche Zurückhaltung nur dann, wenn es mindestens einen Zeugen gibt.»

Brunos kauende Kiefer erstarrten. «Sie meinen, es muß jemand im Schrank sein, wenn...»

«Oder unter dem Bett.»

Bruno tastete nach seinem Glas, ohne Helmut aus den Augen zu lassen.

«Bitte», sagte Helmut, «ich möchte nicht mißverstanden werden. Aber vielleicht hören Sie sich einmal in Ruhe meinen Vorschlag an. Wissen Sie, ich würde Ihnen pro Abend, sagen wir, fünfzig Mark zahlen...»

Bruno wandte sich ab.

«Glauben Sie mir, es ist mir auch alles entsetzlich peinlich», fuhr Helmut fort, «aber versetzen Sie sich in meine Lage: Was soll ich tun?»

Bruno sah ihn wieder an.

«Oder ist es Ihnen zu wenig?» forschte Helmut. «Ich lege Ihnen auch gern ein Kissen in den Schrank...»

Bruno winkte ab und schüttelte gleichzeitig den Kopf, wie er es immer tat, wenn sich einer seinetwegen Umstände machen wollte.

«Nur einmal die Woche und es wäre uns geholfen», sagte Helmut traurig.

«Aber nicht donnerstags», sagte Bruno.

Helmut strahlte: «Dann wären Sie also grundsätzlich einverstanden?»

Bruno dachte an Birgits blaue Augen, an Helmuts Nöte und an die steigenden Lebenshaltungskosten. Genau in dieser Reihenfolge. Und er nickte.

Als er sich verabschiedete, wurde es draußen hell. Beinahe wäre es zu einer Umarmung zwischen ihnen gekommen, obwohl Bruno den Werkzeugkasten tragen mußte. Immer mittwochs, hatten sie beschlossen. Jour fixe. Mit dem Kissen, dachte Bruno, müßte es auszuhalten sein. Und künftig würde er immer eine Taschenlampe, einen Comic und einen Schokoladenriegel bei sich tragen.

Monika Buschey, 42 Jahre

« *V e r f ü h r u n g* »

Wie verühre ich einen Mann? Eine ganz neue Frage für mich. Männer, die mir gefielen, hatten bisher nicht darauf gewartet, daß ich den entscheidenden Schritt unternahm. Erst einmal hatte ich vor der Notwendigkeit gestanden, die Initiative zu ergreifen.

Damals war beruflich und privat einiges schiefgelaufen. Erotik und Sexualität schienen aus meiner Welt für immer verschwunden zu sein. Doch eines Abends sah ich, wie ein sehr attraktiver Nachbar braungebrannt seine Urlaubskoffer aus dem Auto lud und zum Haus brachte. Seine Frau war nirgends zu sehen. Offenbar war sie nicht mit ihm zurückgekommen, und mein Freund mußte am nächsten Morgen dienstlich wegfahren. Unvermittelt sah ich die Möglichkeit einer kleinen Affäre ohne Folgen vor mir. Am Morgen fühlte ich mich wesentlich besser als in den vorhergegangenen Monaten. Beim Einkaufen überlegte ich mir einen Vorwand, den Nachbarn einzuladen. Die Einladung selbst würde kein Problem darstellen, weil wir uns schon seit längerem oberflächlich kannten. Doch wie es weitergehen sollte, war mir noch unklar.

Zufällig begegneten wir uns, als ich nach Hause kam, am Aufzug. «Guten Tag», sagte ich. «Sie sind ja schon aus dem Urlaub zurück. Wie geht es denn Ihrer Frau?» – «Ach», antwortete er, «sie bleibt noch für einige Tage bei ihrer Schwester am Meer.» Der Aufzug kam. Was jetzt? Ein moderner Aufzug braucht schließlich keine Ewigkeit für drei Stockwerke! Also schnell versuchen ein Wiedersehen zu verabreden. «So, Sie sind also auch allein. Mein Mann ist gerade für einige Tage auf Dienstreise. Wir könnten doch einmal zusammen Kaffee trinken.» Die

Antwort kam sofort. «Kommen Sie doch gleich heute nach dem Essen zu mir!» Ich sagte zu, als sich die Aufzugstür auf meiner Etage öffnete. Beim Essen überlegte ich mir die weitere Vorgehensweise. Schließlich wollte ich nicht abweisend wirken. Andererseits sollte es aber auch nicht so aussehen, als wäre ich aus einem bestimmten Grund gekommen. Also durfte ich mich nicht mit der Kaffeetasse in einen Sessel verkriechen. Ein Stuhl am Eßzimmertisch kam erst recht nicht in Frage. Dann säße man sich gegenüber und müßte «Konversation betreiben», wo doch ganz andere Absichten bestanden. Ideal war wohl das Sofa. Wenn man sich schön in die Mitte setzte, blieb einerseits Platz, um einer zu großen Nähe wieder auszuweichen, andererseits mußte sich der Partner recht dicht neben mich setzen. Doch was war, wenn er sich in einen Sessel setzte? Großes Fragezeichen.
Leicht nervös zog ich mich an und fuhr zu seiner Etage hoch. Ich klingelte. Augenblicklich öffnete sich die Tür. Er warf schnell einen Blick in den Flur. Außer mir war niemand zu sehen. Wortlos zog er mich hinein. Doch kaum hatte ich einen Schritt in die Wohnung gemacht, als er schon die Tür hinter mir schloß, mich dagegendrückte und auf den Mund küßte. Ohne zu überlegen erwiderte ich den Kuß. Erst langsam wurde mir klar, was hier vorging.
Damals war also im Endeffekt alles ganz einfach gewesen. Doch diesmal war es anders. Als ich Jan zum ersten Mal bewußt wahrnahm, kam mir augenblicklich der Gedanke, mit ihm zu schlafen. Er war groß mit hellen, lockigen Haaren und erstaunlich blauen Augen. Als er an einem

warmen Tag wie selbstverständlich seinen Pullover auszog und so mit nackten Armen, in einem enganliegenden T-Shirt neben mir saß, empfand ich das als Provokation. Eine Aufforderung ihn zu berühren. Geradezu lächerlich! Seit wann waren Männerarme derartig anziehend? Bisher waren sie mir immer als ganz banale Körperteile erschienen, die primär alles andere als erotisch waren. Ein- oder zweimal war ich schon in Jans Wohnung gewesen und wir hatten uns nur brav mit unseren Tassen gegenübergesessen. Ein Sofa gab es nicht. Offenbar war der Mann unglaublich schüchtern, obwohl er weder sehr jung noch unerfahren war. Also wie vorgehen? Gefiel ich ihm überhaupt?

Die zweite Frage war schnell positiv beantwortet, und nach verschiedenen, in ihrer Zweideutigkeit schon wieder eindeutigen Unterhaltungen war sogar ziemlich sicher, daß er Lust hatte, mit mir zu schlafen. Doch gleichzeitig leugnete er den Wunsch. Er wollte nichts weiter als ein guter Bekannter sein. Schließlich hatte ich einen festen Freund. So waren wir nach zwei Monaten die besten Freunde, aber außer einem gelegentlichen Küßchen zur Begrüßung lief nichts.

Erschwerend kam meine eigene Schüchternheit hinzu. Immer wieder stellte ich mir Situationen vor, in denen ich ihm einen Arm um den Hals legte und ihn auf den Mund küßte, um gleichzeitig mit der anderen Hand unter sein Hemd zu fahren. Aber wenn ich ihm gegenüberstand, verließ mich regelmäßig der Mut. Das änderte sich erst an einem heißen Sommernachmittag. An jenem Tag konnte ich meine Arbeitsstelle etwas früher verlassen und rief kurz bei Jan an, um zu fragen, ob ich auf einen Kaffee vorbeikommen könnte. Als ich eine viertel Stunde später ankam und klingelte, rief er, die Tür sei offen. Zu meiner Überraschung lag er im Bett. Ich war nicht sicher, ob er überhaupt etwas anhatte. Wir begrüßten uns mit Küßchen. Als Entschuldigung für den seltsamen Empfang gab er seinen depressiven Zustand an. Also bereitete ich selbst den Kaffee vor und drückte die Starttaste der Kaffeemaschine. Dann ging ich zum Bett zurück und legte mich halb darauf. Als er daraufhin seinen Kopf an meine nackte Schulter legte – ich trug nur ein leichtes, tief ausgeschnittenes Sommerkleid –, beugte ich mich über ihn und küßte seinen dargebotenen Mund. Ohne meine Lippen von seinen zu lösen, glitt ich neben ihn ins Bett, wobei mein Kleid hochrutschte. Meine rechte Hand streichelte unter der Decke seinen Rücken auf der Suche nach einem Kleidungsstück. Langsam fuhr seine Hand meinen Schenkel hinauf.

Den Kaffee tranken wir erst viel später.

S., weiblich, 40 Jahre

Der Strafzettel

Ich erhielt eine Postkarte von Susanne, einer Bekannten, die man nicht Freundin nennen konnte, sondern mit dem ungeschickt-verlegenen Ausdruck Affäre hätte bezeichnen können.

Mit Susanne hatte ich vor einem halben Jahr einen kurzen Urlaub verbracht, eine sinnlose Zeit, in der wir die ersten Tage nur damit beschäftigt waren, an allen möglichen Orten und unter unmöglichen Umständen unsere Lust aneinander zu befriedigen. Die ständige Nähe zueinander hatte aber diesen Reiz schnell zum Erlahmen gebracht, so daß wir den Urlaub vorzeitig abgebrochen hatten und im Streit auseinandergegangen waren. Um so mehr war ich über ihre Nachricht überrascht, daß sie mich besuchen möchte.

Ich rief sie an und wir vereinbarten ein Treffen. Sie sagte, sie wolle die Nacht über bleiben, womit sie eine mögliche Erwartungsspannung der scheinbaren Ungewißheit zunichte gemacht hatte. Es mußte alles nur noch ablaufen. Aber die Vorstellung, ihren fleischigen, heißen Körper wieder zu spüren, war dennoch aufregend.

Wir trafen uns in einer Pizzeria. Ich dachte den Abend über nur an die bevorstehende Nacht mit ihr, an ihre Berührungen, an ihre Lust. Das gemeinsame Essen war so nur ein Vorwand, denn sowohl sie als auch ich vermieden es, den Eindruck zu erwecken, als wollten wir lediglich miteinander ins Bett gehen. Eine solche Verlogenheit entbehrte aber nicht eines Reizes, denn das ganze Schauspiel der Verzögerung verstärkte das Drängen nach Erfüllung. Susanne hielt den Schein bis zuletzt aufrecht, als sie fragte: «Wenn du willst, können wir noch woanders was trinken, wir können aber auch gleich zu dir gehen, falls du etwas zu Hause hast. Und wenn es dir recht ist, daß ich bei dir übernachte, dann würde ich das gern tun. Wenn nicht, kann ich aber auch eine Freundin anrufen.» – «Nein, nein», heuchelte ich, «meine Wohnung ist allerdings nicht sehr groß, und ich habe keine Couch.» – «Das macht nichts. Wir werden uns schon einig werden.»

Susanne hatte einige Zeit im Badezimmer verbracht, bis sie nach mir rief. Ich könne schon reinkommen, sie sei gleich fertig. Als ich die Tür öffnete, fiel mein Blick auf mehrere Kleidungsstücke, die sie in einer Ecke aufgetürmt hatte. Sie selbst stand in Unterhemd und Slip vor dem Spiegel, um sich die Kontaktlinsen herauszunehmen. Mit blinzelndem Auge fragte sie: «Hast du eigentlich noch die Lotion, die du im Urlaub dabeihattest und die so lecker roch?» Ich zeigte ihr die Flasche aus dem Badezimmerschrank. «Ich nehm' sie noch immer, willst du was davon haben?» – Susanne schraubte den Behälter ihrer Kontaktlinsen zu und sagte, den Blick noch immer in den Spiegel gerichtet: «Was hältst du davon, wenn du mich damit eincremst? Das hat dir doch im Urlaub immer großen Spaß gemacht. Außerdem bin ich zur Zeit im Nacken sowieso wieder ziemlich verspannt.»

«Soll das heißen, daß du massiert werden willst?»

«Ja, warum nicht? Oder ist es dir zu viel Aufwand?»

«Nein, wieso? – Hier? Oder willst du dich hinlegen?»

«Im Stehen ist es mir lieber, weil dann kommst du besser an alle Seiten der Schultern hin.»

Ich verrieb eine größere Menge Lotion zwischen den Händen, verteilte sie am Hals, hinunter zum Schlüsselbein und begann zu massieren.

«An den Schultern auch», forderte sie mich auf.

«Da komm' ich aber nicht richtig hin.»

«Warte, ich zieh' das aus.» Ihre Haare sammelten sich im Nacken und fielen über die Schultern, den Rücken hinab.

«Jetzt hast du die Haare in der Lotion», sagte ich.

«Ja, ich merk's schon», entnahm ihrem Täschchen, das sie unter dem Spiegel abgelegt hatte, einige Spangen und begann sich damit ihr Haar hochzustecken. Dabei hielt sie zwei Spangen im Mund. Ich nahm noch mehr Lotion und verstrich sie über die Schultern und ihren Rücken, massierte aber den Hals weiter. Susanne neigte den Kopf von einer Seite zur andern und drehte ihn meinen Berührungen entgegen. Mit geschlossenen Augen fragte sie: «Wie lange wohnst du jetzt schon hier?»

«Noch nicht lange, knapp zwei Monate.»

«Und gefällt dir die Gegend?»

«Ja, die ist nicht schlecht.»

«Und wie läuft's mit der Arbeit?»

«Geht auch.»

«Und mit Frauen?»

«Wie meinst du das?» Ich mußte jetzt aufpassen, um nichts Falsches zu sagen.

«Ja, ich meine, bist du verliebt?»

«Du weißt ja, wie das ist. Es ist immer schwierig.»

«Und wer ist die Frau auf dem Photo, das neben dem Regal hängt?»

Ich verrieb noch etwas Lotion an ihren Armen. «Wieso fragst du?»

«Na ja, es könnte ja sein, daß es sie stört, wenn bei dir eine alte Bekannte übernachtet, oder dich könnte es ja auch stören.»

«Tut es aber nicht. – Und dich, stört dich das Photo?» Ich massierte am Rücken weiter.

«Nein, ich kenne diese Frau doch gar nicht», antwortete sie und beugte sich nach vorn. Mit leichtem Druck stemmte sie sich meinen Händen entgegen. Ich strich an den Seiten ihres Rückens auf und ab. Mit den Fingerspitzen berührte ich den Ansatz ihres Busens.

«So, jetzt ist es glaube ich genug, das hat sehr gut getan», sagte sie und hob ihr Hemd vom Boden auf, drehte sich zu mir um, zog es an und fragte: «Ist noch etwas zu trinken da? Ein Glas trinken wir noch, oder?» Sie verschloß die Flasche Lotion, stellte sie in den Schrank zurück und folgte mir ins Zimmer.

Wir saßen uns am Tisch gegenüber, jeder hielt sein Glas in der Hand. «Könntest du dir vorstellen, mit mir zu schlafen?» fragte sie plötzlich.

«Jetzt?»

«Ich weiß nicht. Von dir kommt ja nichts.»

«Wie meinst du das?»

«Ich könnte dich ja auch ein bißchen massieren, wenn du willst.»

«Ja, schon.»

Sie nahm einen Schluck. «Hol doch mal die Lotion rüber!»

Ich ging ins Badezimmer, suchte nach der Lotion. Als ich ins Zimmer zurückkam, saß Susanne nackt mit gespreizten Schenkeln kniend auf dem Bett und sagte: «Gib mir die Flasche und bring uns die Gläser.»

Ich stand mit den Gläsern in den Händen vor dem Bett. Sie sah mich an. «Ja und ausziehen müßtest du dich auch noch, wenn's nichts ausmacht, oder soll ich das machen?»

Es war ein Spiel, dessen Verlauf immer bekannt ist. Ich zog mich aus und legte mich auf den Bauch neben Susanne. Sie cremte mich mit ein paar flüchtigen Handstrichen ein und sagte lachend: «Wenn du so liegst, komme ich nirgends hin.» Ich drehte mich um. Susanne setzte sich auf meine Oberschenkel und neigte die Flasche in ihre Rechte. Kreisend verstrich sie die feuchte Kühle auf Brust und Bauch. Sie rutschte zurück auf meine Knie. Mit beiden Händen hielt sie die Flasche vor sich und drückte sie kräftig. «Und *hier* noch was», lächelte sie. Es platschte. – «Oh, jetzt sieht man ihn ja gar nicht mehr», lachte sie und verteilte die Lotion. Ihre Hände waren glitschig und weiß. Susanne wischte sie an den Innenseiten ihrer Oberschenkel ab und sah an sich hinab, wo sie sich mit zwei Fingern lockend umkreiste. Sie schob sich näher heran, nahm meine Spitze in die Hand und setzte ihr Kreisen fort. Mit dem Druck ihrer Schenkel hob sie sich und senkte sich über mich.

Susanne streckte ihre Beine nach hinten aus und sank auf meinen Körper. Ich umarmte sie, rollte uns um und richtete mich auf. Ich nahm nochmals die Flasche und verspritzte zwischen ihren Brüsten das flüssige Weiß, das ich nach beiden Seiten verteilte und mit sanftem Druck verrieb. Ich legte ihre Beine auf meine Schultern und ließ aus der Flasche an ihren Knien die Lotion beide Schenkel hinunterlaufen.

Während wir miteinander fickten, spürte ich unter uns plötzlich klebrige Feuchtigkeit. Ich sah Susanne an. Sie drehte die Augen zur Seite und sagte: «So ein Mist, jetzt habe ich auch noch meine Tage bekommen.» Und mir fiel ein, daß ich am nächsten Morgen einen Gerichtstermin hatte und am Vormittag Rita zurückkommen würde.

Susanne fragte ungeduldig: «Was ist? Hast du keine Lust mehr? Das geht bei der Wäsche schon raus. Das macht doch nichts, oder?» Ich hatte zwar noch drei Leintücher, aber die waren nicht gewaschen.

Ich sah auf die Uhr: Es war halb fünf. Ich sagte, ich müsse heute morgen um neun Uhr im Gericht sein.

«Na und?» meinte sie. «Dann gehst du eben hin.»

«Ja, aber dann müssen wir jetzt schlafen.»

Susanne schien verärgert: «Jetzt ist es doch sowieso schon egal. – Früher warst du flexibler.» Sie stand auf und ging ins Badezimmer, um sich zu waschen. Beim Anblick der blutverschmierten Bettwäsche und beim Gedanken an den Tag erschien mir die Realität kompliziert, verlogen und banal zugleich.

Sie kam wieder, legte sich ins Bett und warf die Decke über sich. «Also ich schlafe jetzt, du kannst dir ja noch überlegen, ob du da hingehst oder nicht.»

«Ich muß hingehen.»

«Ist es ein wichtiger Termin?»

«Ich muß da erscheinen, weil ich einen Strafzettel und auch fürs Abschleppen nicht zahlen wollte. Und nach der Mahnung habe ich eine Vorladung bekommen.»

Sie riß sich die Decke vom Gesicht und sah mich lachend an: «Wegen einem Strafzettel machst du schlapp. Dann rufst du eben an und sagst, du hast deine Schuld eingesehen und wirst Abschleppgebühr und Strafzettel schon noch bezahlen. Und wir gehen frühstücken. So einfach ist das.»

Ich ging zum Fenster und sah, daß es schneite. «Jetzt schneit es auch noch.» – «Ja, was? Ist doch gemütlich. Komm her und steh hier nicht rum», sagte sie belustigt, «dann gehen wir eben nicht zum Frühstücken, falls wir hier eingeschneit werden sollten.»

«Ich muß da heute hin, obwohl ich nichts mehr hasse als diesen Behördenkram.»

«Na gut. Dann gehst du eben hin. Ich kann ja ausschlafen, wenn du nichts dagegen hast.»

«Ich glaube, das geht nicht. Ich muß die Bettwäsche waschen. Ich bekomme heute Besuch.»

In gedehnt-gelangweiltem Ton fragte sie: «Die Frau auf dem Photo?»

«Ja», kapitulierte ich.

«Okay, dann machen wir es so: Wir fahren morgen mit dem Taxi zum Gericht und ich fahre dann weiter zum Bahnhof. – Das ist vielleicht eine Scheiße alles. – Wenn du das gewußt hast, wieso hast du mich hier überhaupt übernachten lassen? Hätte ich bloß bei meiner Freundin geschlafen!»

«Ich dachte, du wolltest, daß wir uns sehen?»

«Du wolltest mit mir bumsen, obwohl du eine Freundin hast. So sieht's aus.» Susanne hatte einfach keine Ahnung von der Realität und schlief ein.

Ich wartete, bis wir aufbrechen konnten. Ich duschte und weckte Susanne. Sie stand auf, zog sich an und suchte ihre Sachen zusammen. Wir liefen durch Schneeregen zum Taxistand.

Andreas Belwe, 34 Jahre

Der orangerote Bikini

Foto: Sabine Heddinga

Da ist sie wieder – die süd-
ländische Schönheit, die mir
schon auf dem Weg zum Strand
begegnet ist. Mit angewinkelten Armen steht sie am Meer,
streckt ihre Zehe in die Ausläu-

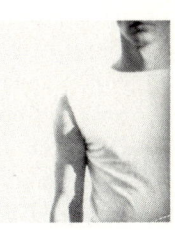

fer der Wellen, weicht zurück und beginnt ihr Spiel von
vorne. Ich kann den Blick nicht von ihr wenden. Ihre Brüste, nur knapp gehalten von einem orangeroten Bikini,
sind die pure Versuchung – und erst ihr Unterbau, ausla-
dend und drall... der plötzliche Wunsch, sie von hinten
zu nehmen, läßt mich ein Stoßgebet gen Himmel schicken
und mit letzter Kraft nach meiner Jeans greifen. Ich muß
hier weg, sonst lande ich wegen Vergewaltigung im
Knast.
«Schon genug?» fragt Jürgen, einer meiner Reisegefährten, der unter seiner Sonnenbrille geschlafen hat.
«Zu heiß», bringe ich tonlos hervor. «Sonnenstich!»
Und flüchte zur Steilküste, über die ein schmaler Pfad
nach oben führt. Auf halber Höhe mache ich halt und
betrachte den orangeroten Punkt aus der Ferne. Da steht
sie! Und ich halte es kaum noch aus.

Später, in der Strandbar, zerbreche ich mir den
Kopf darüber, wie ich sie ins Bett kriegen kann. Und
kippe einen Drink nach dem anderen in der Hoffnung,
daß sie sich hier blicken läßt. Doch umsonst. Statt dessen
quatscht mich eine Berlinerin an, die mir gleich mehrmals
erzählt, daß sie mich beim Baden gesehen hat. Schön für
sie. Ich nehme es abwesend zur Kenntnis.

Am nächsten Tag bin ich zu allem entschlossen. Ich muß sie kriegen, egal wie! Und ohne auf die anderen zu warten, hetze ich zum Strand. Ihr orangeroter Bikini leuchtet mir schon von weitem entgegen, doch dann – was ist das? Sie ist umgeben von… ich komme näher… schwarzgekleideten Frauen und… Kindern, massenweise Kindern, Teenagern, Müttern mit Babys, kurz: einem ganzen Familienclan, der fröhlich durcheinanderschnattert. Auf portugiesisch!

O, welch grandiose Pleite! Ich falle in den Sand. Da sitzt sie, keine zehn Meter entfernt, und ist doch unerreichbar – zumal sich jetzt auch noch einige kräftige junge Burschen hinzugesellen, die sie von allen Seiten umringen. Sie ist das Schmuckstück, keine Frage. Man reicht ihr Obst und Wein, plaudert, lacht, und fast ist es wie auf einem dieser alten Gemälde, einmal abgesehen von ihrem orangeroten Bikini, aus dessen Oberteil die Brüste herauszuhüpfen scheinen, sobald sie sich aufrichtet, um mit einem der Kinder zu scherzen, um sich Feuer für eine Zigarette geben zu lassen, um ihr Haar nach hinten zu binden.

Ich beobachte sie den ganzen Tag. Einmal öffnet sie den Verschluß ihres Oberteils, um sich von einem kleinen Mädchen eincremen zu lassen. Mehr, bete ich, o Herr, laß das verdammte Teil endlich ABFALLEN! Aber es hält. Und sie lächelt, als habe sie meine Gedanken erraten.

Um dem erotischen Overkill zu entgehen, flüchte ich mich in die Bar. Dort sitzt die Berlinerin. Groß ist sie, hager, und sieht mit ihrem kurzgeschorenen Haar wie ein gerupftes Huhn aus. Ihr Überbiß verzieht sich zu einem freudigen Lächeln, als sie mich sieht – und schon sitze ich neben ihr. Trinke. Trinke noch mehr. Vergesse die Zeit und befinde mich plötzlich an der frischen Luft – in Begleitung der Berlinerin, die sich bei mir eingehakt hat. «Bist janz schöön wegjetreten», kichert sie, «ick bring dir ins Bette, wa?!»

Bevor ich mich versehe, sitzen wir im Apartment – meine Reisegefährten schnarchen bereits. Und dann auf der Bettkante.

Wird Zeit, daß ich sie loswerde, aber sie schiebt ihre Hand unter mein T-Shirt und lehnt sich an mich. «Ooooh...», seufzt sie, als sie die Beule in meiner Hose spürt, und ab da sehe ich Rot – ORANGEROT! Das Bett kracht an die Wand, Dinge poltern zu Boden, die Sprungfedern quietschen in den höchsten Tönen, und plötzlich ein Schrei: «RUHE HIER!» – «OOOOOOHHH!» stöhnt sie, und im selben Augenblick geht das Licht an.

«MUSS DAS SO LAUT SEIN?» flucht Uwe.

«UM DIESE UHRZEIT?!» bellt Jürgen.

«MIT DER?» donnert Walter.

«Machet Licht aus, Spanner!» Sie springt auf, wirft meine Hose rüber und schiebt mich aus dem Apartment.

Am nächsten Morgen halte ich meinen Kopf. Doch bevor ich die Flucht ergreifen kann, strahlt sie mich an. «War det schööön», seufzt sie, «so jut kam et mir noch nie.» Dann: «Et jeht schon uff Elfe! Kaffee? Dusche?»

Ohne auf eine Antwort zu warten, macht sie sich fröhlich pfeifend in der Kochnische zu schaffen. Mit verquollenen Augen zähle ich ihre Rippen, folge mit müdem Blick dem Pendeln ihrer Hängetitten und entdecke ein riesiges Muttermal auf dem Po. Oje! Ich halte meinen Kopf und beschließe auf der Stelle, daß es keine Wiederholung geben wird.

Doch auf dem Pfad über die Steilküste passiert es schon wieder. Der orangerote Punkt leuchtet wie ein Signal aus der Ferne und beschert mir sofort einen phänomenalen Ständer. «Ooooh...», seufzt sie, «ooooooooohhh...» Und wir kullern hinter den nächstbesten Felsbrocken.

Völlig zerschrammt und zerkratzt kommen wir unten an. Die Frau im orangeroten Bikini ist von ihrem Clan umgeben. Ihre atemberaubende Figur beschert mir gleich noch eine Erektion, und die Berlinerin, nicht minder erhitzt, stößt mich in die Brandung. Sie taucht und nimmt ihn in den Mund. «Dicker Fisch», prustet sie und wir treiben es zwischen den Wellen. Ich sei der potenteste Hengst ihres Lebens, keucht sie atemlos, drei Orgasmen in Serie und einer davon unter Wasser, das habe ihr noch keiner besorgt. Ich kann ihr nicht antworten, ich schnappe nach Luft.

Reichlich benommen paddeln wir an Land – und schon wieder bleibt mir die Luft weg: Die Frau im orangeroten Bikini hat ihren Clan verlassen und sitzt im Kreise meiner Reisegefährten! Wie das? Was geht hier vor? Ich will stehenbleiben, doch die Berlinerin zieht mich weiter. «Die da», sie deutet auf die anderen, «die siehste noch oft jenuch, wa?!»
Aus der Ferne kann ich verfolgen, daß es hoch hergeht. Der Wind trägt Gelächter herüber. Uwe ist aufgesprungen und zieht irgendeine Show ab, Walter gestikuliert wie wild, und Jürgen – NEIN! Er cremt ihr DEN RÜCKEN EIN! Seine nikotinverfärbten Finger liegen, das muß man sich mal vorstellen, auf dieser makellosen und mit Sicherheit samtweichen Haut. Nur eine halbe Drehung von den perfektesten Brüsten entfernt, die ich jemals – mir wird schlecht. Außerdem tut mir der Schwanz weh, nach all den Strapazen, die ich ihm zugemutet habe. Ich entschuldige mich und verziehe mich in unser Apartment. Dort schlafe ich ein. Als ich zu mir komme, ist es bereits stockdunkel. Von meinen Reisegefährten keine Spur. Ich dusche und leg mich wieder aufs Ohr.
Erst am frühen Morgen klappert die Tür. Uwe stolpert herein, gefolgt von Walter. Doch wo bleibt Jürgen? Uwe stöhnt und Walter seufzt zum Steinerweichen:
«Er hat sie abgeschleppt, der Mistkerl.»
«WEN?» Mit einem Schlag bin ich hellwach.
«Na, die Frau, die wir heute kennengelernt haben. Die ist dir bestimmt auch aufgefallen. Sie trägt immer einen –»
«ORANGEROTEN BIKINI!» stöhnen wir im Chor.
«Genau. Saugeiles Weib. Also so was von –»
«– perfekter Schönheit», unterbricht Uwe, «mannomann! Ich hab mir gleich am ersten Abend einen runtergeholt.»

«Du auch?!»

«Und ich!»

«DESHALB kam keiner ins Klo rein!»

Wir prusten los und können uns kaum noch halten.

«WEIN!» ruft Walter und zieht eine Flasche unter dem Bett hervor. – «Aber», fange ich wieder an und wische mir nach dem ersten Schluck über den Mund, «wie zum Teufel habt ihr sie kennengelernt?»

«Also das war so», erklärt Uwe, «sie ist hier nur zu Besuch. Bei ihrer Verwandtschaft. Studiert aber in Köln.»

«Bonn», berichtigt Walter, «ist ja auch egal. Wollte nach soviel Familienklüngel mal wieder mit Leuten quatschen und kam deshalb zu uns.»

«Sie hatte aber nicht viel Zeit. Also haben wir uns verabredet, für später, im Last-Chance-Saloon.»

«Als wir ankommen, sitzt sie schon da. Und mit wem? Na? Ausgerechnet mit deiner Vogelscheuche! BRRRRR!» Er schüttelt sich.

«Wir natürlich mächtig Show gemacht!»

«Und gebechert.»

«Tequila Sunrise.»

«Literweise!»

«War saustark. Sie hatte so'n ärmelloses Teil an, da konntste von der Seite aus reingucken...»

«Hör auf, sonst kommt's mir gleich noch mal...»

«Na gut. Dumm war nur, daß sie fast die ganze Zeit mit deiner Scheuche gequasselt hat.»

«Und plötzlich wollte sie was holen. Schwupp, weg war sie – und Jürgen auch.»

Wir schweigen. Die Weinflasche kreist. Plötzlich klappert die Tür und Jürgen schaut rein.

«Na? Schon fertig?»

«IDIOT!» poltert er los und greift nach der Flasche. «Die wollte wirklich nur was HOLEN! Als ich ihr an die Titten bin, hat sie mir eine gescheuert.»

Und wir prusten los, brechen in schallendes Gelächter aus, können uns überhaupt nicht mehr beruhigen.

Am Tag darauf, wir sind noch völlig gerädert, steht die Berlinerin in der Tür. «Baden, Süßer?»
Ich nicke, denn eines ist jetzt klar: Der Weg zu meiner orangeroten Traumfrau führt über sie.
«Pack die Badehose ein, lala», trällert sie.
Wie meinen?
«Brauchste», sagt sie. «Hat mir jemand jesteckt, det die Razzia machen wolln. Wejn Nacktbaden. Hab mir ooch so'n Teil besorgt.»
Na schön. Ich pack die Badehose ein und begleite sie zum Strand. Die Berlinerin erzählt: «Ha ick jestern 'ne Frau kennenjelernt. Hat mir det jesteckt, von wejn Razzia und so. Sind schwer katholisch hier und anjenervt von die Touris, die ohne allet rumhüpfen. Sach ich: sorry, hab keen Bikini oder so wat. Sachtse: schenk ick dir. Flieg mojn zurück zu Männe, der hat mir am liebsten ohne.»
Sie kichert.
Wir erreichen unseren Stammplatz und sie beginnt sich zu entkleiden, derweil ich Ausschau nach dem Objekt meiner Begierde halte.
«Na, is ja chic», höre ich die Berlinerin, «aber ob mir det steht? HE DU!»
«Hm?»
«Nu schau mir doch mal an und sach, ob et mir STEHT?!»
Was? Ach so. Ich drehe mich zu ihr – und denk, mich trifft der Schlag: Sie trägt den orangeroten Bikini!
«Und? Wie findstet?» Sie nestelt am Träger, zupft hier, zupft da, bewegt sich wie auf dem Laufsteg.
«Du hast den von...?»
«Der Frau, die wegjeflogn is. Chic, wa?! Ach, det hätt ick ja fast verjessen: Ick soll dir von ihr grüßen. Janz lieb!»

Martin Binck, 36 Jahre

Männerliebe oder Die Wirklichkeit einer Phantasie

Foto: Ralf Rühmeier

Er hatte mich sogleich angelächelt. Ich stand im Vorraum des Klosters San Francisco und fragte nach der nächsten Führung. Und Fernando sagte ja, obwohl kein weiterer Besucher mehr zu erwarten war. Hauptberuflich Student, verdiente er nebenbei als Kirchenkenner ein paar Pesos. Tadellos gekleidet. Kein schöner Mensch, aber attraktiv mit einwandfreiem Englisch und solidem Wissen. Ironisch und routiniert erzählte er die Geschichte von Kirche und Kloster. Deutete mit seinen gepflegten Händen auf Gemälde von Zurbaran, lenkte meinen Blick auf die kostbaren, holzvertäfelten Decken, sprach von dem Wunder, dass dieses Gebäude seit dreihundert Jahren alle Erdbeben von Lima überstanden hatte.

Wie leicht es fiel zuzuhören. Der junge Peruaner wusste um seinen Status, im Vollbesitz seines charmanten Hochmuts liess er mich teilhaben an seinem Können. Dennoch, je länger er redete, um so weniger passten sein Gesicht und sein Text zusammen. Er schien auf seltsame Weise abwesend. Es dauerte eine Weile, bis ich alles und plötzlich verstand. Führung und Verführung lagen unmittelbar nebeneinander. Fernando war homosexuell, kein Zweifel. Seine Worte redeten über Architektur, und seine Gedanken handelten von mir. Nichts Tuntiges und Grelles war an ihm. Im Gegenteil, er war von äusserster Diskretion. Aber er verfügte über Töne und Bewegungen, die Männer von Männern unterscheiden.

Ich genoss das. Und fürchtete, was auf mich zukam. Reines Glück war das Bewusstsein, begehrt zu sein. Mit ansehen zu dürfen, was dieser Mensch aufführen würde, um mich zu verlocken. Einmal nicht Gockel und Geck, nicht Hochstapler, Falschmünzer und Zauberer sein müssen, um jemanden (eine Frau) von sich zu überzeugen. Die Lust lag im Vertauschen der uralten Rollen. Diesmal konnte ich abwarten und in aller Ruhe die Angebote sondieren. Ein jungfräuliches Erlebnis.

Der Schrecken lag woanders. Dass Fernando da etwas anrührte, was meine intimsten Phantasien betraf. Phantasien, die grossartig oder schmerzhaft in Erfüllung gehen konnten. Seit

Jahren der Wunsch in mir, ‹genommen› zu werden. Sehr konkret. Beim Liebesspiel Schoss zu sein, ein einziges Mal wenigstens eine Ahnung davon zu bekommen, wie es sich anfühlte, wenn etwas von aussen in mich eindrang. Um diese Erfahrung habe ich jede Frau beneidet. Alle Fragen, die ich diesbezüglich an sie richtete, und alle Antworten, die ich von ihnen hörte, befriedigten niemals meine Sehnsucht. Was immer sie aussagten, ich hatte nichts verstanden.

Ich begriff, dass ein solcher Zustand nicht über Buchstaben und theoretische Erklärungen zu erfahren war. Ich musste ihn leben, so verkehrtherum (wörtlich), so gefährlich (gesundheitlich), so ‹sündig› (moralisch) das Vorhaben auch war. Gerade als Fernando eindeutiger wurde und anfing, mich spielerisch am Hals zu streicheln, durchzuckte mich die Erinnerung an ein seit Jahrzehnten verdrängtes Erlebnis. Mein Bruder und ich lagen zusammen im Bett, nackt und mit wachsender Erregung bei der gemeinsamen Untersuchung unserer Geschlechtsteile. Hinterher habe ich deliriert, mich vor Scham und Schuldgefühlen übergeben müssen, konnte nicht fassen, mich so gegen Katholizismus und Gott vergangen zu haben.

Plötzlich fiel mir das alles wieder ein. Die schmalen Finger von Fernando manipulierten sanft und schonungslos mein Bewusstsein. So waren alle Empfindungen vollzählig und zu gleicher Zeit vorhanden. Die Neugierde auf meine homoerotischen Talente, die Lust auf ein Abenteuer, die mögliche Wollust, der mögliche Schmerz, die schiere Angst, das Bewusstwerden einer längst vergessen geglaubten Vergangenheit.

Inzwischen standen wir vor zehntausend Totenschädeln und Skeletten. Hier in den Katakomben hatten die Mönche die Seuchenopfer der Stadt gestapelt. Der Peruaner erzählte jetzt von seinem Leben als Lustboy für Gringos. Denn die Hauptkundschaft kam aus den Staaten. Bemerkenswert ein Priester, der genussfähig seine christlichen Todsünden auslebte. Abgeschleppt wurde meistens ins Sheraton, dem inoffiziellen Eroscenter von Lima.

Nach einem knappen Hundert solch flüchtig-intensiver Nächte überkam den 21jährigen ein Bedürfnis nach Liebe. Er drosselte seinen Verbrauch und verliebte sich. In einen blonden Menschen aus Schweden. Sie lebten eine gute Zeit. Später der Schmerz der Trennung und die Hoffnung, sich irgendwann wiederzusehen. Seitdem war Fernando aus dem Geschäft. Er war zu sehr verwöhnt von den Zärtlichkeiten dieser vergangenen Freundschaft. Er verzichtete nun auf klimatisierte Hotelbetten und schwur Enthaltsamkeit. Das war vor einem Monat.

Es schien, als wäre jetzt die Zeit gekommen, eidbrüchig zu werden. Vielleicht nur deshalb, weil ich so blond und schwedisch aussah. Meine Person als Ersatzmann für einen entschwundenen Geliebten. Wäre es nach Fernando gegangen, er hätte mich hier und sofort auf einem Berg eingebeulter Schädeldecken geliebt. Während er mich zu küssen versuchte, war ich hochgradig amüsiert und keinesfalls sinnlich erregt. Aber von dem Gedanken beflügelt, dass ein Mestize mein erster Mann sein könnte.

Wir kehrten zurück zur Erdoberfläche. Ich verging vor Lust bei dem Gedanken, dass ich umworben und angebettelt wurde, dass ich launisch und arrogant alles und nichts versprechend festlegen konnte, wie mit mir zu verfahren sei. So oft hatte ich Frauen in einem solchen Zustand beobachtet und sie um ihre Macht über mich beneidet. Jetzt war ich Frau und jetzt besass ich diese Macht. Ein grandioses Gefühl.

Wir gingen die paar Schritte rüber zur Casa de la Inquisición. In der Öffentlichkeit blieb Fernando auf Distance. Männerpärchen waren verpönt. Zwischen angerosteten Daumenschrauben, Stahlruten, Beisszangen und seit langem verglühten Brennstäben begannen Führung und Verführung von neuem. Welch Gegensätze! Vor mir kniehohe, vergitterte Erdlöcher, in denen Menschen vierzig Jahre dahinsiechten, und auf meiner rechten Wange die warmen Lippen von Fernando, die Liebesworte und verwegene Details flüsterten. Der Tod und diese kleine Liebelei, so hautnah nebeneinander.

Schweren Herzens verliess ich den Ort. Angesichts von soviel

Mord und Totschlag empfand ich unser beider Leben mit einem Mal überflüssig und aufdringlich. Meine neugierige Lust war begraben. Vorläufig zumindest. Draussen, oberhalb der Erde, tranken wir noch eine Tasse Tee. Dann wollte ich allein sein. Meinen designierten Liebhaber liess ich im Ungewissen. Den Beischlaf müsse ich noch einmal überschlafen. Ich würde morgen Bescheid geben. So oder so.

Vierundzwanzig Stunden später hatte sich meine Neugier auf Fernando wieder erholt. Acht Uhr abends sassen wir beide im vereinbarten Restaurant. Der Peruaner glühte vor Freude. Ich war aufgeregt, wollte nun unbedingt wissen, wie mein Körper mit einem Männerkörper umzugehen gedachte. Wir rauchten, warteten auf die Dunkelheit. Dann brachen wir auf.

Das Hotel Damasco lag ganz in der Nähe, keine hundert Meter vom Plaza de Armas entfernt. Der Mann an der Rezeption wusste sogleich Bescheid. Ein Doppelzimmer für zwei Männer ohne Gepäck, das ist eindeutig. Wir bekamen Nummer 26. Eine stickige Besenkammer, ohne Fenster. Die Rache eines heterosexuellen Portiers. Wir drohten mit Auszug. Er bot Nummer 27 an. Diesmal mit Luft und Fenster.

Wir sassen am Bettrand und fingen an. Mit Reden. Einmal mehr über Fernandos Liebe mit Männern. Ich spürte, wie feiner Schweiss über meine Handflächen kroch. Um uns zu beschäftigen, zogen wir uns aus. Zuletzt in Unterhosen. Schamvoll und heimlich wie zwei Kinder. Als Fernando anfing, mich mit seinen Händen und Lippen anzufassen, war aller Zweifel verschwunden. Ich wusste, dass Lust und Erotik sich heute nicht ausbreiten würden in mir. Ich erfuhr, an allen Sinnen, am ganzen Leib, dass meine Sucht nur Frauen betraf. Und dass ein nackter (soweit waren wir bereits) männlicher Körper nur Öde und endloses Desinteresse in mir auslöste. Keine Brüste, keine Versenkungen, kein Geheimnis. Komisch, einfach komisch.

Das änderte nichts an meinem Plan. Drei Viertel meines Gehirns bestehen aus Neugierde. Und wäre dieses Neue voller Tücken und boshafter Überraschungen. Ich wollte diese Erfahrung, und wäre es über mein Blut, meinen Schweiss, meine Tränen.

Von all dem hatte Fernando keinen Schimmer. Er liebte eben Männer, mich eingeschlossen. Kronzeuge seines eindeutigen Anliegens war sein Geschlecht, das sich nun in Windeseile neben meinem stillen, schüchternen Körper aufbäumte. Fernando musste lernen. Hätte er allein zu entscheiden gehabt, er wäre bedenkenlos und mit Furioso in mich hineingefahren. Jetzt, in den Momenten praller Erregung, war er eben ganz Mann, ganz Macho. Er musste begreifen, dass ich Zeit benötigte, dass sich bei zu heftigem Drängen meine Eingänge verschlossen. Vor Schreck, so rücksichtslos und fulminant betreten zu werden.

Ich spürte, wie er mit sich kämpfte. Ein Heterosexueller als linkisches Liebesobjekt, das war neu für ihn. Ausserdem penetrierte er meistens auf Stundenlohnbasis, erledigte den GV als Akkordarbeiter. Andererseits wollte ich ihn nicht überfordern. Guten Willens war er bestimmt. Aber sein immer schwerer werdender Atem und seine keuchende, keimende Geilheit, die sich nun auf seinen ganzen Körper ausbreitete, setzte meinen Bitten ein eindeutiges Zeitlimit.

Ich reichte ihm die vorsorglich mitgebrachte Cremedose. Reichlich, geradezu verschwenderisch wurde nun eingefettet, innen und aussen. Nebenbei betätigte sich Fernando als Entspannungstherapeut. Ich solle vom Kopf aus Befehle geben, um den Muskelring, die Schliessmuskeln, zu lockern. Ich tat, was ich konnte.

Es war zu wenig. Wie ein glühender Spitz durchzuckte mich sein erster Versuch. Viermal musste er mich wieder verlassen, der einzige Weg, um diesen stechenden Schmerz abzustellen. Als ich ihn – beim fünften? sechsten? achten Mal? – fragte, wie weit (ich vermutete ihn weit) er nun ich mich eingedrungen sei, sprach er von zwei lächerlichen Zentimetern. Ich verstummte.

Fernando war jetzt nicht mehr abzubremsen. Mit Gewalt stiess er sich Stück für Stück in mich hinein. Am Ende lag ich mit dem Kissen zwischen den Zähnen auf dem Bett, lautlos heulend.

In meinem Kopf die unerbittliche Frage nach dem Sinn des Unternehmens. Ich fühlte mich einsam und pervertiert, versuchte an Menschen zu denken, die mein Tun bejahten, die diese Begierde nach Erfahrung nicht verurteilten. Menschen, bei denen ich mir Mut abholen konnte, um in dieser Julinacht in Lima nicht aufzugeben.

Auf und ab, der Peruaner richtete sich ein. Mehrmaliger, schneller Positionswechsel. Durch meine Ungeschicklichkeit in der ganz anderen Rolle als ‹Frau›, durch abrupte Bewegungen in die falsche Richtung, verlor Fernando – jetzt in animalischer Hochstimmung – mehrmals den Kontakt zu mir. Und jede erneute Penetration stach wie ein feuriges Schwert in meinen Unterleib. Mir blieb nur ein einziges (von Tränenwasser verschleiertes) Ziel vor Augen: sein Orgasmus. Damit ich etwas bekomme, etwas in mir aufnehme, wozu ich noch nie Gelegenheit hatte.

Ich näherte mich meinen Schmerzrändern, die Grenzen tolerierbaren Leids rückten näher. Um rechtzeitig erlöst zu werden, bettelte ich um ein baldiges Ende, forderte Fernando auf, doch endlich und endgültig seine Lust in mir abzuladen. Noch nicht den Satz zu Ende geredet, erkannte ich meinen Fehler. Fernando erschrak, sein zuckendes Statussymbol fiel in sich zusammen, erschlaffte. Sofort bat ich um Verzeihung, hiess ihn den grössten Liebhaber Südamerikas und gelobte Besserung. Meine Lügen heilten. Mächtig und stolz kehrte er zurück. Mir selbst versprach ich, stillzuhalten und, wenn nötig, bis zur bluttriefenden Ohnmacht auszuharren.

Dann ein neues Problem, bis zur Schamesröte peinlich und schier unbeschreiblich. Fernandos schwungvolle und auf eigensinnige Weise verbogene Röhre reizte meinen Dünndarm. Mich überkam auf einmal die ungeheure Lust, mich prustend zu entleeren. Nun hatte ich zwei Leiden. Die feuerrote Qual meiner aufgescheuerten Schliessmuskeln und das hektische Verlangen, auszuscheiden. Hätte ich nicht in den nächsten dreissig Sekunden gespürt, wie Fernandos heisser Samen in mich hineinplatzte, unsere Liebesnacht hätte ein barbarisches Ende gefunden.

Unbeweglich und mit pochendem Herzen lagen wir nebeneinander. Eine Phantasie war Wirklichkeit geworden. Eine Wirklichkeit, von der ich so lange träumte. Und der ich nie wieder begegnen wollte. Als sich Fernando vorsichtig und geradezu zärtlich aus mir herauslöste und so noch einmal seine ganze Männlichkeit über meine wunde Haut schleifte, da signalisierten die geschundenen Nerven ein letztes Mal, was ich hinter mir hatte.

Freundschaftlich gingen wir auseinander. Für den Augenblick unseres Abschieds taugte ein Satz von André Gide: «Ich will dabeisein, und koste es das Leben.» Und noch ein Gedanke war da, auch er jetzt unwiderruflich: dass meine Sehnsucht nur Frauen ersehnte. Und dass an dieser Wahrheit nichts zu ändern war. Nicht von den Männern, nicht von den Frauen.

Andreas Altmann

Eine erotische
Kurzgeschichte

Foto: Marc Eckardt

159

Eigentlich ist sie viel zu fett. Aber er kann seinen Blick nicht abwenden von den prallen Halbkugeln, die vor ihm die Treppe hochgehen. Fast versäumt er den richtigen Abgang. Er hat heute volles Programm. Die konzipierende Sitzung seiner neuen Projektabteilung. Seine Mitarbeiter sind gut vorbereitet. Ausführliche Statements, Kostenabschätzungen, Prognosen. Er versucht konzentriert den Ausführungen zu folgen. Aber da schiebt sich immer wieder das eben erlebte Bild vor sein geistiges Auge. Die Pobacken sind nackt. Er hört einen seiner Vertriebsleute reden und öffnet versonnen die Lippen. Er greift mit beiden Händen nach der Kaffeetasse vor ihm. Diesen Arsch zu sich heranziehen, die Zunge in die Spalte pressen. Weit weg hört er seine Stimme sagen, daß Investitionen unabdingbar sein werden. Sie hat festes braunes Fleisch. Und sie wird sich nie aufrichten, so daß er immer nur diesen gespaltenen Ballon vor sich sieht. Er will hinter ihr knien, wenn sie nach vorne gebeugt dasteht. Er will seine Finger in sie hineinwühlen. Er will, daß auch sie kniet, ihren Oberkörper dabei tief duckt. Seine Hände streichen an ihren Schenkeln entlang, finden den weichen Pelz, spüren feuchte Wärme. Er will seinen Schwanz in sie hineinzwängen. Tagesordnungspunkt vier. Will diese Sitzung nie enden? Er fühlt, daß es sich zwischen seinen Schenkeln regt, doch er antwortet vernünftig, wie er hofft, auf alle Fragen aus dem Gremium. Dazwischen blenden sich nun auch noch Erinnerungsfetzen, und er hört seine Golffreunde wie ein fernes, fremdes Murmeln im Casinoton über fettärschige Weiber reden. Er sieht seine stets adrette und gepflegte Frau vor sich, er sieht seine kleine Geliebte, seine zarte Lisa mit ihren jungen Apfelärschchen-Pflaumentittchen. Seine Gier nach der Fremden läßt sich kaum noch zügeln. Warum nur ist er ihr nicht gefolgt? Im Glaspalast arbeiten tausend Menschen. Er wird sie nie wieder sehen. Er kann nicht mehr zuhören, er bittet um eine Sitzungspause, er rennt hinaus zur Treppe - und vor ihm geht sie wieder.

Er erkennt das feine Muster ihres Rokkes wieder. Sie ist wohlproportioniert, mit zugegeben gut sitzendem Rock, schlank - und ganz gewöhnlich. Ein Traum, ein Trugbild hat ihn gefoppt. Er wischt sich den Schweiß von der Stirn, geht zurück in den Sitzungssaal und bringt die noch zu besprechenden Punkte souverän und mit der gewohnten Konzentriertheit zu Ende.

Nora Rosenwald (Pseudonym), 47 Jahre

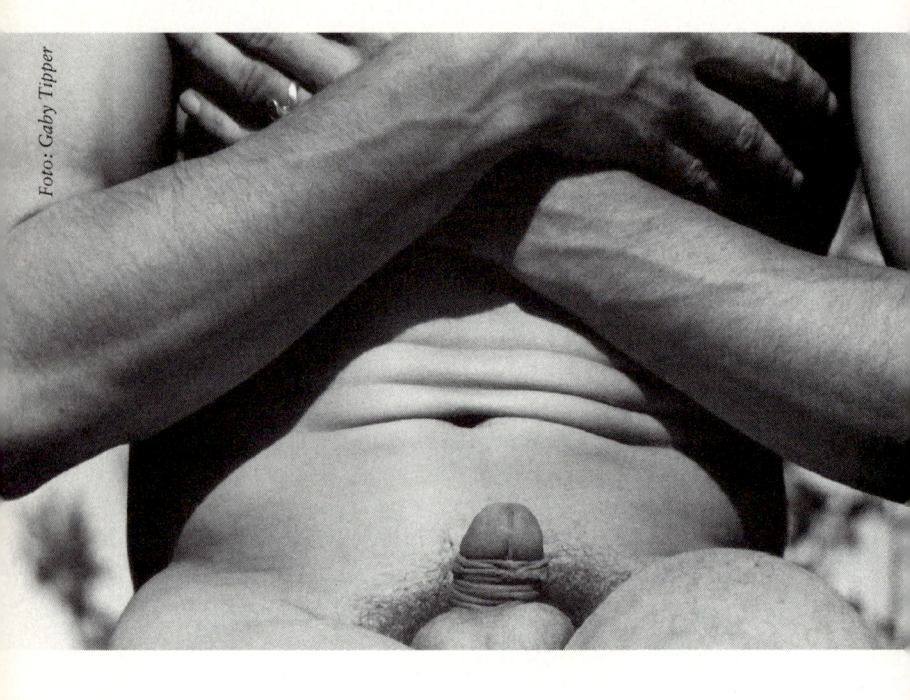

Marion legte ihre Hand wie zufällig auf mein Knie, als der Herr, der uns im Zugabteil gegenübersaß, wohlbetont sagte: «Im Zeitalter des motorisierten Individualverkehrs kommt das Zugfahren leider immer mehr aus der Mode.» Marions Hand rutschte vom Knie zwischen meine Schenkel. Ich nickte dem Mann gegenüber verständnisvoll zu. Recht hatte er. Vor dem Fenster flitzten kahle Hügel vorbei. Er schien mit dieser Bemerkung unser vorhergegangenes Gespräch über die Vorzüge von Bahn und Bus beenden zu wollen, denn er stand nun auf und hob seinen Koffer aus dem Gepäcknetz.

Ich sah aus dem Fenster und tat, als merkte ich nicht, wie Marions Hand immer tiefer zwischen meine Beine glitt. Grauweiße Wohnblöcke einer Vorstadtsiedlung

Bahn frei!

kündeten den nächsten fahrplanmäßigen Halt an. Dann kam auch die Ansage und der gebildete Herr verließ das Abteil. Nun waren wir noch zu dritt.

Außer Marion, meiner Gefährtin in allen Stellungen und Lagen, war noch eine junge Frau im Abteil.

Sie saß schläfrig mir gegenüber am Fenster, scheinbar vertieft in ihr Buch. Der knielange, braune Wollrock, den sie trug, harmonierte mit ihrem elfenbeinfarbenen Rollkragenpulli aus dünnem und offenbar sehr weichem Stoff. Ich bemerkte, daß sie ein Goldkettchen trug mit einem fein gearbeiteten Kreuz daran.

Als der Zug wieder aus dem Bahnhof lief, blickte sie auf. Ich sah ihre grünlichen Augen unter kurzen schwarzen Wimpern hervorblitzen. Ihr wacher Blick überraschte mich. Ich wußte nun, sie war keineswegs schläfrig, sondern verfolgte, was im Abteil vorging, mit Aufmerksamkeit.

Marion hatte inzwischen ihr vorläufiges Ziel erreicht. In meinem Schoß füllte sich unter ihrer Hand mein

Schwanz allmählich mit Blut. Marion fühlte es und wurde dreister. Meine Erregung stieg und ich überlegte, wie ich es in diesem Zugabteil anfangen könnte, Marion zu vögeln, ohne daß es für die junge Frau gegenüber zum Ärgernis wurde. Ich schielte zu ihr hin. Sie hielt ihren Blick gesenkt, tat uninteressiert und blätterte weiter im Buch die Seiten um.

Ich sah nicht lange genug hin, um bemerken zu können, wie ihre Knie sich langsam öffneten. Was ich sehen konnte, war jedoch, daß sie einen Arm fest unter ihre kleinen Brüste geklemmt hatte und daß sich zwei steife Brustwarzen deutlich unter dem Stoff abzeichneten. Ich wußte noch nicht, was ich davon halten sollte, und widmete mich Marion eingehender.

Ihre Hand war in meine Hose gefahren. Sie griff meinen Schwanz und hielt ihn fest. Wir tauschten einen langen Kuß. Meine Hände glitten verlangend über ihre Brüste und Schenkel, während sie in meiner Hose mit kurzen, kräftigen Auf-und-Ab-Bewegungen begann.

Ich konnte ein Stöhnen kaum unterdrücken und fing meinerseits an, jene Stelle zwischen ihren Beinen zu reiben, an der ich eines ihrer Lustzentren verborgen wußte. Marion atmete schwer. Beide wünschten wir uns sehnlichst unsere Klamotten vom Leib. Verstohlen blickte ich noch einmal zu unserer Mitreisenden. Und ich erstaunte.

Nicht nur, daß sie ihr Buch weggelegt hatte. Der braune Wollrock war über ihre nun weit geöffneten Beine hochgerutscht und gab uns den Blick frei auf ihre nackten, schönen Schenkel. Sie war sichtlich erregt. Im hellgrünen Slip, der die Herrlichkeiten ihrer jungen Möse verhüllte, war verräterisch ein dunkler feuchter Fleck vom Saft ihrer Erregung. Als Marion das sah, konnte sie sich nicht mehr halten.

Sie ging mir aus der Hose und beugte sich über diesen jungen Körper voller Lust. Küßte die Frau auf Wangen und Hals und streichelte ihre Brüste. Dann hockte sie sich zwischen ihre Beine und strich an den Innenseiten der einladend dargebotenen Schenkel entlang, bis hinauf zum Venushügel.

Die feuchte Stelle im Slip war sichtbar größer geworden. Ich sah, wie Marion den Stoff zur Seite hin wegzog und wie ihre Zunge in das geöffnete, rosa schimmernde Geheimnis eintauchte. Ich stand auf und zog die Vorhänge zu.

Glücklicherweise befanden wir uns in einem jener alten, jetzt aussterbenden Abteile mit richtigen, dicht schließenden Vorhängen, einem Licht, das dunkel geschaltet werden kann, und klappbaren Sitzen.

Diese ebenso schlichte, wie praktische Einrichtung der Abteile wird zukünftigen Generationen wohl vorenthalten bleiben. In der Anonymität von Großraumkabinen und Glasabteilen werden diese armen Kinder des Fortschritts einer Zeit sexueller Dürftigkeit entgegenreisen.

Wir jedoch begannen unverzüglich, die Vorteile unseres altmodischen Abteils zu nutzen, und klappten vier der sechs Sitze zu einem Liegepodest zusammen.

Marion und die junge Grünäugige waren inzwischen auch schon fast nackt, und ich beeilte mich, aus meiner Hose zu kommen. Es war noch eine dreiviertel Stunde bis Dessau. Vorher würde der Zug nicht mehr halten. Auf dem Gang war es ruhig. Ich verschwendete lieber keine Zeit mit einem Versuch, die Tür zuzuklemmen.

Mit einem steifen, aufrechten Schwanz stieg ich zu den beiden aufs Podest. Marion war damit beschäftigt, abwechselnd unserer Freundin an den Brustwarzen zu knabbern und sich von ihr zwischen den Beinen lecken zu lassen.

Die junge Frau trug immer noch diesen grünen Slip, der inzwischen kaum noch trocken war. Ich zog ihn ihr aus.

Sie sah mich an, sah meinen Schwanz und sagte: «Bitte fick mich!» Das hätte ich dann sowieso gleich getan. Ich streifte mir ein buntes Kondom über meinen harten Schwanz und legte mir ihre Beine über die Schultern. Ihre Schenkel waren kräftig, die Haut weich und ein wenig naß vom Schweiß und vom Saft ihrer Möse. Feuchte Tropfen, wie Tauperlen, glänzten im dunklen Schamhaar. Die prall gefüllten Lippen waren einladend geöffnet.

Sie versuchte, mit ihrer Hand meinen Schwanz zu greifen, um ihn sich hineinzustecken. «Komm!» forderte sie.

Ich aber griff ihre Hände, hielt sie fest und ließ mir Zeit.

Ganz langsam drang ich in sie ein. Mein rot verhüllter Schwanz glitt tiefer und tiefer in sie hinein. Sie stöhnte leise. Bereitwillig nahm ihre Möse meinen Schwanz in ganzer Länge auf.

Tief drinnen blieb ich einen Moment unbeweglich. Voll gieriger Ungeduld rutschte sie mit ihrem Hintern hin und her. Ich ließ ihre Hände los und umfaßte fest ihre Schenkel. Dann begann ich mit kräftigen Stoßbewegungen. Zunächst ein kurzer Stoß: «Ja», keuchte sie, «ja», dann stieß ich regelmäßig. Nun stöhnte ich.

Marion hatte die Hände unserer jungen Freundin geschickt an den Handgelenken gegriffen und preßte ihr die Arme auf den Sitz, während sie ihr die Brustwarzen ausgiebig leckte. Die vorhin noch so stille junge Frau geriet mehr und mehr in Erregung. Ihre Möse empfing die Sensationen kräftiger Schwanzstöße, ihre Brustwarzen wurden von Marion gekonnt gebissen, gezogen und geleckt. Gar nicht genug bekommen konnte sie davon. Sie streckte ihre kleinen Brüste diesem Mund entgegen, wollte ihn zurückdrängen zu ihren Brustwarzen, wenn er küssend den Hals hinaufging oder zum Nabel hinunter. Aber Marion ließ ihre Hände nicht los, hielt sie ganz fest, und steigerte leckend und küssend die Erregung allmählich. Da ging die Abteiltür auf.

Ein junger Mann von vielleicht zwanzig Jahren, mit einer Reisetasche in der Hand, stand plötzlich, und zu unsrer aller Überraschung, da.

Wir sahen uns an. Er öffnete seinen Mund, um etwas zu sagen, klappte ihn aber gleich wieder zu. Marion rief verärgert: «Tür zu!» Der Junge schob die Tür daraufhin auch sofort zu. Aber, mit einer Hand rückwärts nach dem Griff angelnd, hinter sich! Damit schien die Geschichte nun doch eine Wendung zu nehmen.

Ich zog meinen Schwanz aus der prachtvollen Möse der Frau,

die sich gerade eben noch so lustvoll gedehnt und gereckt hatte. Auf sie, allerdings, hatte die Störung offenbar gar keine unterbrechende oder gar abkühlende Wirkung.

Der Junge trug eine ziemlich enge Jeans, die, seit er bei uns im Abteil stand, deutlich noch enger geworden war. Sie musterte ihn von oben bis unten. Sein junges offenes Gesicht, sein blondes Haar, lange Augenwimpern, ein schmaler Mund, kleine, angewachsene Ohrläppchen, die auf ein gutes Durchsetzungsvermögen schließen lassen.

Zu allem Überfluß schöne breite Schultern, schmale Hüften und: eine reife, pralle Wölbung in der Jeans.

«Ah», sagte sie, als sie die Riesenbeule genauer in Augenschein nahm, kroch auf den Sitzen zu ihm hin und fuhr mit einer Hand genau über jene höchst straff gespannte, gebuckelte Stelle. Der Junge schloß die Augen für einen Moment. «Na so was», sagte sie und rief fröhlich: «Er kann bleiben!» Dabei öffnete sie seinen Gürtel.

Der Junge ließ seine Reisetasche zu Boden fallen, als sie ihm den Reißverschluß aufzog und seinen schon steifen Schwanz vom engen Stoff befreite. Sie zog ihm die Jeans mitsamt der Unterhose bis über die Knie hinunter.

Ich konnte sehen, daß sein Slip mit kleinen bunten Elefanten bedruckt war. Sein glatter, schmaler Schwanz stand steil in die Höhe, fest verwurzelt im dichten, blonden Schamhaar. Im regellosen Gekräusel des Haarbusches, aus dem der Schwanz so schön schlank emporwuchs, waren die Rundungen eines großen Hodensackes deutlich zu erkennen.

Diese Frau, die ganz offenbar Überraschungen liebte, verlieh ihrer Einladung nun Nachdruck und faßte den Jungen mit beiden Händen an seinen nackten Hüften. Mit ein paar schnellen Zungenschlägen leckte sie ihm an den Schwanzseiten auf und ab. Der Junge atmete schnell und hart. Dann nahm sie eine Hand zur Hilfe und strich den Schwanzschaft entlang. Aber nur ganz leicht. Dabei drehte sie sich zu mir um und sagte mit einer Stimme, die eine Spur tiefer, dunkler war als vorher: «Komm, weiter!»

Ich sah, wie zwischen den Pobacken, die sie mir hinstreckte, ihre feuchte Spalte glänzte. Mein Schwanz war noch hart und ich ließ mich nicht zweimal bitten. Mühelos glitt ich hinein, bis an die Schwanzwurzel, und begann zu stoßen, diesmal von hinten. Während vorne ihre neugierige Zunge den Schwanz des Jungen erkundete.

Sie nahm jetzt seine Eichel ganz in den Mund. Der Junge stöhnte. Marion war inzwischen hinter ihn getreten und zog ihm sein Sweatshirt über den Kopf. Er hatte die gut entwickelten Brustmuskeln eines jungen Schwimmers. Je erregter er wurde, desto mehr spannte er alle seine Muskeln an.

Marion fuhr ihm mit Fingerspitzen über die Haut und strich mit den steifen Nippeln ihrer großen Brüste über seinen Rücken.

Der Junge keuchte immer heftiger, je schneller sich vorne der saugende, leckende Mund über seinen Schwanz stülpte. Marion befühlte seine strammen Hinterbacken. Dann, einer plötzlichen Versuchung nachgebend, griff sie ihm zwischen den Beinen durch an die Eier und preßte sie heftig zusammen. Da kam der Junge in kräftigen Stößen. Sein muskulöser Körper zuckte beim ersten Stoß schon in Ekstase, so daß sein Schwanz aus dem warmen, feuchten Mund herausfuhr. Sein Sperma spritzte auf Sitz und Boden. Ich aber merkte, wie die Möse, die ich weiter beharrlich und mit steigendem Genuß gefickt hatte, sich mehrmals konvulsivisch zusammenzog. Da verlangsamte ich das Tempo und stieß ein paarmal kräftiger.

«Mach weiter, weiter», aber sagte unsere junge Freundin, sich zu mir umwendend. Ich blickte in zwei wilde Augen und hielt mich also noch zurück, obwohl es mir fast schon kam. «Meine Zunge ist gerade so schön beweglich», fügte sie noch hinzu. Marion verstand und setzte sich zurecht, mit weit gespreizten Beinen.

Der Junge zog sich unterdessen an und nahm seine Reisetasche vom Boden. Tief atmend schloß er seine Augen noch einmal für einen Moment. Dann verließ er das Abteil. Ich hörte ihn im Gehen murmeln: «Hier ist wohl nichts mehr frei.»

Marion genoß, wie die Zunge unserer gierigen Gespielin an den Innenseiten ihrer Schenkel hinaufleckte. Allmählich nur kam sie Marions nasser Möse näher. Marion stöhnte und massierte sich zur Balancierung der Liebkosung unten die Brüste oben. Immer wieder zog sie sich dabei auch ihre Brustwarzen lang.

Die Frau zwischen ihren Beinen konnte ihr leider dabei nicht behilflich sein.

Langsam tastete diese sich vor, zum Delta der Venus, und mußte sich dabei mit beiden Händen gegen heftige Schwanzstöße von hinten abstützen.

Ich sah, daß Marion bald kommen würde. Ihr Gesicht war gerötet und heiß vor Erregung. Zwischen den vollen, feuchten Lippen ihrer Möse ragte die kleine orgastische Knospe schon längst lustvoll angeschwollen empor. Immer näher kam die Zunge jener höchst empfindsamen Stelle. Ausgiebig glitt sie über die glitschigen Rundungen der Schamlippen. Tastete sich näher und näher.

Marion stöhnte laut auf, jede Vorsicht vergessend. Ich merkte, wie mein Schwanz noch einmal härter wurde, faßte unsere Freundin fest an den Hüften und stieß kräftiger und immer schneller in ihre Möse. Bei jedem Stoß klatschte mein Sack gegen ihr nasses Schamhaar.

Sie antwortete meinen Bewegungen mit ihrem Hintern, kam mir entgegen, fordernd verlangend.

Endlich, ich konnte es Marion ansehen, hatte diese Zunge ihren Kitzler erreicht. Sanft und gleichmäßig kreiste die rauhe Zunge im Zentrum der Lust. Der Druck der Zungenspitze wurde stärker.

Ihr Kitzler versteifte sich, wurde hart, nahm es auf mit der Zunge. Marion krallte sich in die Polster. Sie kam stark.

Ich merkte, daß ich kurz vorm Abspritzen war. Ich griff den Arsch vor mir und fickte wie besessen. In der Möse wurde es eng. Ich fühlte, wie sie sich zusammenzog: Unsere liebe Freundin kam ebenfalls. Sie schrie. Da kam ich auch. In pulsierenden Stößen trieb es mir meinen Saft aus Schwanz und Sack. Ich stöhnte.

Unser lautes Schreien und Stöhnen mischte sich in das metallische Quietschen des Zuges, der bremste und fast schon hielt.

Nach einem ersten Moment der Erschöpfung waren wir alle drei hellwach. War das Dessau?

Nein, Gott sei Dank, der Zug hielt vor der Einfahrt in den Bahnhof. In bester Laune suchten wir im Durcheinander, das wir angerichtet hatten, nach einzelnen Kleidungsstücken. Wenig später schon waren wir korrekt angezogen, und das Abteil war wieder in Ordnung gebracht.

Marion küßte die junge Frau, mit der wir eine so interessante Zeit verbracht hatten, zum Abschied sanft auf den Hals. Ihr goldenes Kreuz am langen Kettchen tanzte dabei auf ihrer Brust.

Sie nahm ihr Gepäck herunter und verabschiedete sich, mit einem schnellen Griff an meine Hose, auch von mir.

Auf dem Bahnsteig winkte sie noch und verschwand dann in einer Unterführung.

Marion seufzte. Sie ließ sich auf einen Sitz fallen und wollte sich gerade bequem zum Schlafen ausstrecken, als ein älteres Paar das Abteil betrat. Umständlich verstauten die beiden ihr Gepäck. Mittendrin hielt die Frau einen Moment inne und schnupperte. Sie sah ihren Mann an. Der aber war vollauf mit den Koffern beschäftigt. Sie schnupperte noch einmal und setzte sich.

Tatsächlich lag hier noch allerhand in der Luft. Auf Sitz und Boden waren die feuchten Flecken vom weit verspritzten Sperma des Jungen gut zu sehen.

Der Mann begann, mit einem Reisetaschenmesser einen stark gewachsten, glänzenden Apfel zu schälen. Marion war inzwischen eingeschlafen. Als er den Deckel des kleinen Müllbehälters unterm Fenster für die Apfelschalen hochklappte, stutzte der alte Herr. Da lag das Kondom. Rot und sehr voll. Er blickte zu uns herüber.

Doch Marion schlief den Schlaf der Gerechten, und ich schloß die Augen ebenfalls.

Ulrich Glotzbach, 30 Jahre

KARTE ABZUGEBEN

Alles wäre anders gekommen, hätte sich Miriam nicht gerade an diesem Tag den Fuß verstaucht.

Wir hatten seit Jahren eine gemeinsame Theatermiete, die wir regelmäßig und mit Begeisterung nutzten. Für mich war es nach all der Zeit unvorstellbar geworden, mit einer anderen Begleiterin in die Oper zu gehen. Miriam gehörte jener aussterbenden Gattung der «höheren Töchter» an: sie spielte Cello, sprach fließend mehrere Fremdsprachen und nahm seit ihrem vierten Lebensjahr Ballettunterricht. Ohne ihre geheime Nachhilfe hätte ich nie mein ungefähres Wissen über Theater, Malerei und Literatur besessen. Begierig nahm ich seit Jahren alle lose hingeworfenen Häppchen und Anregungen auf, denn immerhin begriff ich schnell und konnte mit Gewitztheit die Defizite meiner Unkenntnis ausgleichen.

An jenem Tag also, als wir zusammen den «Freischütz» anschauen wollten, teilte mir Miriams etwas steifer, allzu korrekter Freund Holger am Telefon mit, daß seine Lebensgefährtin unglücklich auf der Treppe gestürzt sei und sich für heute abend leider entschuldigen müsse.

Mißmutig dachte ich daran, daß ich nun in kürzester Zeit für einen neuen Begleiter sorgen müßte, wenn die teure Karte nicht verfallen sollte. Miriam bestand stets darauf, in den ersten Reihen zu sitzen; sie war stark kurzsichtig und besaß ein empfindsames Gehör, das eine räumliche Nähe zum Orchester verlangte. Ich selbst hätte nichts dagegen gehabt, im stickigen, billigen dritten Rang zu sitzen. Dort konnte ich genauso die Atmosphäre eines Stücks, die Festlichkeit des Opernhauses, das herausgeputzte Publikum bewundern. Mir lag mehr an der vagen Stimmung einer Unternehmung als an meßbaren äußerlichen Gegebenheiten.

Da Miriam in all den Jahren wirklich noch nie ausgefallen war – sie nahm Bildung und Kultur sehr ernst und duldete keine Entschuldigungen –, konnte ich mir auf die Schnelle keinen Ersatz für sie vorstellen. Zwar telefonierte ich halbherzig mein halbes Adreßbuch durch, doch verständlicherweise konnte ich keinen meiner Freunde zu einer sündhaft teuren Vorstellung am selben Abend überreden. Für einen kurzen, verwegenen Moment war ich versucht, selbst die Vorstellung zu schwänzen, denn ohne Miriams Gegenwart fühlte ich mich an Orten der Kunst etwas linkisch und unbeholfen – doch dann siegten die Vorfreude und mein Grundprinzip, etwas Bezahltes auch unbedingt zu nutzen.

Ich war etwas nervös an diesem Abend. Da unsere Plätze in den vordersten Reihen mich zu passender Garderobe zwangen, wählte ich wieder einmal das schwarze, etwas zu knappe Seidenkleid, das ich im letzten Jahr auf einem Flohmarkt gefunden hatte und das mich wie eine sechzehnjährige Debütantin aussehen ließ. Meine letzte Chance, Miriams Karte weiterzugeben, bestand darin, die Reihen der vorm Opernhaus Wartenden abzugrasen und dort einen interessierten Käufer zu finden. Also machte ich mich früher als sonst auf den Weg.

Als ich im feinen Nieselregen durch die Kastanienallee zum Opernhaus abbog, erkannte ich erstaunt, daß sich vor dem Eingang bereits eine Traube von Menschen gebildet hatte. Offenbar hatte sich die Kritik im «Neuen Stadtanzeiger» – ein vollmundiger Bericht unter der Überschrift «Zwischen Geisterhaus und Herr der Ringe» – als sehr werbewirksam erwiesen.

Langsam pirschte ich mich an die Wartenden heran, noch unschlüssig, wie ich einen Interessenten finden sollte. Schon nach wenigen Minuten im unbehaglichen Novemberregen erwies sich das Seidenfähnchen als gänzlich unpassend. Während sich mein Rest an Frisur auflöste und eine feuchte Kälte die Beine hinaufkroch, musterte ich vorsichtig die

Umstehenden. Vor mir balgte sich aufgeregt eine Klasse pubertierender Gymnasiasten, weiter hinten fachsimpelten gepflegte Damen mit Goldrandbrillen über die letzte Premiere, und dazwischen bewegte sich ein routiniert wirkendes Publikum, das nicht aussah, als wäre es auf Kartenfang.

Gemächlich schob sich die Menschenansammlung dem Eingang zu und ich ließ mich bereitwillig mittreiben. Feuchte Wolle, Filz und Samt streiften mich, die Spitze eines Regenschirms verfing sich in meinem aufgelösten Haar und ein rempelnder Oberschüler trat mir ungnädig auf den Fuß. Mit verhaltenen Schnappgeräuschen pendelten die schweren Schwingtüren auf und zu, während sich die Menge schrittweise ins Foyer zwängte. Dort vermischte sich die eingeschleuste Ausdünstung nach feuchter Wäsche mit einem harten, trockenen, papiernen Theatergeruch, der an Klebstoff und Holzlack erinnerte, an staubige Polster und knarrendes Parkett.

Auf dem Weg zur Garderobe blickte ich prüfend um mich, taxierte den Gesichtsausdruck, die Haltung jedes einzelnen Besuchers, in der Hoffnung, auf eine gewisse Hilflosigkeit oder eine fragende Miene zu stoßen, an der ich ein kartensuchendes Opfer erkennen würde. Aber alle in dieser festlich beleuchteten Vorhalle schienen außerordentlich beschäftigt zu sein: kämpften sich mäntelbepackt zur Garderobe, schüttelten geflissentlich die Hände von Bekannten, ordneten vor den deckenhohen Kristallspiegeln Frisur und Kleidung. Neben so viel aufgeräumter Betriebsamkeit kam ich mir sehr plump vor.

Nachdem ich meine Jacke abgegeben hatte, beschloß ich, gemächlich durchs Foyer zu flanieren, mich dann in der Nähe der Abendkasse zu postieren und jeden neu Hereinkommenden prüfend zu mustern. Mit feuchten Händen schlich ich über den hochglanzpolierten Marmor der Eingangshalle und drückte mich so lange erfolglos herum, bis der Gong zum ersten Mal zum Einlaß rief. Nervös blickte ich auf die Uhr: in fünf Minuten würde eine Vorstellung beginnen, über deren Inhalt ich nur eine vage Ahnung hatte. Ich würde hineingehen müssen, auf meinem Platz versinken und den ganzen Abend an die verfallene Karte denken. Ich war tatsächlich unfähig gewesen, jemanden anzusprechen.

Gereizt wartete ich noch den letzten Gong ab, drehte mich dann enttäuscht um und machte mich schnellen Schritts auf den Weg zum Parkett. Gerade als ich vor der Kartenabreißerin mein Ticket hervorkramte, spürte ich einen flüchtigen Druck auf meiner Schulter und den erhitzten Atem eines Fremden an meinem Ohr. Wie elektrisiert schnellte ich herum.

«Sie haben nicht vielleicht eine Karte übrig... Ich zahle gern etwas dafür», warf mir der Fremde rasch und stoßartig entgegen – an seinem zerzausten Haar, dem unordentlich um den Hals geschlungenen Schal und seinem schnellen Atem erkannte ich, daß er in großer Hast hereingestürmt war.

Entgeistert hielt ich ihm die zweite Karte hin. Noch bevor ich etwas antworten konnte, wies uns die streng blickende Abreißerin den Weg in den Zuschauerraum und trieb uns mit ungehaltenen Gesten zur Eile an. Während ich mich suchend an den Reihen vorbeischlängelte, bemühte ich mich, noch von der Verblüffung überrumpelt, einen Eindruck von dem Fremden zu bekommen. Auf den ersten Blick war er mir nur sehr dünn, sehr lang, sehr geschäftig vorgekommen; im gebrochenen Schein der Kronleuchter erkannte ich jetzt, daß sein verstrubbeltes Haar in einem hellen, gebleichten Blond schimmerte, das in eigenartigem Gegensatz zu seinen dunklen Augen stand. Obwohl mich die Überraschung und unsere schnelle, sprachlose Übereinkunft noch etwas verstörten, verspürte ich doch eine leise Genugtuung über diesen Unbekannten, der, ohne mein Zutun, scheinbar vom Himmel gefallen war.

Während das Orchester mit aufsteigendem Fiedeln und Kratzen und Tuten die Instrumente stimmte, während das übliche aufgeregte Wispern und Hüsteln durchs Publikum ging, setzte ich mich mit meinem Begleiter in die dritte Reihe, so als wären wir ein fest verabredetes Paar. Gerade in dem Moment, als wir unsere Plätze einnahmen und mein Nebensitzer ein hastiges «Danke» murmelte, erlosch das Licht. Noch ehe ich einen Ton antworten konnte, eröffneten zahllose Hörner schmetternd die Ouvertüre und untergruben energisch jeden Versuch einer Konversation.

Obwohl sich ein wahrhaft phantastisches Bühnenbild vor uns aufbaute, das vom Orchester durch ein gedämpftes, unheilvolles Raunen untermalt wurde, galt mein Interesse eher meiner unmittelbaren Nähe. Seit der große Blonde neben mir saß, hing ein irritierend würziger Geruch nach Heu und Tabak in der Luft. Vorsichtig lugte ich zu ihm hinüber. Ohne Mantel und Schal abgenommen zu haben, saß er gebannt, leicht vornübergebeugt neben mir und kritzelte im Dämmerlicht kurze, schnelle Notizen in ein mitgebrachtes Büchlein. Bestimmt ein Kritiker, schoß es mir durch den Kopf. Ich muß so lange neugierig hinübergeschielt haben, bis mein Nebensitzer die beobachtenden Blicke fühlte und mir rasch ein verschmitztes Lächeln zuwarf – soweit ich dies in der Dunkelheit erkennen konnte.

Beschämt schaute ich wieder nach vorn. Dort hantierten Männer aufgeregt mit Gewehren herum, sprachen von Freischüssen und Geistern, ohne daß ich einen Zusammenhang erkennen konnte. Miriam hätte mir sicher die Story genau erklärt. Aber Miriams Gegenwart erschien mir nur noch halb so verlockend wie die meines Nebenmanns. Sein heller Trenchcoat hob sich im Schummerlicht so ablenkend verführerisch von den burgunderroten Samtsitzen ab, daß ich mich beim besten Willen nicht mehr auf die Handlung des Stücks konzentrieren konnte. Ungeduldig wartete ich auf die Pause, ohne daß ich einen genauen Plan gefaßt hätte. Konnte ich doch nur unter Schwierigkeiten still sitzen, während der Boden unter mir leise vibrierte und eine unbekannte, aufgeregte Spannung in der Luft lag, ein Kribbeln und Kitzeln, dessen Auslöser sich leicht erraten ließ.

Um die Unruhe zu bändigen, drückte ich mich tiefer in den Sitz und rutschte etwas nach vorn, wobei das ohnehin schon knappe Seidenkleid ein Stück nach oben glitt. Der kühle Luftzug der Klimaanlage strich leicht über das dünne Nylongewebe meiner Strümpfe. Unheilvoll und finster brauste das Orchester auf, während sich die Bühne verdunkelte und eine rätselhafte Gestalt durch einen surrealistisch anmutenden Wald huschte. Ein Frösteln durchzog meinen Körper. Wie betäubt von den Klängen, dem Dämmerlicht und den Schwingungen dieses Ortes, gab ich mich einer plötzlichen lustvollen Idee hin. Mein linkes Bein, von transparentem Schwarz nur mäßig verhüllt, sank gemächlich zur Seite, Zentimeter für Zentimeter, bis es auf ein weiches Hindernis stieß und wie zufällig dort verharrte. Da ich mich nicht zu drehen getraute, starrte ich wie gebannt nach vorn, war jedoch mit allen Sinnen bei den Empfindungen meines Körpers.

Während mein Knie die erahnte Berührung suchte und vertiefte, schloß ich genußvoll die Augen. Die Handlung auf der Bühne mußte sich beruhigt haben, denn die Streicher im nahen Orchestergraben verbreiteten eine leichte, sanfte Melodie, die spielerisch um uns herumtänzelte und eine herrlich entspannte Atmosphäre schuf. Mir war, als ginge ein kollektives, hörbares Aufatmen durch die Reihen. Auch ich ließ mich fallen und taumeln, bis die angestaute Spannung als leises Stöhnen aus mir entwich. Mein Körper fühlte sich so federleicht an, daß ich nicht mehr beurteilen konnte, ob weiterhin ein zarter Luftzug oder eine streichelnde Hand über mein Knie strich. Die dünnen Nylonstrümpfe schienen zu knistern und zu rascheln, als ob eine elektrisierende Kraft sie aufgeladen hätte. Langsam, in gemächlicher Bedachtsamkeit, hob sich meine linke Hand, wanderte vorsichtig über den warmen Samt der Armlehne hinüber in fremdes, unerforschtes Gebiet. Vielleicht wäre sie dort noch angekommen, hätte sich die Musik nicht von neuem erhoben, um lärmend, blasend, tobend die Schlußakkorde einzuleiten. Ich zuckte zusammen, fuhr erschrocken hoch – und schon senkte sich unter frenetischem Klatschen der Vorhang, während die Saalbeleuchtung aufflackerte und uns unbarmherzig in die Helligkeit zerrte.

Verwirrt setzte ich mich auf und zog meinen hochgerutschten Rock hinunter. Jetzt würde alles in der Hand des Fremden liegen. Doch der verstaute seelenruhig Bleistift und Notizblock, zog den gelockerten Schal etwas enger um den Hals und machte Anstalten, sich zufrieden zu erheben, ohne mich eines weiteren Blickes zu würdigen. Schon kamen mir erste Zweifel an dem eben Erfühlten – vielleicht hatten mir meine überreizten Sinne einen dummen Streich gespielt, vielleicht war ich vor Müdigkeit eingedöst und einem pikanten Tagtraum erlegen? Um meine Unsicherheit zu verbergen, strich ich ordnend über mein Kleid und wagte kaum aufzublicken.

«Ach, übrigens...», setzte eine Stimme neben mir an, so daß ich mich erstaunt herumdrehte, «...bin ich Ihnen sehr zu Dank verpflichtet für die Karte. Darf ich sie gleich bezahlen?»

Ich nickte verlegen und suchte im Gesicht des Fremden nach einem Zeichen des Erkennens. Doch ich glaubte nur einen leise vorbeihuschenden, ironischen Zug wahrzunehmen. Da beugte sich der Mann zu mir herunter und lächelte mit gespieltem Amüsement:

«Sie hätten sich übrigens nicht gar so bemühen müssen. Ich bin nämlich schwul...»

Ingeborg Jaiser, 36 Jahre

Foto: Gaby Tipper

Schwarzer Stoff

Es war an einem Sonntag im Mai letzten Jahres. Wir hatten schon wochenlang Sommerwetter, und ich nutzte jede Gelegenheit, aus der schwülwarmen Luft Freiburgs in klimatisch angenehmere Regionen zu entkommen. An jenem Sonntag fuhr ich hinauf in den Schwarzwald. Ich fuhr allein. Eigentlich hatte meine Freundin mitkommen wollen, aber sie, damals noch Studentin und in Prüfungsvorbereitungen, verfiel gerade an diesem Sonntag einem ersten Anfall von Panik und behauptete plötzlich, wir lagen noch im Bett, ich war noch gar nicht ganz wach, daß sie auf gar keinen Fall einen ganzen Tag für einen Ausflug verschwenden könne. Ich erklärte mich natürlich solidarisch und sagte, wenn sie nicht mitkäme, würde ich auch zu Hause bleiben, aber sie jagte mich fast aus der Wohnung. Ich solle ihr doch nicht auf die Nerven fallen, sagte sie, sie könne einen Tag Ruhe gut gebrauchen, ich würde sie nur wieder ablenken, außerdem könne sie sich meine schlechte Laune gut vorstellen, wenn ich nur in Unterhosen vor dem Ventilator im Schatten säße und an die verpaßte Gelegenheit dächte. Ich solle also ruhig ohne sie fahren. Sie war sehr überzeugend. Nun ja. Ich fuhr also allein mit dem Zug von Freiburg hinauf an den Schluchsee. Ich bin kein Freund großer Menschenmengen, deshalb ziehe ich den größeren Schluchsee dem winzigen und überlaufenen Titisee vor. Die Fahrt mit dem Zug dauert nur 20 Minuten länger. Am Schluchsee gibt es zwischen den Bahnstationen Aha und Schluchsee einen Seeuferweg, den ich schon seit Jahren immer wieder mal entlanggehe. Der Weg, mit Blick über den See, verläuft ein bis zwei Meter hoch über dem Strand, meist am Waldrand, und ist wunderbar geeignet für einen längeren Spaziergang. Für die Strecke benötigt man vielleicht 2 Stunden. Der Weg ist wohl zu lang für die meisten Sonntagnachmittagsspaziergänger, darum ist er, vor allem in der Mitte, weit weg von den beiden Zentren Aha und Schluchsee, relativ menschenleer. Ich stieg in Aha aus dem Zug und ging, es war früher Nachmittag, langsam den von Bäumen überschatteten Weg entlang, besser gesagt, ich schlenderte langsam vor mich hin.

Ich ließ mich von der Atmosphäre einlullen: der See, der Wald, es herrschte eine laue, träge Stimmung. Ich verfiel in medidative Stimmung. Meine Gedanken schweiften ab. Immer wieder schaute ich über den Strand und den See hinweg auf das andere, dunkel daliegende Ufer. Merkwürdigerweise bekomme ich gerade in solchen Stimmungen ziemlich wenig von dem mit, was um mich herum geschieht. Ich sah den Strand und die Menschen, ohne sie recht wahrzunehmen. Der Strand am Schluchsee ist übrigens interessant. Es ist kein Sandstrand, sondern es handelt sich um steinige, felsige, schottrige 5 oder 10, manchmal 20 Meter, deutlich abgehoben vom Wald, mitten in der bratenden Sonne. Kein Meter gleicht dem anderen. Nach etwa einer Stunde machte ich irgendwo in der undefinierbaren Mittelzone der Strecke eine Pause. Ich setzte mich auf einen großen Stein am Rand des Weges und ließ die Beine baumeln. Etwa zwei Meter unter meinen Füßen lag der Strand, das Wasser war vielleicht zehn Meter entfernt. Ich saß, obwohl schon fast auf dem Strand, im Schatten der Bäume. Es wehte ein leichter Wind, die, ich weiß nicht mehr genau, 25 ° waren erträglich.

Ich ließ meinen Blick einmal über Strand schweifen und sah, daß ich nicht allein war. Schräg links unter mir stand eine Frau. Ich sah aus meiner Perspektive nicht viel mehr von ihr als Hände, die ersten Zentimeter gekreuzter Unterarme und Massen roten Stoffes. Sie war gerade dabei, sich ein Kleid über den Kopf zu ziehen, hatte sich aber wohl irgendwie verheddert, ihre Aufwärtsbewegung kurz vor Schluß unterbrochen und kam nicht recht voran. Ihr Kopf war in den Stoffmassen verborgen. Ich war nicht interessiert genug, sie mir genauer anzusehen, und achtete zunächst nicht weiter auf sie, ließ meinen Blick weiter zum See schweifen. Vorn am Wasser stand ein Mann, sicherlich 1,80 m groß, in ausgewaschenen Boxershorts und einem blauen T-Shirt. Er stand am Ufer und sah auf den See hinaus. Dann setzte er sich auf einen der Steine am Ufer, die Füße schon im Wasser. Auf ihn achtete ich, denn er saß unübersehbar mitten in meiner Blickrichtung. Und dann konnte ich auch die Frau nicht mehr übersehen, denn sie kam nach vorn zum Wasser, drängte sich langsam, aber unaufhörlich ins Bild. Sie ging barfuß und sehr vorsichtig über den Schotter, wie es aussah, direkt zu dem Mann herüber. Es müssen ihre Bewegungen gewesen sein. Denn obwohl ich mit meinen Gedanken ganz woanders war, steht mir ihr Bild immer noch vor Augen. Sie überlegte jeden Schritt, ging zögernd. Sie war vielleicht 1,70 m groß, mit der halb durchtrainierten Figur einer Frau, die zwar etwas für ihren Körper tut, aber weder dem Sport- noch dem Hungerwahn verfallen ist. Ihr mittellanges, lockiges Haar war rötlich-blond. Sie trug einen schwarzen Bikini. Auf ihrem Rücken, ich sah die Frau nur von hinten, war ein vielleicht zehn Zentimeter breiter schwarzer Streifen zu sehen. Die Rückseite des Bikinioberteils. der Kontrast zu ihrer noch ziemlich blassen Haut war auffällig. Das Bikinihöschen bedeckte in geradezu schamhaftem Umfang nahezu ihren ganzen Po und ließ nur den Blick auf die Grübchen zwischen Po und Oberschenkel frei, die sich bei jedem Schritt ein- und wieder ausfalteten. Bei jedem ihrer unsicheren Schritte schwankte ihre Hüfte, und die Grübchen vertieften sich. Ich frage mich jetzt noch, ob ich das damals wirklich so genau gesehen habe. Denn ich habe wirklich nicht darauf geachtet. Glaube ich. Und doch sehe ich es jetzt noch vor mir. Wir sie ganz vorsichtig bei jedem Schritt erst die Zehen auf den Boden setzt, langsam den Fuß folgen läßt, das Bein erst ganz zum Schluß belastet, dabei immer wieder balancierend die Arme von sich streckt, mal ausgestreckt, mal angewinkelt, immer bereit, den Fuß sofort wieder zurückzuziehen, wenn der Schritt sich als schmerzhaft herausstellen sollte. Und immer wieder diese Falten, wie sie sich bilden, bewegen. Der Mann saß am Wasser, hockte auf den Steinen, sah hinaus über den See. Endlich kam die Frau zu ihm heran, ging hinter seinem Rücken her zu seiner Rechten, beugte sich zu ihm nieder, legte ihm kurz eine Hand auf die Schulter. Dann setzte sie sich rechts neben ihn, hockte sich ebenso langsam und sorgfältig abwägend hin, wie sie gegangen war. Sie hockte sich neben ihn – und doch nicht ganz.

Es blieb ein Abstand, vielleicht ein halber Meter. Das mag an der ungünstigen Lage brauchbarer Sitzsteine gelegen haben.

Aber sie saß auch leicht abgewendet von ihm. Während er geradeaus auf den See schaute, saß sie leicht nach rechts gewendet. Und plötzlich fragte ich mich, was da los ist. Plötzlich wurde ich furchtbar neugierig. Manchmal bin ich so. Ich hätte wieder aufstehen und weitergehen sollen. Aber es nahm mich gefangen. Ich blieb auf dem Stein sitzen und wollte wissen, wie es weitergeht, ob es weitergeht. Ich wartete darauf, daß die Frau schwimmen gehen würde. Ihr Bikini war kein Wie-werde-ich-am-besten-braun-Bikini. Es war ein Ich-bin-zum-Schwimmen-da-Bikini. Aber sie rührte sich nicht. Sie rührten sich beide nicht. Und ich rührte mich auch nicht. Sie sprachen kein Wort. Nach einigen Minuten stand der Mann auf, wendete sich ohne ein Wort um und verließ, ohne sich der Frau auch nur noch einmal zuzuwenden, das Ufer. Er kam fast direkt auf mich zu. Schmale lange Beine, breite Schultern, kein Bauch. Ich sah sein Gesicht. Eine große Nase und dumpf dreinblickende Augen. Er ging zu den Handtüchern, die neben den Sachen der Frau auf dem Boden lagen, packte sie, nicht einmal eilig, ein und ging. Er ging einfach nach links, wo irgendwo ein Aufgang zum Uferweg sein mußte. Die Frau saß immer noch auf den Steinen, wendete sich nicht um, rührte sich nicht. Dann nahm sie mit der Linken einen Kiesel auf und warf ihn ins Wasser, in einer langsamen, trägen Bewegung, die nichts Sportliches an sich hatte, die fast unbewußt wirkte. Vielleicht war es diese Geste, die meine Erstarrung löste. Oder vielleicht war es, weil ich die Frau noch gar nicht wirklich gesehen hatte. Ich kannte ihr Gesicht nicht. Ich wußte zu wenig. Und das machte mich... nervös.

Ich ließ mich den Stein hinabgleiten, landete mit einem kurzen Knirschen im Schotter. Dann ging ich, ebenso vorsichtig wie die Frau, nach vorn zum Wasser. Ich trug natürlich Schuhe. Ich hätte es nicht nötig gehabt, so vorsichtig zu sein. Ich war es trotzdem. Ich näherte mich der Frau. Sie mußte mich hören, wendete sich aber nicht um. Vielleicht dachte sie, ich sei der

Mann und käme zurück. Ich ging bis ans Wasser, stellte mich neben sie, sah über den See hinweg auf das dunkle Ufer der anderen Seite. Erst dann sah ich auf sie hinunter und sah wieder nur ihr Haar und wußte nicht, was ich tun sollte. Ich räusperte mich. Endlich schaute sie auf. Ich sah in klare, hellgraue Augen, sah eine kleine, spitze Nase, sah einen ebenso kleinen ungeschminkten, blaßroten Mund. Das Gesicht hatte keine Zeit, sich vor meinem inneren Auge zusammenzusetzen, da war sie auch schon aufgesprungen. Ich konnte gar nichts erklären, konnte nichts fragen, konnte nichts sagen, sie sprang auf, stand neben mir, schubste mich kraftvoll von sich. Ich schwankte ein paar Schritte zurück, trat ins Wasser, konnte mich gerade eben auf den Beinen halten, war erstaunt... und absolut unfähig, etwas zu tun oder zu sagen. Wäre sie jetzt stehengeblieben, hätte sich einfach umgedreht, wäre weggegangen oder... ich weiß nicht. Wahrscheinlich wäre nichts passiert. Aber sie kam hinterher. Sie sagte noch immer kein Wort. Sie kam hinter mir her, ihre Hände vor sich, bereit, mich ins Wasser zu stoßen. Als sie heran war, war ich schneller als sie, griff nach ihren Handgelenken, schmalen Handgelenken, hielt ihre Hände fest. Da wurde sie noch wütender... und ich noch hilfloser. Ich sah ihr ins Gesicht, das sich jetzt vor meinen Augen endlich zu einer Einheit zusammensetzte. Ihre wütend aufgerissenen Augen. Der konzentrierte, gespannte Ausdruck des Gesichts. Sie war vielleicht Mitte Zwanzig. Ihre Brüste waren, bei ihrer ansonsten unübersehbar weiblichen Figur, überraschend klein. Voller Verwunderung dachte ich, daß ich jede ihrer Brüste in der hohlen Hand halten könnte. Plötzlich fühlte ich mich stark, überlegen. Es schien mir lächerlich, sie festzuhalten. Ich ließ ihre Handgelenke los. Einen Moment lang bewegte sie sich nicht, schien nicht glauben zu können, daß ich sie losgelassen hatte, dann gab sie mir einen zweiten Stoß.

Diesmal konnte ich mich nicht auf den Beinen halten. Ich fiel ins Wasser, fiel hart, denn das Wasser ist nicht tief und überall liegen Steine. Durch meine linke Schulter raste ein schneller

Schmerz. Das Wasser war kalt. Kurz sank mein Kopf unter. Ich kam wieder hoch, stützte meinen Oberkörper mit den Ellenbogen ab. Ich wäre jetzt gerne wütend geworden, kam mir aber nur vor wie ein Clown, ein ziemlich verblüffter und ziemlich wortloser Clown. Sie stand am Ufer und schaute auf mich herab. Ich hatte den Eindruck, daß sie direkt über mir stand. Ich versuchte, was aus meiner Position nicht ganz einfach war, ihr in die Augen zu sehen, und weiß nicht, ob ich erleichtert war, keine Wut mehr zu sehen. Sie hatte die Stirn gerunzelt, starrte auf mich herab und wirkte, als frage sie sich, ebenso wie ich, was eigentlich geschehen war. Ich sah an ihr herunter. Ihr Oberkörper war schmal, ihre Schultern ein wenig eckig. Das breite schwarze Band des Bikinioberteils war fast zu groß für ihre Brüste, ihre Rippen konnte man nicht zählen, aber der Übergang von Brust zu Bauch war deutlich zu erkennen. Rund um den Bauchnabel herum waren Fettpolster zu erkennen. Ihre Taille war nicht eigentlich dünn, aber erschien dünn, denn sie hatte weiblich ausladende Hüften. Dann merkte ich, daß ich, wenn ich es mir ganz bequem machte, falls man halb im Wasser liegend von Bequemlichkeit sprechen kann, genau auf ihre mit schwarzem Stoff bedeckte Scham blickte, auf den Übergang vom Stoff zu den Oberschenkeln.

Sie stand in entspannter Haltung, das rechte Bein gerade, das linke leicht abgewinkelt. Wenn sie das Bikinihöschen ausziehen würde, dachte ich, könnte ich zwischen ihren Schamlippen hindurch in den Wald sehen. Ich weiß, es ist kaum zu glauben, aber erst jetzt, genau in diesem Moment, spürte ich meine Erregung. Möglich, daß ich schon seit Minuten mit einer Erektion durch die Gegend gelaufen war, aber wenn dem so gewesen war, hatte ich es nicht bemerkt. Jetzt spürte ich meine Erregung schmerzhaft. Das Blut pochte in der Spitze meines Gliedes, das gegen die Hose drückte, heraus wollte und nur ein einziges Ziel hatte: diese verhüllte schwarze Stelle zwischen den Beinen der Frau. Mich interessierte nur noch die Frage, ob sie feucht war, ob sie ebenso erregt war wie ich. Ich war nicht in der Lage, im schwarzen Stoff die Antwort zu sehen. Ich wollte sie schon bitten, den Slip für mich herunterzuziehen, da wendete sie sich mit einer brüsken Bewegung ab. Ich sah nur noch ihre Hüfte... und war enttäuscht. Ich hatte keine Ahnung, was ich eigentlich erwartete, aber irgendwie war ich mir sicher, daß es noch nicht vorbei war. Sie ging zwei, drei Schritte nach rechts und setzte sich wieder. Sie sah nicht mehr zu mir herüber. Mühsam richtete ich mich wieder auf. Meine einstmals wohlgebügelte Leinenhose hing traurig an mir herab. Und ich dachte, daß man meine Erektion, die sich deutlich in dem nassen Stoff abzeichnete, wohl kilometerweit sehen konnte. Ich ließ mich ein wenig abtropfen, ging dann zu ihr hinüber, setzte mich, sorgfältig auf einen gewissen Abstand achtend, neben sie.

Sie sah mich nicht an. Ihr Blick war unverwandt über den See gerichtet. Ich sah wieder nur ihr Haar, und plötzlich machte mich das verrückt. Ich fand die ganze Situation verrückt. Mit der Linken faßte ich in ihr Haar, strich es über ihr Ohr zurück. Nur sehr leicht berührte ich dabei ihre Haut. Es reichte, mich erschauern zu lassen. Sie blieb ganz ruhig, schien es gar nicht wahrzunehmen. Ich sah ihr Profil, ihre hohe, gerade Stirn, ihre starken Wangenknochen, eine kleine Narbe, direkt unterhalb des Kiefers. Sie trug einen kleinen goldfarbenen Ohrring. Ich ließ meine Hand in ihrem Haar. Ich hatte das Gefühl, es dauerte Minuten, ehe sie mir langsam ihr Gesicht zuwendete. Ich dachte, wenn sie jetzt lacht, wenn sie mich jetzt auslacht, dann stehe ich auf und gehe. Aber sie schaute mich mit einem Ernst an, dem ich nicht gewachsen war, bei keiner Frau jemals gewachsen war. Ich war immer schon der Meinung, daß das, was Frauen für Männer attraktiv macht, das Geheimnis ist. Diese Fremdartigkeit. Es sind immer die Frauen, die ich überhaupt nicht durchschauen kann, die vor mir stehen und bei denen ich nicht weiß, was sie denken, was sie wollen, was sie fühlen, die mich unerträglich geil machen. Sie zeigte mir ein ganz entspanntes, eher ein verwundert als in irgendeiner Weise erregt wirkendes Gesicht, einen Blick, hellgrau und völlig undeutbar.

Ich war hin und weg. Und plötzlich entschlossen, mein Glück wenigstens zu wagen. Ich beugte mich, noch immer ziemlich zögerlich, zu ihr hinüber, näherte meinen Mund ihrem Mund. Als unsere Lippen sich, etwas querstehend, berührten, konnte ich kaum glauben, daß sie sich nicht zurückzog. Ich schmeckte salzigen Schweiß über ihrer Oberlippe. Sie ließ mich gewähren. Sie öffnete den Mund, stellte meiner Zunge keinen Widerstand entgegen. Sie ließ mich machen, was ich wollte. In den ersten Sekunden war ich vollauf beschäftigt, ihre Zähne und ihren Gaumen abzutasten, ihren Speichel zu saugen. Ihre Zunge blieb regungslos, lag wie ein schlafendes Tier in der Mundhöhle. Ich legte meinen ganzen Ehrgeiz darein, das schlafende Tier zu wecken. Ich ließ meine Zungenspitze immer wieder über ihre Zunge gleiten. Ich spürte die Unbequemlichkeit unserer Position überhaupt nicht. Wir saßen mit Abstand nebeneinander. Sie hatte mir zwar ihr Gesicht zugewendet, war mir aber keinen Zentimeter entgegengekommen. Ich mußte mich ziemlich anstrengen, meine Schulter schmerzte eh schon. Nun ja. Es gibt eben Momente, in denen man fast alles vergißt. Nur, wenn ich mir das heute so vorstelle, der Abstand zwischen uns, sicher 20 Zentimeter, meine verdrehte Haltung, und die zwei, wirklich nur zwei Berührungspunkte zwischen uns, Mund an Mund, und meine Hand in ihrem Haar... Ich spürte nichts davon. Und als sie endlich mit kurzen, langsamen Bewegungen der Zungenspitze die Unterseite meiner Zunge mit ihrer Zunge streichelte, als das Tier erwachte, war ich wie im Rausch. Ich faßte ihren Hinterkopf, zog sie näher an mich heran. Sie begann an meiner Zunge zu saugen, sie immer tiefer in ihren Mund hineinzuziehen. So weit, bis es schmerzte. Sie ließ wieder locker, wurde unternehmungslustig, schob ihre Zunge in meinen Mund, ließ sie neugierig herumkreisen. Ich vergaß die Zeit. Dann legte sie mir eine Hand auf die Hose, auf mein leicht vor sich hin pulsierendes Glied. Sie griff nicht zu, sie tastete nicht, sie legte ihre Hand einfach hin, deckte es zu, wärmte es. Warum mich das so überrascht hat, weiß ich selber nicht mehr. Schließlich, wie sollte es sonst weitergehen? Wahrscheinlich war es ihre plötzliche Aktivität. Jedenfalls riß mich das aus dem Kuß. Ich stieß einen Laut des Erstaunens aus, zog meinen Kopf zurück, ließ ihren Kopf los, sah erst auf ihre Hand hinunter, die die Beule in meiner Hose bedeckte, dann folgte mein Blick ihrer Hand, ihrem Arm, hinauf zur Schulter, und dann weiter zu ihrem Gesicht, ihren Augen.

Ihr Mund war wieder geschlossen, um ihre Lippen herum war die Feuchtigkeit des Kusses zu sehen, ihre Spucke und meine Spucke. Ich sah ihren noch immer mehr träumerischen als interessierten Blick, nicht eigentlich auf mich gerichtet, eher in die Ferne. Aber als ich ihr in die Augen sah, begann sie, nur mit Daumen und Zeigefinger mein Glied zu massieren. Sie faßte es durch den Stoff der Hose knapp unterhalb der Eichel und bewegte die Finger leicht auf und ab. Ich sagte: «Du machst mich wahnsinnig.» Sie antwortete nicht, runzelte nur noch einmal die Stirn, als überlege sie ernsthaft, was jetzt zu tun sei. Dann zog sie ihre Hand zurück, suchte sorgfältig eine flache Stelle ohne spitze Steine auf dem Boden, stützte sich ab, stand auf. Sie sagte noch immer kein Wort. Sie wendete sich um und ging. Ich blieb sitzen, verwundert, schaute ihr über die Schulter nach, bis es weh tat. Sie suchte sich wieder langsam ihren Weg über den Schotter zum Wald.

Plötzlich war ich unentschlossen, ob ich ihr folgen sollte. Denn ich dachte zum erstenmal, seit ich mich zu dieser Pause an den Rand des Weges gesetzt hatte, an meine Freundin, die in ihrem Zimmer über den Büchern hockte. Es war nur dieser verdammte schwarze Stoff. Ich sah der Frau nach und wußte immer noch nicht, ob sie eigentlich erregt war. Ich konnte plötzlich gar nicht mehr anders. Ich mußte es wissen. Wenigstens das. Ich muß ihr diesen verdammten Bikinislip herunterreißen. Ich mußte es sehen, fühlen. Ich stand auf, schaute noch einmal kurz über den See, drehte mich um und folgte ihr. Sie war vielleicht vier oder fünf Meter vor mir und sah sich nicht um. Ich paßte mein Tempo ihrem an, wollte ihr nicht näher kommen. Ich wußte, daß ich mich wie ein Hampelmann benahm, aber das war mir egal. Ich weiß nicht, ob sie gehört hat, daß ich ihr folgte, aber... nun ja.

Sie ging vor mir her bis an die Steine, die den Strand begrenzen, bis genau an die Stelle, wo ich gesessen und sie zuerst gesehen hatte. Sie blieb etwa einen Meter vor dem großen, glatten Stein stehen, beugte sich nach vorn, stützte sich mit den Händen an dem Stein ab und streckte mir ihr Hinterteil entgegen. Ihre Hüften, ihr Po, ihre Pobacken erschienen mir auf einmal riesenhaft groß. Sie spreizte leicht die Beine, dann hielt sie sich ruhig.

Als ich sah, was sie tat, als ich ihre langen, leicht gespreizten Schenkel, ihre fleischigen Hinterbacken vor mir hatte, setzte jedes Denken aus, und die Spitze meines Gliedes übernahm vollständig die Kontrolle. Es war windstill, kein Schatten auf dem ganzen Strand. Das einzig Dunkle war ihr Slip. Und dieses verdammte Schwarze und das, was es verbarg, zogen mich magisch an. Man konnte aus dem grellen Licht des Strandes heraus nicht sehen, ob oben auf dem Weg jemand war. Vielleicht sah man uns zu, vielleicht standen da oben ganze Reisebusse voller Zuschauer. Und es war mir völlig egal. Ich glaube, selbst wenn meine Freundin da oben gestanden hätte, wäre es mir egal gewesen. Ich sah nur noch diesen Übergang, das weiße Fleisch der Oberschenkel, wo es in die schmale Brücke des schwarzen Stoffes überging. Ich wurde ein wenig ruhiger, als ich bei ihr angekommen war. Plötzlich hatte ich es nicht mehr eilig. Ich sah auf sie hinunter, auf ihre Hüften, auf die Linie, wo der Bikinislip auf die weiße Haut des Rückens übergeht, auf ihr Rückgrat, das sich deutlich unter der Haut abzeichnete, auf den breiten Streifen des Bikinioberteils, auf ihren Nacken, auf die rechts und links herabhängenden Haare, ihren gesenkten Kopf. Ich griff ihr zwischen die Beine. Ich wollte es jetzt wissen. Ich legte meine Hand flach auf ihre Scham. Ich weiß nicht, ob ich erleichtert war, oder was es eigentlich war, aber dieses Gefühl, in etwas sehr Weiches und sehr Feuchtes zu fassen, machte mich... stolz. Der schwarze Stoff war so naß, als wäre sie und nicht ich in den

See gefallen. Ich drehte meine Hand, stellte sie hochkant und drückte dann sanft mit dem Zeigefinger den Stoff des Slips in ihre Spalte. Sie atmete tief und scharf ein. Ich strich ihr mit meinem feuchten Finger einmal kurz über den Rücken. Dann faßte ich mit beiden Händen rechts und links an ihren Hüften unter den Slip und zog ihn langsam über die Pobacken herunter, bis auf die Höhe ihrer Schenkel. Das letzte Stück, der letzte entscheidende Zentimeter. Der Stoff löste sich mit einem schmatzenden Geräusch aus ihrer Spalte. Ich finde es unvorstellbar erotisch, einer Frau den Slip auszuziehen. Es ist wunderbar, wenn eine Frau sich vor mir und für mich auszieht, aber dieses letzte, das große Geheimnis verbergende Kleidungsstück, das will ich immer selber herabstreifen. Sie stellte in einer leicht schwankenden Bewegung ihre Beine etwas enger zusammen, und ich zog den Slip bis zu den Knien herunter, ging dabei in die Hocke und hatte ihre Spalte, ihre Lustgrotte, direkt vor Augen. Ich kniete mich hin. Inmitten eines wilden Gestrüpps blonder Haare hatten sich ihre Schamlippen leicht geöffnet und gaben einen ersten Blick auf ihr rötliches, feucht glitzerndes Inneres frei. Der Kontrast zu den blonden Haaren und der fast weißen Haut war schockierend groß, größer, als ich ihn sonst je bei einer Frau gesehen habe. Ich fand den Anblick schön. Ich faßte ihre Schenkel von außen, drückte sie, hielt mich an ihnen fest, hob meinen Kopf etwas an, steckte meine Zungenspitze tastend in den Spalt und leckte ganz leicht. Ich leckte sie, wie man ein Eis leckt. Ohne Gewalt, ohne Druck, nur das abnehmend, was schon fast flüssig geworden ist, was unter der Berührung der Zunge flüssig wird. Ich leckte die Feuchtigkeit von ihr herab und immer wieder kam neue nach. Ich versuchte, ihren Geschmack zu identifizieren, scheiterte damit aber kläglich. Schmecken war noch nie meine Stärke. Es ist auch nicht unbedingt der Geschmack, der das Lecken einer Frau für mich faszinierend macht. Es ist eher die Verwunderung darüber, auf irgendeine geheimnisvolle Weise mit für diese Köstlichkeit verantwortlich zu sein. Nach und nach verbreitete ich ihre Furche, steckte meine Zunge immer tiefer zwischen ihre Schamlippen und suchte immer wieder ihren Kitzler. Er war so klein, daß ich ihn kaum mit der Zunge spürte, aber jedesmal, wenn ich ihn berührte, lief ein Zittern durch ihren Körper. Ich leckte sie so lange, bis mir die Zunge weh tat und ich nicht mehr ohne Mühe tiefer kam. Dann steckte ich einmal mit aller Kraft meine Zunge tief in sie hinein, leckte sie aus, so gut ich konnte, leckte das aus, was nicht auszulecken war, weil immer wieder Nachschub kam. Sie begann zu zucken. Ich konnte meine Zunge kaum in ihr behalten, so drückte sie sich auf mein Gesicht herab, rotierte mit dem Hinterteil, bewegte sich nach rechts und links, auf und ab. Ich war dabei so tief zwischen ihren Schenkeln verborgen, daß ich nichts von der Welt mitbekam, ganz auf ihren und meinen Rhythmus konzentriert war. Schließlich zog ich meine Zunge aus ihr zurück und atmete tief durch. Der Anblick hatte sich verändert. Aus der schmalen Furche war ein tiefer Krater geworden, von sattem Rot, am ehesten an einen Vulkan im Dunkeln erinnernd. Ich verstand zum erstenmal, warum man früher die Scham einer Frau als Hölle bezeichnet hat. So lockend, so rot, so heiß... und so gefährlich. Noch einmal drückte ich mein Gesicht an ihr Hinterteil, leckte diesmal aber weiter hinten, weiter oben, ihren Damm, die Stelle zwischen ihrer Spalte und dem anderen, dem kleinen, dem engen Loch. Ich konnte jetzt hören, wie sie leise stöhnte. Ich leckte um ihren Anus herum. Es schien sie nicht zu stören. Schließlich steckte ich meine Zunge auch in dieses Loch und sie ließ mich hinein. Ihre Zuckungen wurden wieder stärker, ihr Stöhnen war nicht mehr zu überhören. Ich steckte den Mittelfinger meiner Linken in ihre Hölle, krümmte ihn, drehte ihn in ihr, dehnte sie langsam aus. Das schmatzende Geräusch, als ich den Finger wieder herauszog, war wie das Signal, mit den Vorspielen aufzuhören. Ich zog mich zurück, richtete mich mühsam wieder auf. Mir taten die Knie weh und einen Moment lang stöhnten wir gemeinsam. Ich hatte im Kampf mit ihren Zuckungen meine eigene Erregung fast vergessen, aber jetzt, als ich aufstand, mein Glied sich wieder voll gegen die Hose drückte, hatte ich das

Gefühl, es zerreißt mich. Ich öffnete, mich nur noch mühsam beherrschend, die Hose, ließ sie, immer noch feucht, herabfallen. Ich schob meinen Slip hinunter. Dann stand er vor mir. Mein Glied, mein Schwanz, der Luststab, dieses eigenartige Ding, mit seinem ganz eigenen Willen. Wie ich finde, eigentlich eher komisch anzuschauen. Nun ja. Als ich den roten Kopf meines Gliedes an ihre Spalte brachte, stellte sich heraus, daß unsere Größen doch nicht so gut paßten. Sie war eine Spur zu klein, ihr Eingang lag ein wenig zu tief für mich. Ich mußte leicht in die Knie gehen, um in sie eindringen zu können. Ich faßte das Glied unterhalb der Eichel, ließ nur den roten Kopf in ihr verschwinden und rieb mit der Spitze zwischen ihren Schamlippen, versuchte sie noch feuchter zu machen. Dann, und das ist ja immer der eigentlich großartige Moment, dann suchte und fand ich den Eingang, nahm meine Hand weg und schob meinen Stab ganz langsam in sie hinein. In kurzen Stößen immer nur ein paar Millimeter, Zentimeter mehr, dehnte ich sie aus. Ich sah dabei auf die Stelle unserer Vereinigung hinunter, sah zu, wie ich immer tiefer in ihr versank. Wenn ich mich aus ihr herauszog, um im nächsten Stoß wieder tiefer einzudringen, glitzerte meine Stange feucht von ihrer Feuchtigkeit. Sie stöhnte jetzt leise, aber ununterbrochen. Sie hielt sich ruhig, erst als ich ganz in ihr war, begann ihr Unterleib, wieder spürbar zu zucken, und ich vergaß die Anspannung meiner Oberschenkel. Ich machte eine kurze Pause, wartete, bis ihre Kontraktionen abgeklungen waren, dann begann ich, sie tief zu stoßen. Ich schloß die Augen. Es war, wie ich es liebe: am Anfang dieses Gefühl, in einem engen Kanal zu sein, heikel, ob es überhaupt vorangeht, und dann, nach einigen Stößen, nach einigen Sekunden oder Minuten, ein Gefühl völliger Freiheit. Es war warm und feucht in ihr. Es gab nur wenig Reibung, und ich wußte, daß sie jetzt genug Dehnung und genug Feuchtigkeit hatte, um auch harte Stöße genießen zu können. Immer wieder stieß ich lang, tief und hart zu, hielt ihre Hüften mit beiden Händen, hielt sie fest, damit sie mir mit ihren rotierenden, zuckenden Bewegungen nicht zufällig ausweichen konnte. Ihr Stöhnen wurde lauter, so laut, daß ich dachte, man müsse uns über den ganzen Strand hören. Mein eigenes Keuchen hörte ich nicht, wußte aber, daß ich wahrscheinlich auch nicht leiser war als sie. Ihre Bewegungen wurden immer unkontrollierter, ich hatte größte Mühe, sie zu halten, dann wurde sie wieder ruhiger, und um meinen Luststab, in diesem Augenblick war er nichts anderes als ein Luststab, zog sie sich zusammen zu einer engen, heißen Röhre. Ich wollte noch nicht, daß es vorbei war. Ich stoppte meine Bewegung, blieb in ihr. Sie hechelte. Ich öffnete die Augen und sah zum erstenmal seit langer Zeit, seit einer Ewigkeit, auf sie hinab. Ich sah Schweißperlen auf ihrer Haut, auf dem Rücken, auf dem Nacken. Ihr Kopf hing nach unten hinab, ihre Arme waren nach vorn gestreckt, an den Stein gelehnt. Es sah aus, als sei sie geschrumpft, als hätte ich sie zusammengestaucht. Sie sah jetzt aus, wie eine Schwimmerin kurz vor dem Absprung. Und da dachte ich zum erstenmal wieder an ihre Brüste. Ich kannte jetzt alles von ihr, bis auf ihre Brüste. Es war schwierig aus meiner Position, aber ich griff, immer noch in ihr, sie fast vom Boden hebend und weiter zusammenfaltend, nach vorn, nach unten. Ich tastete ein wenig herum, dann hatte ich sie gefunden. Ihre Brüste waren in meinen Händen genauso klein, wie ich es erwartet hatte. Ich rieb meine Handflächen durch den Stoff hindurch an ihren aufgerichteten Brustwarzen. Das reichte schon, sie wieder in Zuckungen zu versetzen. Das enge Gefängnis meines Gliedes weitete sich wieder. Ich suchte nach dem Verschluß des Bikinioberteils. Ich wollte ihre Brüste spüren. Haut auf Haut.

Plötzlich klang ein «Nein» an meine Ohren. Ich zog überrascht meine Hände zurück. Es war das erste Wort, das sie überhaupt zu mir sprach. Ihre Stimme klang... ich weiß nicht recht. Es war wie bei dem Geschmack ihrer Geilheit. Wie kann man die Stimme einer Frau in Erregung beschreiben? Nun ja. Hechelnd, rauh, dunkel. Ich fand sie passend. Ich tue nie etwas, was eine Frau nicht will. Ihre Ablehnung frustrierte mich, steigerte aber meine Erregung noch einmal. Ich fing langsam wieder an, mich in ihr zu bewegen. Und diesmal achtete ich mehr auf sie als auf mich. Ich sah auf ihren Nacken, sah, wie sie den Kopf bei meinen Stößen hin und her warf, gelegentlich flogen ihre Haare so weit hoch, daß ich einen Blick auf ihr Gesicht erhaschen konnte. Es wirkte konzentriert. Ihre Augen waren entweder weit aufgerissen oder fest geschlossen. Ja nachdem. Von oben sahen die Zuckungen ihres Körpers unglaublich aus. Ich fragte mich mehr als einmal, wie sie es schaffte, überhaupt noch auf den Beinen zu bleiben. Diesmal zügelte ich mich nicht mehr. Das glucksende, gurgelnde, schmatzende Geräusch, wenn ich in ihre feuchte Höhle hineinstieß, wenn ich mich herauszog, machte mich unglaublich geil. Ich ließ meine Erregung steigen. Ich spürte dem immer stärker werdenden Blutdrang in meinem Glied nach. Ich merkte, wie es sich immer weiter aufpumpte, immer größer wurde, während sie wieder enger wurde. Als ich wußte, es würde nur noch wenige Stöße dauern, bis es mir kam, nahm ich meine Rechte von ihrer Hüfte, steckte den Mittelfinger in den Mund, leckte ihn ab und steckte ihn in einer einzigen schnellen Bewegung in ihren Anus. Sie war überrascht, stockte in der Bewegung, riß den Kopf hoch, gab ein kurzes, fragendes Winseln von sich, explodierte dann förmlich in unkontrollierten Körperzuckungen, und ich explodierte in ihr. Sie stieß einen Schrei aus, der wieder in Stöhnen überging, und ich konnte die Bewegungen ihres Körpers beim besten Willen nicht mehr kontrollieren. Sie warf mich ab. Kaum daß ich in ihr abgeschossen hatte, war ich raus. Sie sackte vor mir zusammen, stieß einen kurzen Schmerzensschrei aus, als ihre Knie auf den Schotter aufschlugen, dann nahm sie auch ihre Arme herunter, beugte den Kopf bis auf den Boden und blieb schweratmend in Anbetungshaltung knien. Ich trat einen Schritt zurück. Ich blieb einfach hinter ihr stehen und sah ihr zu, bis sie sich beruhigt hatte. Nach ein oder zwei Minuten hob sie ihren Kopf und richtete sich dann mühsam auf. Als sie stand, zog sie ihren Slip hoch, ging den einen Schritt zur Wand, drehte sich um, lehnte sich an den Stein und sah mich an. Ich blieb stehen, merkte erst jetzt, daß meine

Hosen noch auf dem Boden lagen, bückte mich und zog mich auch wieder an. Wir standen uns gegenüber, auf ihrer Haut glitzerte der Schweiß. Ich weiß nicht, wie lange wir da standen und uns ansahen. Wir sagten kein Wort. Schließlich löste sie sich mit einem kurzen Ruck von dem Stein und kam langsam auf mich zu.

Nein, sie kam nicht auf mich zu, sie ging an mir vorbei, hob kurz ihre Hand, streifte damit meine Schulter. Dann ging sie weiter. Ich drehte mich um. Sie ging wieder zum Ufer. Ich rührte mich nicht. Ich sah sie wieder von hinten, wieder dieses Spiel ihrer Hinterbacken, wieder die Grübchen. Es war wie vorhin, nur daß ich jetzt wußte, daß sie ihre Beine ein wenig weiter auseinanderhielt, weil ihre Schamlippen noch geschwollen waren, daß sie noch immer ein Nachgefühl, einen Schatten von mir in sich spüren würde. Ich sah ihre Feuchtigkeit, oder ich glaubte jedenfalls sie zu sehen. Diesmal sogar auf dem schwarzen Stoff. Und, aber ich bin mir nicht sicher, ob mich meine Erinnerung hier nicht täuscht, einen kleinen weißlichen Tropfen, der sich unter dem Slip herausquetschte. Ich sah ihr zu, wie sie zum Wasser ging und sich ohne Zögern langsam hineingleiten ließ. Als sie schwamm, drehte ich mich weg. Der Aufstieg zum Seeufer war einige Meter entfernt. Ich ging langsam hinüber, dabei kam ich an ihrem Kleid vorbei. Ich nahm es auf, sah es mir an. Es war ein ganz und gar gewöhnliches rotes Sommerkleid mit Unmengen weißer Blümchen. Ich nahm es mit. Ich band es mir um die Hüften wie einen Pullover, den man ausgezogen hat, weil er zu warm ist. Dann stieg ich wieder auf den Uferweg hinauf. Ich sah nach rechts, nach links. Weit und breit war niemand zu sehen. Wenn uns jemand zugesehen hatte, hatte er sich diskret zurückgezogen. Ich war froh drum. Dann ging ich weiter. Je länger ich ging, je mehr ich mich Schluchsee näherte, desto unwirklicher erschien mir das ganze Abenteuer.

In Schluchsee ging ich ins Restaurant, trank Kaffee, aß Kuchen und hatte, als ich mich am frühen Abend endlich auf den Weg zum Bahnhof machte, wie ich dachte, mein Gleichgewicht wieder einigermaßen hergestellt. Schließlich mußte ich am Abend wieder meiner Freundin gegenüberzutreten, die gar keinen Sinn für solche Seitensprünge hatte. Ich übrigens eigentlich auch nicht. Ich sah die Frau schon von weitem an der entferntesten Ecke des Bahnsteigs stehen. Barfuß, in ihrem schwarzen Bikini, allein. Ich fragte mich, ob sie auch nach Freiburg fahren wollte oder ob sie mir gefolgt war. Da erst fiel mir das Kleid wieder ein, das immer noch um meine Hüften gebunden war. Ich ging langsam den Bahnsteig entlang zu ihr hinüber. Es gab noch ein paar Minuten Zeit, bis der Zug kommen würde. Sie kam mir auch jetzt nicht entgegen. Sie wartete auf mich. Im Gehen knotete ich das Kleid los, strich es, gedankenverloren, ein wenig glatt. Ich hielt ihr das Kleid hin, als ich zu ihr trat, aber sie schien es kaum zu sehen. Sie sah mich an mit ihrem hellgrauen Blick, und ich hatte schon Angst, sie würde mich wieder von sich stoßen, womöglich vor den Zug. Sie nahm mir das Kleid aus der Hand, warf es sich über die Schulter, dann holte sie Atem, und plötzlich wußte ich, daß sie etwas sagen wollte, und wollte nicht, daß sie etwas sagt, ich führte schnell einen Zeigefinger an meinen Mund. Sie zog fragend ihre Augenbrauen hoch, blieb aber still. «Nein, sag nichts», sagte ich und fügte mit Blick auf das Kleid hinzu, «ich fand, es paßt nicht zu dir.» Sie runzelte die Stirn, nahm das Kleid von der Schulter, sah es sich an, dann drehte sie sich brüsk um, ging zum nächsten Abfallbehälter, der neben dem Bahnhofsgebäude stand, knüllte das Kleid zusammen und warf es hinein. Sie kam zurück. Ich hörte den Zug kommen. Er hielt mit kreischenden Bremsen hinter mir. Diesmal legte ich ihr kurz die Hand auf die Schulter, drehte mich um und ging zum Zug. Ich stieg ein und fand sofort einen Platz. Ich stellte mich ans Fenster, zog die Scheibe herunter. Sie stand wieder unter mir, wenige Meter entfernt, und sah zu mir her. Ich wußte nicht so recht, was ich tun sollte. Es kam mir so absurd vor, ihr zu winken. Als der Zug anfuhr, beugte sie sich nieder, kreuzte ihre Arme vor den Knien, ließ die Hände dabei bis auf den Boden sinken, richtete sich dann langsam auf, führte ihre Arme dabei am

Körper nach oben. Als sie auf Brusthöhe angelangt war, faßte sie wie zufällig unter ihren Bikini-BH, zog ihn mit hoch. Erst jetzt verstand ich, daß sie sich noch einmal vor mir auszog. Sie zog sich ein imaginäres Kleid über den Kopf und zeigte mir jetzt das, was sie mir vorhin verweigert hatte. Mit genau der gleichen Geste, die ich zuallererst an ihr gesehen hatte, streifte sie ihren Bikini-BH ab. Ich weiß nicht, wie viele Leute das gesehen haben. Wahrscheinlich eine ganze Menge. Aber ich wußte, sie tat es nur meinetwegen, ohne daß ich verstanden habe, warum. Gott sei Dank sind diese Bummelzüge, mit denen man durch den Schwarzwald fährt, auch beim Anfahren ausgesprochen langsam. So habe ich ihre Brüste noch einigermaßen deutlich gesehen. Sie waren genauso klein, wie ich sie mir vorgestellt hatte. Aber das letzte, was ich von Schluchsee gesehen habe, ehe der Zug in die Kurve ging, was sie meinen Blicken entzog, war ihr Gesicht, das wieder diesen eigenartigen, konzentriert ernsten Ausdruck hatte. Sie hielt die Hände mit dem schwarzen Stoff immer noch über dem Kopf.

Ich bin der Frau nie wieder begegnet, und meiner Freundin habe ich nie von ihr erzählt, obwohl ich wegen dieses Abenteuers ihr gegenüber nicht einmal ein schlechtes Gewissen habe. Es war einfach alles zu eigenartig. Nur eines stört mich heute noch manchmal, wenn ich an diesen Nachmittag denke, daß ich nämlich immer noch nicht weiß, was für eine Geschichte es gab – zwischen der Frau und dem Mann.

Bernd Kirch (Pseudonym), 30 Jahre

Ein Abend wie so
dem Sofa vor der
einem Joint in der

Frank II

viele andere. Auf
Glotze sitzen mit
Hand. Warten dar-
auf, daß die Energie verschwindet, die mich nicht schlafen läßt.

Dann der Anruf. Keine Frage, worum es geht. Die Energie kommt
zurück. Ich werde vögeln, heute nacht noch.

Zwanzig Minuten Fahrt und ich werde mit jedem Kilometer aufge-
regter. Es pocht in meiner Möse.

Ich finde das Haus sofort, obwohl ich nur einmal hier gewesen
bin. Er beobachtet mich vom Fenster aus, ich sehe seinen Umriß.

Kein Licht im Treppenhaus. Ich taste mich nach ganz oben, die
Tür steht halb offen.

Ich bin noch nicht richtig in der Tür, da packt er mich schon,
drückt mich gegen die Wand.

Er ist nackt, im Raum ist es dunkel bis auf eine flackernde
Kerze neben dem Bett.

Er steckt mir seine Zunge in den Mund, kurz darauf seine Finger.
Ich lutsche daran. Er verstärkt den Druck auf meinen Schoß. Ich
spüre seinen großen Schwanz hart an meiner Hüfte und merke, wie
ich beginne zu zerfließen.

Für einen Augenblick weiß ich nicht, ist es Realität oder
Phantasie. Der Joint von vorher läßt alles noch unwirklicher
erscheinen, als es ohnehin ist.

Unsere Zungen wühlen in unseren Mündern, stoßen zu, ziehen sich
wieder zurück. Er zieht mir die Kleider über den Kopf und die Hose
von den Beinen, wir stolpern dabei. Es geht nicht schnell genug.

Endlich bin auch ich nackt. Seine Hände gleiten über meine
Brüste, ich packe seinen Arsch. Seine Zunge ist in meinem Mund, an
meinem Ohr. Ich stöhne unterdrückt, höre kaum, was er sagt:
«...jetzt wirst du gefesselt...» Meine Möse zuckt und ist fast

schon bereit, den Schwanz aufzunehmen, der sich hart an mir reibt. Er beißt in meine Brustwarzen. Ich habe keine Kontrolle mehr über das, was passiert. Seine Haut ist heiß und glatt. Ich spüre die Muskeln an seinem Rücken.

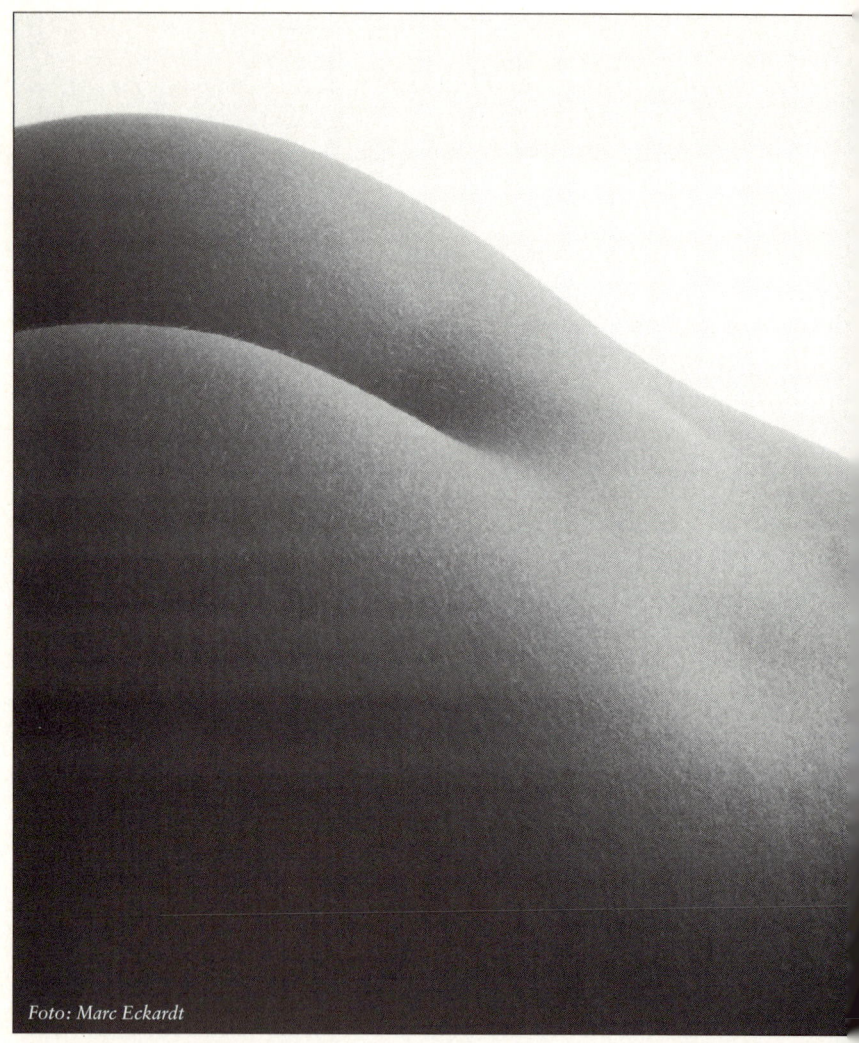

Foto: Marc Eckardt

Er stößt mich aufs Bett. «Dreh dich um.» Ich gehorche. Angstvolle Erregung. Woher kennt er meine Phantasien?

Er bindet meine Arme auf meinem Rücken zusammen. Dann verbindet er mir die Augen. Jetzt bin ich hilflos. Ich ergebe mich.

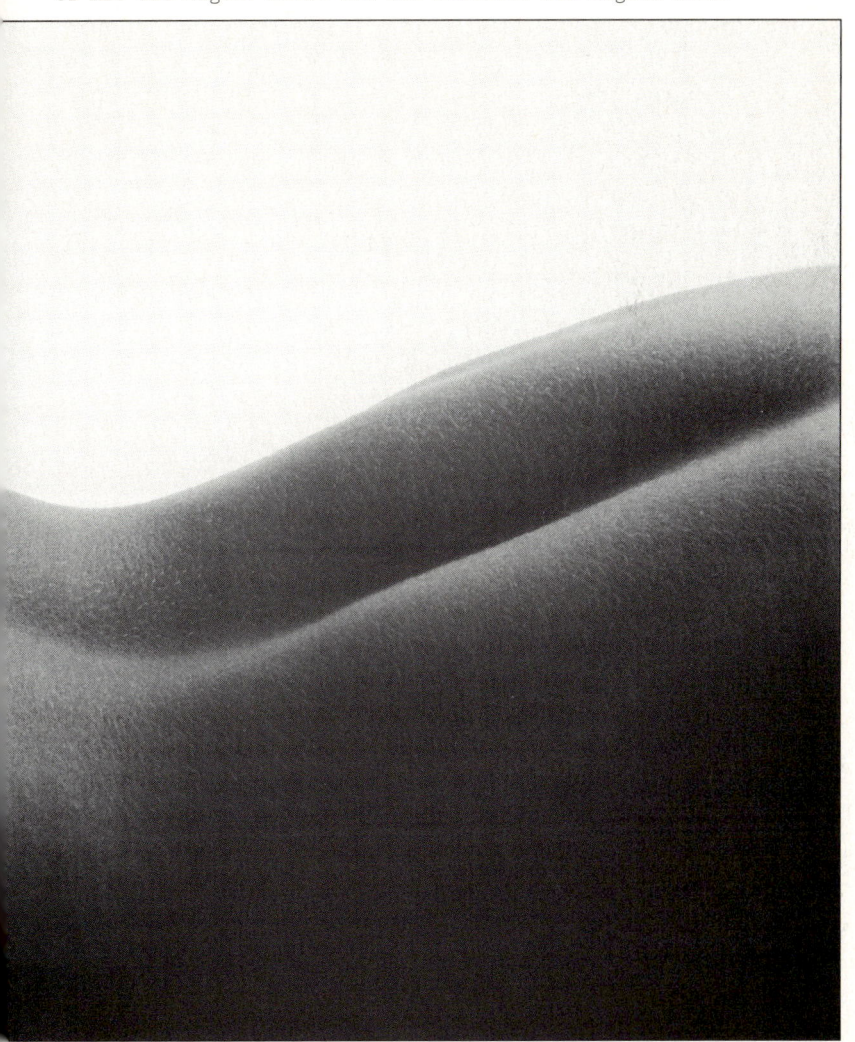

Das Tuch um meine Hände wird fester gezogen, es tut fast schon weh. Was macht er?

Jäh drückt er meine Beine auseinander. Ich recke ihm meinen Arsch entgegen. Ich will seinen Schwanz in mir.

Jetzt berührt er mich endlich. Sein Finger gleitet meine feuchte Spalte entlang, ohne in mich einzudringen. Ich recke mich ihm weiter entgegen, spüre endlich seinen Schwanz zwischen meinen Pobacken, die er mit beiden Händen fest gepackt hat.

Heftig reibt er sich an mir. Auch er beginnt nun zu stöhnen. Er packt mein Haar und reißt meinen Kopf nach hinten.

Im selben Moment spüre ich, daß er mit einem tiefen Stoß in mich eindringt. Er schlägt auf meinen Arsch.

Das Tuch über meinem Gesicht verrutscht. Wir schauen uns einen Moment in die Augen, wir lachen. Dann zieht er den Knoten wieder fest und beginnt, mich wild zu vögeln.

Unser Stöhnen wird lauter, bis beide, Möse und Schwanz, sich in heftigen Zuckungen vereinigen.

Danach liegen wir da, reden ein bißchen über uns und unsere Affären. Wir vögeln noch einmal, danach gehe ich.

Anonym, 31 Jahre, weiblich

WARTEN

Und jetzt wolle sie mit mir schlafen. Sie sei nicht verrückt, falls ich das glauben sollte. Zwar habe sie mich gerufen, weil das Herz ihr wieder zu schaffen gemacht habe. Jetzt gehe es ihr besser, die Tropfen würden schon wirken. Und ich solle doch bitte diesen entsetzlichen Altenpflegekittel ausziehen.

Ob ich immer so unentschlossen herumstehe. Unentschlossenheit sei der Tod jeder Revolution. **AUF** Nein, dieser Satz stamme nicht von ihr, sondern von ihrem Mann, dem langjährigen Generalsekretär des Zentralkomitees der SED und Vorsitzenden des Staatsrates der DDR, dessen Name mir ja wohl hoffentlich noch geläufig sei, Walter Ulbricht. Aus mir wäre nie ein Revolutionär geworden, das habe sie gleich gesehen.

EIN Ob ich immer dermaßen viel Zeit brauche, um meine Hose aufzuknöpfen. Reißverschlüsse am Hosenstall seien praktischer. Früher, als sie noch am Parteilehrjahr teilnahm – ob ich Genosse gewesen sei? nein? –, sei sie fast die Schnellste beim Notieren der inhaltlichen Schwerpunkte gewesen. Außerdem habe sie die schönste Schrift gehabt. Die ganze Parteigruppe habe **SÄCHSISCHES** ihre S gemocht. Nur ihr Gatte habe noch schneller geschrieben, aber dem seine S habe niemand lesen können.

Sie habe schon kräftigere Männerbrüste als meine gesehen. Warum ich denn keine Unterhose tragen würde. Auf eine solche Idee könne nur jemand kommen, der sich nicht mit ernsthaften Dingen befasse. Männern ohne Unterwäsche fehle der gefestigte Klassenstandpunkt. Auch bei mir müsse sie einige deutliche Abweichungen von einer klaren weltanschaulichen Position feststellen. Sie könne mir da einen Tip geben. Im Zweifelsfall helfe, im Klassenkampf wie im Bett, die Frage: Wer gegen wen?

Warum ich mein Schamhaar abrasiert habe. Das sähe ja aus wie ein Daumen zwischen den Beinen.

Wie schwer ich denn **UFO** sei. Doch, das würde sie aushalten, ich könne mich ruhig auf sie legen. Sie bevorzuge keine besondere Stellung, ein kommunistisches Kamasutra gebe es noch nicht.

Ich müsse die Augen nicht die ganze Zeit offenhalten. Es sei völlig ausreichend, sie gelegentlich zu öffnen, um nachzuschauen, ob die Genossin Geschlechtspartnerin zufrieden aussehe.

Dieses Auf und Ab meiner Bewegungen sei sehr rhythmisch, ob mir das noch nie jemand gesagt habe. Die Akne auf meinen Schulterblättchen würde sie nicht stören, wirklich nicht.

Ob ich das Eindringen in die Vagina als Betreten einer anderen Wirklichkeit, als Wiedererlangung der revolutionären Dimension empfinden würde.

Ob das alles gewesen sei.

Warum ich mich so hastig anziehe. Ob ich nicht noch bleiben wolle. Sie hätte mir zu gern noch die Mappe mit ihren Auszeichnungen gezeigt: den Karl-Marx-Orden, den Nationalpreis erster Klasse, die Ehrenspange des DFD, des Demokratischen Frauenbundes Deutschlands. Ob ich im Ernst geglaubt habe, sie sei Genossin Ulbricht.

Ich möge ihr verzeihen; sie sei jetzt achtundsiebzig und ab und zu verwirrt. Immer dann würde sie Geschichten erzählen. Vielleicht schriebe sie demnächst ein Buch, darin würde sie auch mich erwähnen. Einen Titel für ihr Buch habe sie schon: ‹Warten auf ein sächsisches UFO›.

Wie sie auf eine solche Überschrift gekommen sei, wisse sie nicht. Mit achtundsiebzig dürfe eine Frau alles.

Kolja Michovski, 30 Jahre

Paul Sellmanns zweite Zukunft

Mit wiegenden Hüften läuft sie den Sandweg entlang, der von den Wohnbaracken zum Holzstall führt. Sie ist reizend anzusehen, aber Paul mag sie nicht. Luise weiß es, macht sich aber nichts daraus. Sie bleibt bei ihm stehen und sagt:

«Bernhard ist soeben gekommen, er will mit dir mitfahren.»

«Nicht nötig», wehrt Paul ab, «Bernhard wird müde sein von der Nachtschicht, er soll sich hinlegen, ich finde schon allein zum Langenhof; ich komme noch mal rüber zu ihm.»

«Willst du unbedingt heute zum Langenhof?»

«Ja, ich möchte euch nicht länger zur Last fallen, ich will endlich wieder normal arbeiten.»

«Du solltest dich aber noch ein bißchen schonen nach der langen Gefangenschaft.»

«Mir fehlt nichts, habe aber viel nachzuholen.»

«Was denn alles?»

«Du bist gut, neun Jahre fehlen mir!»

«Wenn schon, hast nichts versäumt», stellt Luise spöttisch fest.

«Ach nee, was du nicht sagst», staunt Paul, «warum hast du denn gleich nach dem Krieg Bernhard geheiratet?»

«Aus purer Dummheit!»

«Eure Ehegeschichten gehen mich nichts an; ich jedenfalls wäre froh, wenn ich wüßte, wo Magda ist.»

«Seit wann hast du sie nicht mehr gesehen?»

«Vierundvierzig wars, beim letzten Fronturlaub.»

«Es gibt genug andere Mädchen.»

«Danke, ich liebe Magda, ich will sie übers Rote Kreuz suchen lassen. Sie ist bestimmt aus Pommern geflüchtet.»

«Und mit dem Treck in Eis und Schnee umgekommen.»

«Es gibt immer Überlebende.»

«Mich zum Beispiel.»

«Dich will ich nicht.»

«Da versäumst du aber einiges.»

«Kann schon sein; zunächst aber brauche ich eine Arbeit.»

«Arbeit kriegst du überall, auch hier im Werk nebenan; du könntest vorerst bei uns wohnen bleiben.»

«Nein danke, die letzte Nacht war mir zu gefährlich. Bernhard auf Nachtschicht und du zu mir aufs Sofa in der Wohnküche. Ich habe Bernhard vierundvierzig nicht rausgeschleppt, um ihn jetzt mit dir zu betrügen.»

Am Hinterrad fehlt Luft. Paul stöbert auf den Regalen im Holzschuppen herum und sucht Ventilgummi. Von ihm unbemerkt steht plötzlich Luise hinter ihm.

«Suchst du etwas?»

«Ja, Ventilgummi, hat Bernhard welchen?»

«Der schläft schon; ich helfe dir suchen. Ich glaube, in einem Schächtelchen da oben», sagt sie hilfsbereit, stößt die Tür zu und steigt auf eine morsche Holzkiste, die prompt unter ihrem Gewicht zusammenbricht.

«Oh, mein Fuß», haucht sie und sinkt neben Paul auf den staubigen Boden.

Ihr weiter, geblümter Rock rutscht gleichsam wunschgemäß nach oben und ihm entgeht nicht, daß sie mit einer Hand über ihre Beine fährt, um sich vollends zu entblößen.

«Laß den Blödsinn, steh auf», flüstert Paul.

«Ich kann doch nicht», klagt sie weinerlich. «Bitte hilf mir, mein Knöchel schmerzt fürchterlich.»

Als er sie stützen will, ergreift sie seinen Arm und zieht ihn ungestüm zu sich herab. Ihre vollen, feuchten Lippen streifen begierig über sein Gesicht.

«Ich will dich haben», preßt sie hervor und verschließt ihm den Mund.

Paul ist, als würde ihm schwummerig werden. Fast instinktiv gleiten seine Finger über ihre prallen Schenkel und berühren unversehens ihre unbedeckte Scham. Ein fast unwiderstehliches Begehren droht ihn zu überwältigen.

«Nun nimm mich schon!» bettelt sie. «Ich hab bloß den Rock an.»

«Du bist verrückt!» Fast brutal befreit Paul sich aus der verführerischen Umarmung.

Eines Abends, im Spätherbst 1949, steigt sie entschlossen die Treppe zu Pauls Kammer hinauf und klopft hastig an seiner Tür.

«Herein», ruft Paul.

Sie huscht ins Zimmer, staunt:

«Du liegst schon im Bett?»

«Luise, du, was willst denn du hier?»

«Dich besuchen, natürlich.»

«Ich habe dich nicht eingeladen.»

«Wozu, ich hatte dir versprochen zu kommen.»

«Quatsch! Wo ist Bernhard?»

«Soll ich hier herumstehen, oder darf ich mich wenigstens setzen?»

«Nimm den Hocker.» Er kann ihre Umrisse nur undeutlich erkennen. «Dreh das Licht an, bitte, und hänge den Sack vors Fenster.»

Sie tut es und seine Augen verfolgen sie dabei. Luise legt ihren leichten Mantel ab, setzt sich in einem ärmellosen Kleidchen an sein Bett und schlägt ihre wohlgeformten Beine übereinander. Sie erscheint ihm jetzt hübscher und anziehender als voriges Jahr.

Aber ihm ist nicht geheuer bei dem Gedanken.

Sie sagt: «Mensch, Paul, wie wohnst du denn hier, dagegen ist unsere Baracke ja ein Palast.»

«Kann schon sein.»

Luise schaut ihn überlegen an und schaukelt absichtlich mit ihrem übergeschlagenen Bein. Umständlich entfernt sie einen losen Faden von ihrem Rocksaum, den sie dabei scheinbar arglos hochschiebt. So, wie Paul daliegt und sie vor ihm sitzt, muß er die ganze Herrlichkeit genießen, die sie ihm anzubieten hat. Sich ihrer Wirkung bewußt, sagt sie einlenkend:

«Ist mir auch egal. Ich bin nur mal her, um zu sehen, wie es dir geht.»

«Wie bist du überhaupt hergekommen?»

«Ein Kollege von Bernhard wohnt hier im Ort.» Sie zündet sich eine Zigarette an, gibt sie ihm, nimmt selbst auch eine, beugt sich über ihn und sagt vorwurfsvoll:

«Du bist mir ein feiner Kavalier! Ich mache mir den weiten Weg, und du willst bloß schlafen.»

«Ich sagte schon: ich habe dich nicht eingeladen.»

«Ich möchte dich aber einladen.»

«Du mich?»

«Noch nie von Damenwahl gehört?»

«Bei mir kannst du dir bestenfalls einen Korb holen.»

«Das käme auf einen Versuch an», sagt sie listig, steht auf, geht zur Tür, schiebt den Riegel vor, überzeugt sich, ob die Gardine richtig zugezogen ist, streift ihre Schuhe ab, zieht ihr Kleid aus und wirft es auf den Tisch.

«Du bist eine Hure!» zischt Paul.

«Am besten, du schreist um Hilfe», spottet Luise.

An ihren Strümpfen nestelnd, setzt sie sich wieder zu ihm. Paul fühlt sich hilflos. Er schwankt zwischen dem Wunsch, sie zu verprügeln, oder sich in heilloser Lüsternheit auf sie zu stürzen. Luise läßt ihn zappeln, löst gelassen die Häkchen ihres Korsetts, streicht einladend mit den Fingerspitzen an der Innenseite ihrer Schenkel entlang, reißt dann entschlossen die schützende Decke von Paul und sieht, daß er klar ist zum Gefecht.

«Na also», flüstert sie, «so gut kann russischer Soda doch gar nicht sein!»

In dieser Nacht bleibt sie bei ihm. Am nächsten Samstag steht Paul an der Bushaltestelle im Dorf, um sie abzuholen. Er führt sie zum Hof, hebt sie auf das Gerüst hinterm Stall und schleicht mit ihr in seine Kammer. Bevor er sie nehmen darf, bezieht sie seinen Strohsack mit einem weißen Laken. Von nun an kommt sie regelmäßig, überhäuft ihn mit ihrer fordernden Zärtlichkeit und verschwindet heimlich im Morgengrauen. Es wird ein heißer Winter für Paul. Luise weiß, was sie will. Als die Kammer zu kalt wird, besorgt sie einen Schraubstecker für die Glühbirnenfassung an der Decke. Für einen kleinen Heizlüfter reicht es allemal – und warm wird es auch. Im Frühjahr jedoch kehrt Bernhard heim und feuert Luise aus der Baracke, um Platz zu schaffen für seine Elfi, die schwanger ist. Luise flüchtet zu Paul, aber der kann und will sie nicht aufnehmen.

Sie macht ihm eine vulgäre Szene, stürmt heulend davon, findet ein Zimmer in Obernburg und schreibt ihm nach einer Woche, wenn er sie weiter wolle, müsse er zu ihr ziehen. Paul ist wütend und ratlos. Er liebt sie nicht, aber er vermißt die Nächte, in denen sie bei ihm lag in seiner trostlosen Kammer und Anteil nahm, an dem, was ihn bewegte. Er will nicht auf sie verzichten und ihn dürstet nach ihrer hemmungslosen Leidenschaft.

Paul mag keine Bahnhöfe.

Dieses Kommen und Gehen, Hasten und Warten, Begrüßen und Abschiednehmen ist ihm zuwider. Städte und Bahnhöfe hat er stets gemieden; sie beengen und bedrücken ihn. Nun läuft er die Bahnsteige entlang, auf und ab, ruhelos, ohne Blick für seine Umgebung. Er hat nur die Uhr vor Augen und hört auf den Lautsprecher: «Hier Frankfurt, Hauptbahnhof, der fahrplanmäßige Zug aus...»

Vor einem Schaukasten bleibt er stehen. Die Glasscheibe spiegelt. Er mustert sein Aussehen. Sein Gesicht, grobflächig, mit einer kräftigen, geraden Nase unter einer breiten Stirn, kommt ihm fremd vor. In seiner Kammer gibt es keinen Spiegel. Prüfend betrachtet er sein Äußeres. Sehr gut ist er nicht angezogen. Obwohl die Sachen aus Obernburg neu sind. Zu der braunen Jacke, in der seine muskulösen Schultern kaum Platz haben, trägt er die Cordhose, die labberig über seine groben Schuhe hängt. Der geschlossene Kragen vom Flanellhemd scheuert im Nacken. Er öffnet den obersten Knopf und reibt sich die Haut. Auch der zweite Knopf springt auf und gibt seine dichte Brustbehaarung frei, die ihm schier bis zum Hals wächst. Nur für Magda hat er ein paar Blumen besorgt. Was nur soll er für Paul-Herrmann kaufen?

Es treibt ihn weiter den Bahnsteig auf und ab. Ihm ist kotzübel. Wahrscheinlich die schlechte Stadtluft, oder dieses endlose Warten, oder die schlaflose Nacht, oder weil alles so jäh über ihn hereingebrochen ist, ohne Vorwarnung, ohne Vorbereitung, oder wegen der beklemmenden Ungewißheit über die allernächste Zukunft – die die Vorfreude in ihm vollends zu ersticken droht... Wird Magda bei ihm bleiben wollen – zu dritt in einer verwahrlosten Bude – und wo sollen die beiden essen – in der Gesindestube – Graberts Gnadenbrot – und wovon sollen sie leben – von fünfzehn Mark die Woche – wie könnte Magda selbst kochen, in seiner Kammer ohne Ofenanschluß – was wird sie sagen – wie wird sie es aufnehmen – sicher hatte sie es viel besser gehabt – ganz bestimmt...

Pauls sonst ausgeprägtes Selbstvertrauen weicht immer mehr einer quälenden Unsicherheit. Am liebsten würde er davonrennen – vor sich selbst – vor Magda und dem Kind...

Endlich läuft der Zug ein. Im Gewühl der aussteigenden Reisenden kann er Magda nicht entdecken. Er läßt sich mit dem Menschenstrom zur Sperre treiben und wartet, sucht vergebens ihr Gesicht, kämpft gegen das dumpfe Gefühl in der Magengrube. Er hastet entgeistert an der drängelnden Schlange zurück, an den offenen Türen der ersten Waggons entlang – aber keine Magda! Es würgt ihm die Kehle zu, Brechreiz steigt in ihm hoch – doch dann sieht er sie – weit hinten am Bahnsteig, über Koffer gebeugt, einen Knaben an der Hand...

«Magda, Magda!»

Er stürmt an einem Süßwarenverkäufer vorbei, zerdrückt die billigen Blümchen in seiner heißen Faust, springt über einen Gepäckwagen hinweg und stolpert zu ihr, außerstande, mehr zu sagen als:

«Magda, Magda!»

Sie blickt auf, erkennt ihn, erblaßt, hebt ihr Kind hoch, taumelt zu ihm und schluchzt:

«Paul, Paul, mein Paul!»

Überwältigt schlingt er seine Arme um sie, verbirgt seine nassen Augen in ihren Haaren – und küßt die vollen Backen des Kindes, das erschreckt sein Köpfchen hinter den zuckenden Schultern der Mutter versteckt.

Langsam kommen sie zu sich, treffen sich ihre Lippen, finden zurück zu dem Zauber ihrer ersten Begegnung, und mit verhaltener Zärtlichkeit berühren ihre Hände sein Gesicht.

Paul findet Magda nur wenig verändert. Etwas fraulicher ist sie geworden, etwas voller, aber sie hat nichts von ihrem Charme verloren. Er kann es kaum fassen, daß sie Mutter geworden ist. Ihm ist, als hätte er sie nie besessen, als müßte er alles an ihr neu entdecken: ihre frischen, geröteten Wangen und vor allem ihre gewellten hellbraunen Haare, die so ganz anders riechen als die von Luise – oder Evelyn. Um sie ist kein berauschender Duft, sie riecht einfach nach seiner Magda. Und ihre Beine, die vom Kostümrock bis über die Knie bedeckt sind, passen durchaus zu einer Mutter, die ihm einen Sohn mitgebracht hat.

Sie sprechen nur wenig. Vieles ist unwesentlich geworden: Niekosken, der Krieg, die Vertreibung, die Flucht, die Gefangenschaft, Westfalen und der Langenhof. Jetzt zählt nur, daß nichts verloren ist – daß die Summe ihres bisherigen Lebens in dieser Stunde beschlossen liegt, in der sie sich wiedergefunden haben...

Später in Pauls Kammer sieht Magda sich um, rümpft ihr Näschen und übernimmt das Kommando. Paul muß ins Dorf, Fußbodenbeize und Weißkalk besorgen. Sie selbst schrubbt die mistigen Holzdielen, schüttet das muffige Stroh aus den Säcken, staucht die verschwitzten Wolldecken in einer Seifenlauge aus, hängt sie in die Sonne, wäscht Türen und Fenster gründlich ab und macht nebenbei Grabert artig darauf aufmerksam, daß in ein Zimmer ein Schrank gehört. Sie bekommt auch einen, heißt Paul ihn herbeizuschaffen und im Flur aufzustellen. Noch prustend, erhält er den Auftrag, nun auch noch einen besseren Tisch und zwei normale Stühle zu erkämpfen. Sogar ein Waschgestell mit Spiegel wird ihm angeboten. Dann wird die Bude geweißelt, der Fußboden nochmals gewischt und dick mit Fußbodenbeize gestrichen. Magda sucht einen halbwegs passenden Vorhang aus ihrem Koffer, befestigt ihn, wirft den Jutesack in hohem Bogen hinaus, bezieht die getrockneten Decken mit karierten Überzügen, ebenso die Kopfkissen, breitet weiße Laken über die Strohsäcke und drückt Paul ein schmuddeliges Laken in die Hand.

«Bring das deiner Chefin», befiehlt sie, «ich habe meine eigene Wäsche.»

Mit hochrotem Kopf steht er verlegen vor ihr und findet keine Ausrede. Dieses verfluchte Laken unter seinem Strohsack! Hätte er es nur mitgenommen zu Luise!

«Ist das Laken etwa nicht vom Hof?» fragt Magda verwundert.

«Nein, doch», stottert Paul.

«Ach so – so ist das. Deshalb ist es so fleckig.»

«Ja, deshalb», gesteht Paul betreten.

«Hatte sie das Laken mitgebracht?»

Ein reumütiges Lächeln, Paul hätte sich auspeitschen können. Er wagt aber kein weiteres Geständnis.

«Du mußt es zurückbringen, ich will es nicht haben.»

«Ich bringe es nicht zurück! Ich will sie nie mehr sehen!»

«Das darfst du auch nicht, du Weiberheld! Pack es ein und bring es zur Post!»

«Ungewaschen?» entschlüpft es Paul.

Entgeistert stiert sie ihn an. Ihre Augen funkeln. Sie schwingt das Laken, als wolle sie ihn damit züchtigen. Sie tut aber nur so. Ihre Stimme indes klingt ihm unheimlich: «Wo denkst du hin! Gewaschen und gebügelt, natürlich!»

«Nun schimpfe und heule endlich! Warum schlägst du mich nicht wütend ins Gesicht?»

«Phhh! wie alt bist du eigentlich?»

«Dreißig, das weißt du doch.»

«Und ob, und ich bin fünfundzwanzig. Soll ich mich jetzt anstellen wie mit siebzehn? Neunzehn war ich, als du mich gekriegt hast. Mir tut es heute noch leid, daß wir nicht viel früher angefangen haben. Oma hätte auch nicht mehr getobt, wenn ich mit sechzehn, siebzehn schwanger geworden wäre. Aber später, auf der Flucht, da war sie bis zu ihrem letzten Tag voller Sorge um unser ungeborenes Kind; sie hat mir noch den allerletzten Bissen zugesteckt.»

«Du warst die ganzen Jahre ohne Mann?»

«Seitdem gab es für mich keinen anderen mehr. Ich hatte bis neunzehn gewartet, da kam es mir nicht mehr darauf an, daß ich weiter warten mußte. Seitdem habe ich nur deinen Sohn geliebt.»

«Ich habe aber auch nicht gewartet.»

«Worauf denn? Auf mich? Ich hätte ja tot sein können, oder verschollen, oder verheiratet. Außerdem wußte ich, daß du lebst, was du von mir nicht wußtest.»

«Auch in der Gefangenschaft sind viele umgekommen.»

«Hoffnung ist das halbe Leben.»

«Du bist mir also nicht böse?»

«Phh, und ob! Ich bin wütend und traurig und entehrt! Ich lasse mich scheiden! So, jetzt weißt du es!»

«Ich verstehe dich schon, Magda.»

«Gar nichts verstehst du, du herzloser Betrüger! Wie hieß denn deine heimliche Geliebte, war sie wenigstens hübsch und liebte sie dich sehr?»

«Sie war hübsch, verheiratet und ein Biest. Sie läßt sich tatsächlich scheiden. Luise heißt sie.»

«Läßt sie oder wird sie geschieden?»

«Ihr Mann, mein Freund Bernhard, hat sie rausgeworfen. Aber nicht meinetwegen. Er hat eine andere und die ist schwanger. Sie heißt Elfi.»

«Und du hast seine frühere Luise getröstet.»

«Die brauchte keinen Trost. Ein mannstolles Luder ist sie. Kam eines Abends einfach zu mir. Ich wäre nie hinter ihr hergelaufen.»

«Aber bei ihr liegen und mit ihr schlafen, das wohl!»

«Sie ist richtig über mich hergefallen.»

«Ach, du armer Verführter! Der starke Mann ist schwach geworden; wie ich Mitleid mit dir habe! Wie lange hast du es mit ihr getrieben?»

«Einige Monate.»

«Wolltest du sie heiraten?»

«Ich nicht, sie mich.»

«Hattest du schon Schluß mit ihr gemacht?»

«Ja, sie wohnt jetzt in Obernburg und sie wollte, daß ich zu ihr ziehen und bei ihr bleiben sollte. Das wollte ich nicht, weil sie keine Kinder bekommen kann. Wild wie eine Furie ist sie geworden und hat geschrien, ich bekäme nie eine Frau, die auf meinem verwanzten Strohsack mit mir Kinder zeugen möchte. Damit war für mich alles aus und vorbei.»

«Dumme Ziege», ist Magdas Bemerkung dazu und dann

meint sie: «Ob in Niekosken im Heu oder hier auf Stroh, da sehe ich keinen Unterschied. Jedenfalls hast du Glück gehabt, daß sie unfruchtbar war; sonst wäre sicher nicht nur die Elfi schwanger, und dann hätten wir wirklich Probleme.»

«Es kommt eben, wie es kommt.»

«Gar nichts kommt, wie es kommt, es kommt so, wie es gemacht wird.»

«Ach, Magda.» Er will sie in die Arme nehmen, aber sie entzieht sich ihm und gebietet:

«Bleib mir vom Leib, du ungetreuer Schurke. Suche mir meinen Sohn, der treibt sich irgendwo draußen herum; ich will dein Liebesnest fertig putzen.»

Paul findet seinen Jungen im Stall bei den Kühen.

Er nimmt ihn am Händchen, zeigt ihm Pferde, Schweine, Schafe und Hühner und streut mit ihm um den Hof herum und versucht nebenbei, sich Magdas Reaktionen zu erklären. So resolut war sie früher nie gewesen. Nichts mehr vom fügsamen, händchenhaltenden Mädelchen aus Niekosken. Jetzt hat er eine beherzte, zupackende, selbstsichere junge Frau aus Westfalen bei sich, die weiß, was sie will. Und in wenigen Stunden darf er bei ihr liegen...

Es wird nicht sehr spät an diesem Abend. Die letzte, fast schlaflose Nacht fordert ihren Tribut. Aber es ist gut, an einem gedeckten Tisch, auf einem guten Stuhl in einer sauberen Kammer zu sitzen, die bunten Betten zu sehen und keinen Jutesack mehr vor dem Fenster zu haben. Auf einmal hat für ihn seine Bude nichts Trostloses mehr. Sie ist erfüllt von Leben, vom ruhigen Schlaf des Kindes und von Magda, die ihr Nähkästchen genommen hat und seine zerrissene Hose flickt. Paul sehnt sich nach ihr, doch ihre Ruhe lähmt ihn, sie scheint ihm fast unnahbar zu sein, als ob sie geschlechtslos wäre. Sie näht nur und fragt:

«Bestellen wir gleich morgen das Aufgebot, Paul?»

«Ja, natürlich, Magda, gleich morgen.»

«Das mit Paul-Herrmann muß auch geregelt werden. Nach der Hochzeit müssen wir seinetwegen zum Jugendamt.»

«Selbstverständlich, Magda.»

«Du mußt früh raus, wir wollen schlafen gehen.»

«Ja, das wollen wir.» Paul ist unsicher, weiß nicht so recht, wie er sich verhalten soll. Ihm erscheint es unerträglich, daß Magda sich einfach vor ihm entblößen wird, wie Luise, einfach so. Er sagt:

«Soll ich solange rausgehen, bis du…?»

Magda räumt ihr Nähzeug beiseite, küßt seine Nasenspitze und stichelt:

«Was stellst du dich so an, du unkeuscher Jonathan. Wir haben viel nachzuholen, auch das Ausziehen!»

Sie setzt sich auf seinen Schoß, schmiegt sich an ihn und schlingt ihre Arme um seinen Nacken. Als sie spürt, wie seine Finger, zunächst zaghaft, dann zielsicher unter ihrem Kleidchen hinaufgleiten, biegt sie sich weit zurück, öffnet ihm ihre Schenkel und löscht das Licht…

Unverhofft tritt Magda zu ihm auf den Stand. Er hat sie nicht kommen hören. Sie kitzelt ihn im Nacken und sagt: «Da bist du ja, ich habe bis ein Uhr auf dich gewartet, dann bin ich eingeschlafen. Dann wurde ich wieder wach und war immer noch allein.»

Paul stellt den Melkeimer beiseite und dreht sich ihr im Sitzen zu. Mein Gott, seine Magda im Nachthemd, nur eine Wolljacke hat sie um die Schulter gehängt. Rasch wischt er sich die Hände an den Hosenbeinen trocken, läßt sie flugs unter dem Baumwollstoff hinaufgleiten, umfaßt besitzfreudig die Rundungen ihres nackten Gesäßes und und fragt besorgt:

«Du Armes, hast ohne mich nicht gut schlafen können?»

Magda schüttelt wortlos ihr ungekämmtes Köpfchen. Als müsse er jetzt und hier Versäumtes nachholen, schiebt Paul kurzerhand die noch bettwarme Verhüllung bis zur Taille hoch und betupft küssend die sanften Wölbungen unter ihrem Nabel.

«Bitte nicht, Paul, wenn jemand kommt!»

«Wie spät ist es denn?»

«Es geht auf fünf zu.»

«Dann habe ich ganz schön getrödelt. Ist Grabert schon auf?»

«In seinem Schlafzimmer brennt schon Licht.»

«Vor halb sechs ist der nie draußen», sagt Paul und umkreist langsam mit den Lippen den Ansatz ihrer Schamhaare.

«Nicht, Paul, bitte», haucht Magda, macht aber nicht den kleinsten Versuch, sich ihm zu entziehen.

Der Anblick ihres weißen, verführerischen Leibes und der betörende Duft ihrer erblühten Weiblichkeit überwältigen ihn, verwirren seine Sinne, rufen in ihm das urwüchsige Verlangen hervor, die Quelle ihrer Lust zu umschmeicheln, sich an den unsäglichen Glücksgefühlen zu ergötzen, die seine Liebkosungen in ihr hervorrufen werden. Nie war seine Begehrlichkeit größer, seine Begierde so berauschend. Fordernd wandert sein offener Mund ihre Lenden hinab, macht oberhalb ihrer Knie kehrt, schweift scheinbar unentschlossen umher, tastet sich dann behutsam in der Spalte zwischen ihren geschlossenen Beinen empor und berührt mit unnachahmlicher Zärtlichkeit ihr Geschlecht...

Paul hört Magdas Stöhnen nicht mehr, aber er spürt, wie sie ihm zögernd ihre Schenkel öffnet, wie das erregende Spiel seiner Zungenspitze ihren Körper durchzuckt, wie sie ihm lustvoll ihren Schoß entgegendrängt, wie ihre Finger sich in seinem Schopf verkrallen, wie ihre glatten Hüften in seinem Griff zu zittern beginnen – bis sie schaudernd vor Wonne hilflos in seine Arme sinkt...

Ihr Gesicht an seiner Brust verbergend, stammelt sie: «Du Unhold, du Schlimmer, schämst du dich nicht?»

«Nicht ein bißchen», gesteht Paul benommen.

Überglücklich umschlingt sie ihn, küßt ihn leidenschaftlich und fragt kaum hörbar:

«Und was ist mit dir?»

Paul hebt sie eilends auf, trägt sie hinter die Kälberboxen, bettet sie auf eine saubere Kuhdecke im Stroh, wirft sich über sie und dringt stürmisch in sie ein. Doch nach wenigen ungestümen

Stößen zügelt er seine Bewegungen, um das drängende Pochen seines wallenden Blutes zu bezähmen. Erst als die sanften Regungen ihres Beckens ihm ihre erneute Bereitschaft künden, rührt auch er sich wieder. Gefühlvoll paßt er sich ihnen an, erwidert sie, fordert sie heraus, wirkt ihnen entgegen, hält Schritt mit ihrer Heftigkeit, führt sie abermals zur erlösenden Entspannung und zuckt dann selbst keuchend zusammen.

Der glühende Leib unter ihm hat sich nicht gegen seinen Erguß gewehrt. Magda streichelt nur seinen schweißnassen Rücken und preßt ächzend hervor:

«Du hast ja nicht aufgepaßt, Paul.»

«Hätte ich sollen, Liebes?»

«Aber nein, Schatz. Paul-Herrmann sollte nötig ein Schwesterchen haben. Du wolltest aber warten, bis du eine bessere Stelle hast.»

«Das kann dauern, darauf will ich nicht warten.»

«Komm, du leichtsinniger Verführer, steh auf, wenn Grabert hereinkommt, dann...»

«Wir sind amtlich verheiratet», trumpft Paul auf.

«Und wie!» bestätigt Magda. Sie beißt ihn scherzhaft in die Nase, kitzelt ihn zwischen den Rippen und rollt ihn von sich. Neben ihm sitzend, bestaunt sie neugierig und dankbar sein übermäßig geschwollenes Glied, trocknet es behutsam mit einem Zipfel ihres Nachthemdes ab, entfernt lächelnd ebenso den überschüssigen Samen, der ihre Schenkel verklebt, und huscht behende davon.

Völlig verblüfft sitzt Paul allein im Stroh.

So frei und unbefangen hatte er Magda noch nie erlebt. Hatte er ihre manchmal hemmende Schamhaftigkeit etwa weggeküßt, als seine Zunge ihre Schamlippen berührte? Oder war ihr in dieser Nacht ohne ihn klar geworden, daß sie nur noch vorbehaltlos und selbstvergessen lieben wollte? Paul will es gar nicht wissen. Es ist ihm ohnehin unfaßlich, wie selbstverständlich sie ihm das für sie Unerlaubte gewährt hatte. Künftig wird es also nachts nichts Ungehöriges mehr geben.

Paul möchte aufjauchzen vor Glück und Genugtuung. Ihm ist bewußt, daß es für seine Magda nichts Vergleichbares auf dieser großen Welt geben kann.

Er erhebt sich, faltet die Kuhdecke zusammen, legt sie über eine leere Kälberbox, nimmt seinen Schemel und melkt die Beate weiter. Fünf Kühe warten noch auf ihn. Doch Lust hat er gar keine mehr. Diese Nacht hatte es in sich. Erst stundenlanges Versammlungsgezeter und tiefsinnige Weltverbesserungsdebatten, und als Krönung eine heißblütige Geliebte im Stroh! Das ist Leben, Paul Sellmann, wundervolles, erfülltes Leben! Sein Leben!

Allmählich breitet sich in seinem Hirn eine wohlige Leere aus. Er kann und will an nichts mehr denken...

Paul schläft immer noch, als seine Magda vom Einkaufen aus dem Dorf zurückkehrt. Sie hat Brot, Milch und Marmelade besorgt, stellt die Sachen auf den Tisch, kramt aus einer Westfalenkiste Teller und Besteck hervor und bereitet das Frühstück. Was gestern war, ist für sie erledigt. Heute ist ein neuer Tag. Sie betrachtet Paul, der nur halb zugedeckt daliegt. Was wird er tun, überlegt sie, wenn er erwacht? Er sollte längst wach sein.

Sie setzt sich an das Fußende des Bettes und kitzelt seine nackten Beine. Aber das merkt er gar nicht. Er liegt vor ihr wie ein schlafendes Kind. Das ist er ja auch. Dieser gutmütige Riese, der sich von seinen Kühen ausbeuten läßt. Ihre Hand krabbelt an seinen Schenkeln hoch und fängt zärtlich an zu spielen. Er regt sich und wälzt sich zur Seite. Deutlich spürt sie, welche Macht ihre streichelnden Finger über ihn haben. Sie weiß jetzt, daß er wach ist, aber sie genießt es, daß er sich schlafend stellt. Ihr ist, als hätte sie etwas an ihm gutzumachen, als müßte sie ihm zeigen, wieviel es ihr bedeutet, bei ihm zu sein, ihn zu berühren, auch ohne Wohnung und weiche Ehebetten. Unmerklich schiebt sie die Wolldecke ein wenig beiseite und beobachtet fasziniert, wie das schlaffe, zusammengerollte Objekt unter ihren Fingern sich zusehends vergrößert, immer mehr anschwillt und sich schließlich steil aufrichtet.

Zum erstenmal erlebt sie, wie die Erregung, die sie bewußt in ihm geweckt hat, auch ihre Gefühle in Wallung versetzt; eine für sie überraschende Erfahrung. Unversehens wird ihr klar, weshalb es ihm nie zuviel wird, sie unermüdlich zu liebkosen. Es ist die zunehmende Liebesbereitschaft des anderen, die die eigene Leidenschaft schürt.

Der ungestörte Anblick seiner geliebten Männlichkeit löst in ihr ein lustvolles Verlangen aus, ihn ganz zu besitzen. Warum rührt er sich nicht, er ist doch gleich soweit. Warum fällt er nicht über sie her? Empfängt er ihre Verführung wie eine wohlverdiente Entschädigung? Soll sie nur ihn beglücken, ohne daß er sie erlöst? Hat sie ihn so sehr verletzt?

«Nein, nein, warte nur, du Simulant!»

Sie huscht zur Tür, schiebt den Riegel vor, zieht die Vorhänge zu, entledigt sich ihres Schlüpfers, setzt sich rittlings über seine Hüften, umfängt sein Geschlecht, läßt ihr Becken kreisen, beugt sich vornüber und zischelt:

«So möchtest du wohl jeden Morgen geweckt werden, du unausgeschlafener Faulpelz.»

Er antwortet nicht, aber sie bekommt, was sie will. Erst als sie entspannt von ihm gleitet, meldet er sich.

«Wie spät ist es, wo ist Paul-Herrmann?»

Roelof Lok, 71 Jahre

Kurze

Foto: Marc Eckardt

Bekanntschaft

Vollkommen entkleidet saß ich an meinem Schreibtisch und versuchte, den Brief an Eduardo nicht allzu zärtlich klingen zu lassen. Nackt schreiben, das inspiriert mich mehr, dachte ich, es führt mich direkt zu dem, was ich wirklich sagen möchte, doch es sollte diesmal nicht allzu gefühlvoll klingen, und das war schwer.

Unsere letzte Begegnung war noch nicht so lange her, und während ich dort so saß und mir die Zeilen fast unbewußt aus der Feder flossen, wandten sich meine Phantasie und meine Erinnerung zurück an das Erlebte; es war einfach zu beeindruckend.

Nur wenige Male hatten wir uns gesehen, das erste Mal auf jener Geburtstagsparty bei Pamela, bei der wir alle schon ein wenig zu viel Wein getrunken hatten und lachend und beschwipst Spielchen spielten, wie sie mir noch von Kindergeburtstagen her bekannt sind. Am Anfang hatte ich ihn gar nicht recht bemerkt, und irgendwie ist seine Anwesenheit erst nach und nach in mein Bewußtsein gedrungen, ich vermag auch kaum zu sagen, warum. Vielleicht, weil mir sein Alter auffiel oder seine schon leicht ergrauten Schläfen? Oder weil er eine ungewöhnlich sanfte Stimme besaß, die gar nicht recht zu ihm zu passen schien? Ich glaube, ich fragte Pamela sogar, woher sie ihn denn kenne und warum sie ihn eingeladen habe, aber ich kann mich nicht an eine Antwort erinnern, nur daß sie mich lachend am Arm nahm und mich zu ihm hinführte. «Darf ich euch bekannt machen?» fragte sie und wir nickten beide höflich und erstaunt. «Eduardo, das ist Rita, eine herzallerliebe Freundin! Rita – Eduardo!» Und damit ließ sie uns allein. Ich weiß noch, daß ich ihm beschämt gegenüberstand und nicht mehr wußte, was ich erzählen sollte. Um so erleichterter war ich, als er dieses nicht zu bemerken schien und sich nach ein paar höflichen Fragen, die ich steif und leicht errötend beantwortete, mit einem freundlichen Nicken galant von mir ab- und einem anderen Grüppchen zuwandte.

Ich war erleichtert in der Hoffnung, er habe noch nicht gemerkt, wie jung und unerfahren ich mir im Gegensatz zu ihm vorkam. Lag es nun doch am Wein? Oder woran sonst? Daß wir doch noch einmal ins Gespräch kamen und uns sogar für den nächsten Sonntag im Café verabredeten, am nächsten Morgen, im nüchternen Zustand, kam es mir beinahe unglaublich vor. Sollte das etwa nur ein Traum gewesen sein? Ein inniger Wunsch, der mich selbst im Schlaf nicht mehr losließ?

Nichtsdestotrotz fand ich mich am nächsten Sonntag pünktlich im verabredeten Café ein, nicht zu pünktlich, versteht sich, eine Dame kommt doch immer etwas zu spät, oder? Und wenn ich noch zu jung für ihn war, um als «Dame» zu gelten? Jedenfalls, er ließ sich nichts anmerken, als ich, nachdem ich eine viertel Stunde lang mit klopfendem Herzen auf der nahegelegenen öffentlichen Toilette zugebracht hatte, mir angemessen erscheinende zehn Minuten zu spät kam. Galant erhob er sich ... «Wie schön, dich hier zu sehen!» – und bot mir einen Stuhl an, ganz Kavalier der alten Schule. Ich muß zugeben, er beeindruckte mich an diesem Nachmittag noch weitaus mehr als bei unserer ersten Begegnung, seine Unterhaltung war so geistreich, sein Charme so sprühend und so dezent zugleich, daß ich ihm alsbald förmlich jedes Wort von den Lippen ablas und es gierig verschlang. Eduardo – sein Name prägte sich mir ein und er kam mir vor wie der schönste auf Erden, den ich je gehört hatte, und noch in derselben Nacht war mir klar, daß ich mich in ihn verliebt hatte. Verliebt in einen Mann, der gut zwanzig Jahre älter sein könnte als ich, ich konnte es nicht fassen und doch nicht lassen, ständig an ihn zu denken. Es wurde eine schlaflose Nacht, in der ich mich unzählige Male hin- und herwälzte und doch ständig nur sein Gesicht vor mir sah, seine schmalen Lippen, die sich so sanft und anmutig bewegten, wenn sie aus seinem reichhaltigen Leben erzählten. Zum Abschied hatte er mich geküßt, ganz sanft, ich konnte es kaum glauben und es schien mir, als müsse mein Herz stehenbleiben in jenem kostbaren Augenblick. Erst am frühen Morgen fiel ich erschöpft in einen tiefen Schlaf. Der Tag in der Bank, er verging so langsam und träg, wie nur Montage vergehen können. Es ist einem fast unmöglich zu arbeiten, immer sah ich nur sein Gesicht vor mir und wußte nicht, wie ich mir helfen sollte.

Es verging eine Woche, ehe wir uns wieder sahen, ehe wir voneinander hörten. Wir hatten zum Abschied am letzten Sonntag die Telefonnummern ausgetauscht, doch eine abgrundtiefe Angst hatte mich gehindert, ihn anzurufen. Angst, abgelehnt zu werden? Nun, jedenfalls war er es, der mich eines Abends anrief und fragte, ob ich Lust hätte, ihn morgen auf eine Exkursion zu begleiten. Möglichst gelassen tat ich so, als ob ich angestrengt überlege, ob ich morgen tatsächlich Zeit hätte (natürlich hatte ich Zeit!). Morgen, Sonntag, ja, warum denn nicht? Ich wußte bereits, daß er Geologe war und daß ihn ein Forschungsauftrag hierher beordert hatte, so weit war ich informiert. «Ich soll mich dem Sand der hiesigen Strände widmen», sagte er und ich nickte begeistert am Telefon – es sollte also zum Strand gehen! Eigentlich war es zu dieser Jahreszeit noch ein bißchen zu kühl für den Strand, doch Eduardo hätte eine Reise zum Mond vorschlagen können, ich glaube, auch dann hätte ich noch begeistert genickt.

Wir fuhren gegen Mittag los. Eduardos altes, nicht mehr rostfreies Auto versprühte fast ebenso einen Charme wie er selbst – ich fühlte mich sofort wohl in ihm. Natürlich hatten wir einen Picknickkorb mitgenommen, denn die Fahrt sollte heute zu einem entlegenen Strand im Norden führen, zu einem Strand, den ich auch noch nicht kannte. Wir hatten Glück, die Sonne schien und paßte sich so unserem Gemüt an. Die Straßen wurden bald schmaler und holpriger und ich fand es recht lustig, wie das Auto um die Schlaglöcher herum tuckerte. Es erinnerte mich an eine Szene in einem alten Film, den ich vor Jahren einmal gesehen hatte. Verstohlen betrachtete ich Eduardo von der Seite. Jetzt, im prallen Sonnenlicht gesehen, bemerkte man schon die zahlreichen Falten, die sich um seine Augen legten, und auch sein Dreitagebart zeigte bereits einige graue Ansätze. Ich begann mich zu fragen, wie er sein Leben wohl bisher verbracht hatte. Vielleicht konnte er Gedanken lesen, vielleicht war mein fragender Gesichtsausdruck aber auch nur zu offensichtlich.

«Rita, was denkst du? Du fragst dich, wer ich bin?» fragte er unverhofft. Und als ich nicht antwortete, da legte er einfach seinen Arm um mich und sagte: «Hör auf, dich zu fragen. Ich werde dir sagen, wer ich bin: ich bin ein Vagabund, das ist mein Beruf, das ist mein Hobby.» Und dann sagte er: «Die Reise zum Sinn des Lebens, das ist mein Ziel.» Ich glaube, ich habe ihn nicht verstanden, jedenfalls spürte ich, wie ich während der Fahrt Distanz zu ihm aufbaute, obwohl er doch immer noch Eduardo war. Oder gerade deswegen. So viel könnte ich von ihm lernen, statt mich in seiner Gegenwart befangen und dumm zu fühlen. Er lenkte das Auto auf eine Wiese neben der schmalen Landstraße und hielt an. Mit einem Blick auf die Küste links von uns sagte er: «Wir sind da.» Ich schaute in die Richtung, in die er nun mit seinem Arm wies, und entdeckte ganz weit hinten einen hellen Streifen vor dem blau schimmernden Meer, das mußte der Strand sein. Zuerst mußten wir ein Maisfeld durchqueren, wer weiß, wem es in dieser verlassenen Gegend wohl gehören mochte. Es kam mir ewig vor, wie wir Maisstengel um Maisstengel nach links und nach rechts bogen, um uns einen Weg zu bahnen. Dann wurde der Boden auf einmal schlüpfrig und Wasser sickerte durch den braunen Boden, so daß wir unsere Schuhe ausziehen mußten und barfuß weitergingen. Es war ein komisches Gefühl, wie der immer dunkler werdende Schlamm sich durch die Zehen quetschte und unsere Füße immer weiter im Schlamm versackten. Und dann war da plötzlich der weiße Sand, wir waren am Strand angekommen! Der Strand war so breit und so weiß, daß er mich blendete und ich blinzeln und die Hand schützend vor die Augen legen mußte, um zum Meer blicken zu können. Eduardo blinzelte mich vielsagend an – und schon war es soweit: wir rannten um die Wette zum Meer, uns gegenseitig zurückziehend und einander lachend überholend, einer schneller als der andere, immer atemloser werdend, bis Eduardo mich kurz vor dem Meer um die Taille faßte und mit sich zu Boden riß. Wir lachten beide immer noch, und wie er da so auf mir lag, wurden wir uns plötzlich beide unserer gegenseitigen Nähe bewußt – ich glaube, ich bin rot geworden. Langsam stand Eduardo auf. «Erst die Arbeit oder erst das Vergnügen?» fragte er, wobei er vielsagend auf den Picknickkorb wies. – «Erst das Vergnügen!» rief ich spontan. Eduardo blinzelte mich lange an. «Einverstanden!» sagte er dann und setzte sich zu mir in den Sand. Er holte eine Flasche Wein hervor und zwei Gläser, ein paar belegte Brote und eine Honigmelone – es wurde ein köstliches Mahl! Selten hat mir etwas so sehr geschmeckt wie dieser herbe Wein und die einfachen, belegten Brote. Vielleicht war es aber auch nur Eduardos Gegenwart, die alles in einem besonderen Glanz erscheinen ließ. Ich weiß nicht, wie lange wir so gesessen und gepicknickt haben. Wir tranken ein Glas Wein nach dem anderen, die Sonne machte durstig! Wie schade, daß die Flasche schon leer war! Eduardo erhob sich und ging zu seinen Gerätschaften. Er wollte Sandproben an verschiedenen Stellen des Strandes sammeln, das brauchte er für die Forschung, wie er sagte. Mich interessierte der Sand weniger, um so mehr fühlte ich mich aber von der gewaltigen Kraft des Meeres angezogen, die sich in starken und hohen Wellen beeindruckend zeigte.

Es war noch ein wenig kühl für diese Jahreszeit und ich war mir nicht sicher, ob ich angesichts der hohen Wellen wirklich ins Meer gehen sollte. Wir waren ganz allein am weiten Strand, kein Mensch verirrte sich für gewöhnlich in diese abgelegene Gegend. Zögernd schlenderte ich am Strand entlang und ließ meine Füße von den ausrollenden Wellen umspülen, wie gut das tat! Wie erfrischend! Ich lief weiter und weiter, sah den noch blaßblauen Himmel über und das tiefe Blau des Meeres neben mir. Schaumkronen, die entstanden und wieder zerrannen. Die Natur, sie war so gewaltig an jenem Tag, daß sie mich vollkommen faszinierte und in ihren Bann zog. Ich weiß nicht, wie es gekommen ist, jedenfalls bemerkte ich plötzlich, daß ich mir die Hose auszog und einfach irgendwo liegen ließ – ich wollte das Meer noch mehr spüren, wollte das Salz auf meiner Haut fühlen. Wie benommen raste ich in das Meer hinein, wurde erfaßt von einer riesigen Welle und in einer weitausholenden Bewegung des Meeres wieder an Land gespült. Nun riß ich mir auch die anderen Kleider vom Leib und rannte abermals, nun vollkommen nackt, in das Meer hinein. Es war wie ein unerklärlicher Rausch, der Besitz von mir ergriffen hatte, und ich konnte mich der Faszination nicht entziehen. Es war, als ob das Meer mich hypnotisiert hätte. Immer wieder eintauchend lief ich am Meer entlang, hörte mich vor Freude jauchzen und schreien, spürte, wie der Wind meinen bloßen Körper erfaßte, wie er mir sanft um Brüste und Schenkel strich, liebkosend, zärtlich.

Und dann nahm ich Eduardo wahr, Eduardo, der längst aufgehört hatte, Sand zu sammeln, und mich wohl staunend beobachtet haben mußte. In dem Moment, in dem ich ihn wieder wahrnahm, wurde ich mir meiner Nacktheit wieder bewußt. Doch der Strand war so groß und so breit, meine Sachen lagen verstreut und weit von mir. Als er sich näherte, sah ich, daß auch Eduardo nun vollkommen nackt war; mein Herz begann auf einmal wie wild zu schlagen. Da war Eduardo, der Eduardo, an den ich die ganze Woche hatte denken müssen. Doch ich hatte an ihn gedacht als den charmanten älteren Herrn aus dem Café. Ihn jetzt hier entblößt zu sehen verschlug mir den Atem. Ich stand auf und begann zu rennen, spürte, wie die Muskeln sich streckten, wie Sonne und der Wind mich trockneten, ja ich spürte meinen Körper so intensiv wie wohl noch nie zuvor. Berauscht vor Freude an dem eigenen Körper kam ich an Klippen an, die ein vorläufiges Ende des Strandes ankündigten. Ich hatte weder Kleider noch Schuhe, mit denen ich die Steine hätte überwinden können, doch ich kam mir schon längst nicht mehr vor wie ein Mensch, ich war ein weibliches Tier, das sich nun mit Händen und Füßen tastend über das schwarze Gestein schob, kletternd, tastend und springend, dem Wind und den immer wiederkehrenden klatschenden Wellen ergeben. Ein Geschöpf, das zum ersten Mal spürte, wie der Wind sich anfühlt, wenn er über den nackten Popo streift und die Schenkel durchweht. Und hinter mir war immer noch Eduardo. Plötzlich wurde mir bewußt, daß ich vor ihm davonlief. Doch ich wollte nicht vor ihm davonlaufen. Sein nackter Anblick, wie er mit Armen und Beinen hangelnd, sein Geschlecht deutlich sichtbar vor sich, zu mir hinstrebte, erregte mich plötzlich ungemein, und als ich in einer sandigen Mulde ankam, ließ ich mich erschöpft vor Erregung und Lebenslust fallen. Der weiche Sand nahm mich wohlig auf, er knirschte leicht unter mir. Als Eduardo bei mir ankam, stand er groß, breitbeinig und mit leicht gespreizten Armen über mir. Ohne ein Wort zu sagen, beugte er sich über mich und küßte mich lang und innig. Ich spürte seine salzige Zunge und wie sich die Wärme seines Körpers näherte, erst neben mich, dann auf mich, dann glitt er in mich hinein, während er mich immer noch küßte, und ich spürte ihn warm und samtig und stark zugleich in mir wachsen, spürte, wie er anfing, sich zu regen, sich zu bewegen, und meinen Rhythmus zu dem seinen machte, immer tiefer in mich reingleitend, die Sonne hoch über uns, heiß, und das schäumende Meer zu unseren Füßen. Eine nie gekannte orgiastische Flut überkam mich, während er sanft meinen Kopf in seine Armbeuge nahm und mich immer noch küßte, mich nicht losließ, als ich erschlaffte, meine Brüste von neuem rieb und mit seinen Händen hinunterglitt zu jener Stelle, an der wir immer noch vereint lagen, mich wieder erregte, immer noch küssend, um sich letztendlich in einer Woge gefühlvoller Kraft und Zärtlichkeit in mich ergoß. Niemals hatte ich zuvor ähnliches erlebt. Wir liebten uns wieder und wieder an diesem Nachmittag, begleitet vom Konzert der nie verstummenden Wellen und ihrer wohltuenden Kühle, die uns vor der Sonne schützte. Es war uns beiden klar, daß dieses ein einmaliges Erlebnis war. Es war jener Moment, jene Stimmung, die Gewalt der Natur um uns herum, die uns verzauberten und uns in ihre geheimnisvolle, berauschende Welt führten.

Nun war ich doch nicht zum Schreiben gekommen; träumend saß ich immer noch nackt an meinem Schreibtisch, Mitternacht war längst vorüber, und inzwischen war mir auch bewußt geworden, was heute eine Gewißheit ist: wie lächerlich, etwas so Großartiges durch Briefe künstlich verlängern zu wollen! Wie naiv, zu glauben, einmal Erlebtes würde nun verbinden. Nein, ich wage heute sogar zu behaupten: damals, das war nicht ich. Das war mein Körper, aber mein eigentliches Wesen, es muß verzaubert gewesen sein, um zu erleben, was es zu erleben in der Lage war.

Celia Zellner, 30 Jahre

Urlaub 95

Soll ich dir helfen?» fragte mit frechem Grinsen der Tom-Cruise-Typ neben mir. Ich fummelte nämlich gerade undamenhaft fluchend am Verschluß meines Bikini-Oberteils herum. Ein Blick nach oben... und ich schaute in zwei wunderbare braune Augen. Auch alles andere war sehr ansehnlich: schwarze Haare, ein muskulöser und tiefbrauner Body... Genau mein Geschmack! Also cool bleiben, dachte ich mir. Drehte mich wortlos auf den Bauch. Überließ mich seinen geschickten Händen.

Ja, so hat es angefangen. Im letzten Jahr. Auf Ibiza. Meine Trennung von Mark schmerzte immer noch, und ich wollte einfach ein wenig Abstand gewinnen. Ein bißchen Fun haben. Und wo kann man das besser als auf Ibiza. Also schnell die Koffer gepackt, und eine endlos lange Woche mit Strand und Sonne lag vor mir. Ehrlich gesagt, einem kleinen Flirt war ich auch nicht abgeneigt. Aber wer konnte ahnen, daß es so heavy kommen würde...

Heute war mein zweiter Tag. Alles war super: das Hotel, die Sonne, das azurblaue Meer. Nur ein Wermutstropfen war dabei. Der Richtige wollte einfach nicht auftauchen. Klar, 'ne Menge Vatis mit Bauch und Stielaugen tummelten sich am Strand. Nicht so mein Fall, eben. Und jetzt dieser Traumboy!

«Die Sonne brennt ganz schön heiß hier. Du solltest dich eincremen.» Etwas rauh klang seine Stimme schon. Ich spürte, wie sein Blick meinen Körper auf

und ab wanderte. Ich wußte, ich konnte mich echt
sehen lassen. Gott sei Dank, das schweißtreibende
Training im Fitneß-Center schien sich bezahlt zu
machen. «Ich glaube, da brauche ich noch mal deine
Hilfe», ermunterte ich ihn und räkelte mich auf dem
breiten Badetuch. Das ließ er sich nicht zweimal
sagen. Sanft und zärtlich glitten seine Hände über
meinen Rücken. Streichelten sacht die Rundungen
meiner Pokugeln. Die waren echt knackig, dem
Stepper sei Dank. «Mach weiter!» schnurrte ich und
grunzte wohlig. Auch er war schon ziemlich in
Fahrt. Die Beule in seiner Badehose zeigte das
überdeutlich. Ließ einiges erhoffen. Jetzt wurde
er kecker. Flutschte mal eben so mit den
Fingerspitzen seitlich über meinen Busen. Wagte
sich auch mal ganz forsch in mein Bikinihöschen. Na
ja, auch die schönste Eincreme-Aktion ist irgendwann zu Ende. Außerdem lagen um uns herum Hunderte
von Sonnenhungrigen. «Besser, du kühlst dich ab!»
Nun grinste ich ihn an. Richtig süß verlegen wurde
er. Spätestens da war ich total in ihn verknallt.
Er rannte ins abkühlende Meer. Pech für die Männer,
daß man bei ihnen immer sofort sehen konnte, was
lief - oder nicht. Ich war genauso angeschärft wie
er. Nur sah man eben nichts. Besser gesagt, fast
nichts, denn meine Nippel drückten frech gegen den
dünnen Stoff des Oberteils.

Um 10 hatten wir uns in der Stranddisko verabre-
det. Bis dahin zog sich die Zeit wie Hechtsuppe.
Ich machte mich richtig schick. Mini und mein
Lieblingsbody, von deren männerhypnotisierender
Wirkung ich mich bereits mehrmals hatte überzeugen
können.

Und so kam's dann auch. Ein paar Stunden Tanzen
und ein geflüstertes «Ich brauch jetzt frische

Luft!», später lagen wir beide nackt im warmen
Sand. «Wie im Fernsehen», dachte ich, «alles da:
das sanfte Murmeln des Meeres, das glänzende Licht
des Mondes, die laue Nachtluft...» Real aber waren
Toms Hände, die mich zärtlich in Fahrt brachten.
Heiß glitt seine Zunge über meine Brust, kitzelte
meine steifen Nippel. Ich spürte sein hartes Glied,
das sich gegen meinen Bauch drängte. Eine Gänsehaut
überzog meinen ganzen Körper, denn seine Zungenspitze spielte mit meinem Venusknopf. Stöhnend
schloß ich meine Augen. Überließ mich ganz dem
Spiel seiner Zunge, seiner Hände, die mich überall
streichelten... Mindestens einmal ist es mir da
schon gekommen. Doch es sollte noch besser werden!
Aber jetzt wollte ich ihn total haben! Ein leises
«Komm!», und ich fühlte, wie er in mich glitt.
Mich ausfüllte, mich mit Geilheit erfüllte. Langsam wiegten wir uns in den Höhepunkt. Der salzige
Duft seiner Haut, die geschmeidigen Bewegungen
seines muskulösen Körpers und sein hartes Ding...
klar, daß ich schon bald einen Hammer-Orgasmus
hatte. Schätze, mir ist's zwei- oder dreimal
gekommen...

«Los, ab unter die Dusche!», ich nahm seine
Hand, zog ihn hoch, und zusammen rannten wir ins
Meer. Was für ein herrliches Gefühl das war!
Schnell waren Schweiß und Müdigkeit vom warmen
Salzwasser weggewaschen. Kreischend und lachend
tobten wir im Wasser. Heftig atmend nahm er mich in
seine Arme. Sein Mund suchte meinen. Ich fühlte
deutlich, daß die Nacht noch nicht zu Ende war...

Am nächsten Morgen wachten wir gemeinsam auf.
Glücklich wie noch nie. Und sind seitdem zusammen.

Marita Meyer v. Egeren, 38 Jahre

228

Foto: Camilla Klein

DIE DRÜCKERIN

Das Telefon klingelt nicht, weil niemand mehr anruft; der Briefkasten bleibt leer, weil niemand mehr schreibt. Ich bin Mitte vierzig; meine Freunde und Bekannten haben das Interesse an mir verloren, so wie ich an ihnen.

Es hat nichts mit meiner Arbeitslosigkeit zu tun. Eher mit Sprachlosigkeit.

Von einem Schauspieler wollen sie amüsante Geschichten aus der Theaterwelt hören. Früher hatte ich Vergnügen daran. Heute ermüdet es mich, und ihr Gelächter ist mir keine Belohnung mehr.

Es ist halb acht abends und an der Wohnungstür klingelt es.

Seit über einem Jahr erstmals. Ich habe gerade die Reste des Abendessens in den Abfalleimer gekratzt und dabei einen Blick in die gegenüberliegende, hell erleuchtete Wohnung geworfen. Dort haust ein Künstlertyp, so in meinem Alter. Ein widerlicher Penner, ein Alkoholiker, ein Anbiederer. Mit einem kleinen Zeichenblock in der Tasche hängt er in den Kneipen rum. Sitzt eine Frau neben ihm, holt er den Block hervor und zieht ein paar Striche darauf. Die Frau schaut dann interessiert zu und er kommt mit ihr ins Gespräch. Die, die er dann tatsächlich abschleppt, sind aber oft das Allerletzte.

Von meinem Fenster aus muß ich mir das mit ansehen.

Ich öffne die Wohnungstür und es steht dort ein schwarzer Engel.

Anderthalb Meter plus ein paar Zentimeter groß. Haare schwarz mit braunglänzendem Stich. Sie wallen und fließen von einem schräggehaltenen Kopf lang über die Schultern.

Eine Eurasierin ganz besonderer Art, schön und abwartend.

Kann ich zu Ihnen hereinkommen? fragt sie, und da ich nicht verneine, betritt sie das Wohnzimmer. Setzt sich an einen der vier Stühle am runden Tisch und hält eine Art weichlederner Schultasche auf ihrem Schoß.

Sie sagt: Ich komme zu Ihnen, weil ich mir vorstelle, Sie könnten Interesse an Entwicklungsarbeit in der Dritten Welt haben.

Ich entgegne: Das interessiert mich nicht, jedenfalls nicht mehr. Und Sie auch nicht, denn Sie wollen doch nur Zeitschriften werben, oder?

Ausdruckslos schaut sie mich an, dann erblüht ein schmitziges Lächeln in ihrem Gesicht und sie sagt: Sie haben recht.

Gut, sage ich zu ihr, wenn dies Ihr letzter Job ist und Sie anschließend eine Flasche Rotwein mit mir trinken, dann abonniere ich eine Zeitschrift.

Sie stellt ihre Tasche neben den Stuhl, öffnet etwas den Reißverschluß ihrer grünen Lederjacke, verschränkt die Arme und lehnt sich zurück. Hebt den Kopf, dreht ihn kreisend und schaut sich so im Wohnzimmer um. Die Nasenflügel sind etwas aufgebläht wie Nüstern. Sie nimmt Witterung.

Das Gesicht ist von außerordentlicher Schönheit und voller kontrastreicher Nuancen. Die schlitzförmige Lidfalte der Augen und deren schwarzgrüne Farbe geben der oberen Gesichtshälfte etwas Katzenhaftes, während die leicht spitz auslaufende Nase koboldhafte Frechheit signalisiert und der vollippige Mund über dem weichen Kinn von nichts als Verlangen und Liebe spricht. Und es ist von einem steten Wechselspiel des Ausdrucks gekennzeichnet, verursacht durch ihre jeweilige Miene und Kopfhaltung sowie der Perspektive des Betrachters.

Sie nickt und sagt: Ja, ich bin einverstanden. Es gefällt mir bei Ihnen. Was für eine Zeitschrift möchten Sie denn?

Haben Sie auch eine Kunstzeitschrift?

Ja, habe ich. Aber es wäre mir lieber, wenn Sie eine Illustrierte nehmen würden, die wöchentlich erscheint, da ist meine Provision höher.

Gut, also den *Stern* meinetwegen.

Während sie einen Formularblock aus der Tasche zieht und sich an das Ausfüllen macht, öffne ich eine Flasche Rotwein, schweren Burgunder, und stelle zwei Gläser auf den Tisch.

Nachdem ich eingeschenkt habe, schiebt sie den Antrag zum Unterschreiben herüber. Sie lehnt sich zurück und nimmt eine sehr aufrechte Sitzhaltung ein, die sie im Verlaufe des Abends lange beibehält. Sie wird niemals Rückenschmerzen kennenlernen.

Ich habe signiert und frage sie: So, nun wissen Sie meinen Namen und meine Anschrift. Darf ich jetzt fragen, wie Sie heißen?

Palmira, antwortet sie, nenne mich aber Clea. So zeichne ich auch meine Bilder.

Sie malen Bilder? frage ich.

Ja, seit dem dreizehnten Lebensjahr male ich. Ich muß das machen, das ist mein Ding, das ist mein Leben. Wissen Sie, das ist wie mit dem Atem, ohne den man nicht leben kann.

Sie sagt, sie sei zweiundzwanzig, studiere Kunst im dritten Semester und wohne bei ihren Adoptiveltern in einem Vorort der Stadt. Das Drücken macht sie in den Ferien, um Geld für eine eigene Wohnung zusammenzubekommen.

Nachdem die erste Flasche Wein geleert ist, habe ich von ihr erfahren, daß sie in Macao geboren wurde. Ihre Mutter war eine Chinesin und der Vater ein portugiesischer Ingenieur. Als sie drei

Jahre alt war, starben ihre Eltern bei einem Autounfall. Ein Bruder ihres Vaters lebte in Deutschland, er adoptierte sie und nahm sie in seine Familie auf.

Nun sind mir die seltsamen Reize ihres Gesichts verständlich. Sie entstammen der Vermischung sinider und mediterraner Gesichtsmerkmale. In meiner Vorstellung zerfließen die Bilder einer schönen Chinesin und einer nicht weniger reizvollen Südeuropäerin ineinander, und durch die rassische Veredelung entwickelt sich aus den verschwommenen Konturen heraus das Antlitz einer Schönheit von nahezu außerirdischer Exotik.

Von mir weiß sie, daß ich zwanzig Jahre als mittelmäßiger Theaterschauspieler agiert habe, dazwischen sehr viel und durch alle Erdteile gereist bin, mit tausend Frauen schlief und nicht bei einer geblieben bin.

Sie ist damit einverstanden, eine zweite Flasche Burgunder zu öffnen, und auch damit, auf dem Sofa Platz zu nehmen.

Sie zieht ihre Lederjacke aus. Darunter scheint sie eine Unmenge von Pullovern übereinander zu tragen. Rückschlüsse auf die Figur, insbesondere den Busen, sind so nicht möglich.

Nach dem Ablegen ihrer Jacke sitzt sie mir näher und es berühren sich zwei Oberarme. Ich schaue ihr ins Gesicht und sage: Ich vermute, Sie haben einen wundervollen Kußmund.

Wenn Sie es nur vermuten, dann sollten Sie es herausfinden, entgegnet sie mit sinnlicher Stimme und legt den Kopf herausfordernd in eine kußgerechte Position.

Dieser Kuß, der nun folgte, war wie die Erkundung eines kleinen Paradieses, wie das Absinken eines Ertrinkenden zum Meeresgrund.

Clea schaut mich mit weit geöffneten Augen an und sagt wie amüsiert und im Tonfall der Anerkennung:

Nicht schlecht, Herr Specht.

Du scheinst auch eine sehr gute Kußschule besucht zu haben, entgegne ich.

Und küsse sie erneut, wobei ich nicht nur den Mund mit einbeziehe, sondern auch über Hals, Ohren, Wangen, Nase und

Kinn mit Lippen und Zunge fahre. Die Hände unternehmen dabei expeditionsartige Wanderungen im Bereich ihres Körpers und landen schließlich auf zwei strammen Pobacken.

Was hast du für einen wundervollen, knackigen Arsch, sage ich begeistert zu ihr.

Gefällt dir mein Arsch so gut? fragt sie nach.

Ja, bestätige ich, er ist so rund, so fest, er ist geil. Er macht wahnsinnig an. Aber leider kann ich nur die Jeans und nicht die Haut fühlen.

Dann faß die Haut doch an, sagt sie auffordernd und verlagert ihre Sitzposition etwas, damit ich meine Hände besser unter ihre Hosen zwängen kann, wo dann die Fingerspitzen auf den Slip treffen, sich darunter schieben und dann ihren nackten, wonnigen Po streicheln, immer fester, daß es ein Massieren wird und eine sichtlich genießende Clea ausruft: Was für tolle Hände du hast, wie geschickt du das machst!

Ach Mädchen, auf so einem edlen Po ist das keine Kunst. Da spielen die Finger von alleine Klavier.

Peter, du bist ein ganz schön verrückter Hund, sagt sie und lächelt dabei.

Aber nur, wenn eine heiße Frau wie du mich so weit bringt, gebe ich zur Antwort.

Ach, ich glaub', du bist auch so ein richtiger sexy Typ, sagt sie und streichelt mein krauses Kopfhaar.

Dann sollten wir ins Bett gehen und sehen, ob es stimmt, sage ich zu Clea und sie folgt mir in das Schlafzimmer.

Nachdem ich dort Kerzen angezündet habe und neben Clea auf dem Bett liege, beginnen wir langsam uns gegenseitig auszuziehen, doch mit jedem abgelegten Kleidungsstück werden unsere Bewegungen schneller und hastiger, weil wir es nicht abwarten können, uns in Nacktheit zu besehen und zu befühlen. Als letztes streifen in Windeseile die Slips über die Beine und fliegen, mit den Fußzehen hinfortgeschleudert, auf den Fußboden.

Dann folgen das Beschauen und das Berühren. Hände, Finger

und Lippen wandern über die Körper, Hautflächen reiben sich; die Sinne eilen voraus und folgen nach. Clea ist in ihrer Regsamkeit (noch) etwas zurückhaltender und ich vermute, daß sie sich bewußt passiv verhält. Sie scheint einen Genuß daraus zu ziehen, ihren Körper wie ein Geschenk darzubieten. Und ich erfreue mich an dessen Anblick und Berührung, sehe ihn im warmen, schimmrigen Licht lasziv und begehrlich ausgestreckt, kurvig und wie alabastern auf dem Laken hingegossen mit der ausladenden Rundung ihres üppigen Beckens und den seitlich leicht abfallenden Brüsten, die ich mal einzeln, mal zusammen in die Hände nehme, streichle, drücke, knetend massiere und dann mit den Lippen berühre, die Warzen und deren rosabräunliche Höfe mit der Zunge umspiele, fest saugend bedecke und mit den Zähnen zart bebeiße, um dann die Wanderung meines Mundes über ihren weißen, nach süßer Milch riechenden Leib fortzusetzen, dabei den Bauchnabel passierend zum Schamhaar gelange, jenem so herrlich weichen, flaumigen Vlies, länglich und mehr einen flauschigen, federförmigen Streifen als ein Dreieck bildend, zart wie Daunen, und so streife ich genießerisch mit glattrasierten Wangen über dieses junge, weiche Moos ihres Schamhügels, um mich dann in die duftende Tiefe zwischen ihren geöffneten Schenkeln zu versenken.

Die Hände umfassen Cleas kräftigen Arschbacke und die Zunge verwöhnt die liebliche Vulva mit all ihrer gelernten Kunstfertigkeit; mal spielt sie sanft mit dem kleinen Kitzler, mal umstreift sie leicht die zarten Schamlippen, dann wieder schlängelt sie sich gierig und mit starkem Druck ins Innere des köstlich warmen, fruchtig-fleischigen Liebesparadieses und wirkt dort behende weiter.

Während der zungenschlagenden Liebkosungen ihres Schoßes wird ihr Atem zunehmend schneller, sie stößt unartikulierte kleine Laute der Lust aus, bald läßt sie das Becken kreisen, faßt verlangend in meine Haare und drückt mit sanfter Kraft den Kopf nach unten und preßt meinem Gesicht fest ihre Scham entgegen, so daß deren Lippen mit denen meines Mundes verschmelzen, doch bald darauf, als die Zunge vom heftigen Spiel schon schmerzen will und mir die Luft knapp wird, da zieht sie mich an den Haaren empor, und ihr folgend finden sich unsere Münder zu einem gierigen, keuchenden Kuß. Dann fallen wir erschöpft und atemholend voneinander ab.

Als die Herzen wieder etwas ruhiger schlagen, gibt Clea mir einen Kuß. Und darauf noch einen, der länger andauert. Dann gleitet sie tiefer.

Behende und mit Anmut bewegt sie sich auf meinem schlanken Körper, ihr langes, lockiges Haar wedelt und umflutet prickelnd noch meinen Brustkorb, dann den Bauch und dann hat ihr Mund den erigierten Phallus erreicht.

Sie kniet nicht zwischen den Schenkeln, sondern links von mir, ihren Körper rechtwinklig zu dem meinigen. So befindet sich ihr Gesäß in Reichweite meiner Hände. Das Gesicht hält sie etwas oberhalb meines linken Oberschenkels, die linke Hand hat sie unter meinen Po geschoben und mit der rechten knetet sie das Glied und die Bälle, gerade so fest, wie man einen Körperteil mit einem Öl oder einer Creme einreiben würde.

Mit einer leichten, fast lässigen Mund- und Kopfbewegung wirft sie ihr langes Haar über die linke Schulter, wodurch die mir zugewandte Gesichtshälfte offen und frei wird und sie dann den Schwanz ihren Lippen zuführt, sich deren feuchten, blutvollen Wölbungen vorerst über die blanke, glänzende Eichel schieben, sie dabei mit der Hand am Schaft des Gliedes dieses leicht kreisförmig rotieren läßt, so daß seine von ihren Lippen berührte Glans diese genüßlich bekost und ich nun spüre, wie aus der Tiefe ihres Mundes sich die Zunge an die Penisspitze tastet, um dann im Zusammenwirken mit den Lippen und mit süßem Speichel ein feuchtes, von zartfestem Lecken, sanftgierigem Saugen und von lustvollen Auf- und Abbewegungen begleitetes Zauberspiel der Sinne an meinem Liebesstab zu vollführen, wie es dieser in so wonnevoller und erregender Weise nur selten genossen hat.

Clea, Clea, rufe ich leise, etwas stöhnend, und da läßt sie ab und windet sich zu mir empor, daß wir mit den Lippen zu einem verschlingenden Kuß übereinander herfallen.

Du bist aus Gold, flüstere ich ihr, den Kopf unter ihren Haaren, ins Ohr, du machst mich wahnsinnig, du machst mich verrückt.

Das will ich auch, bis du mich nie vergißt, haucht sie zurück, auf mir liegend und mich fest umklammernd.

Ich kann nicht mehr warten. Meine Hände liegen auf ihrem weißen Arsch, ich knete ihn vor Begierde mit aller Kraft der Fingerspitzen und rufe: Komm, komm, bitte komm, und meinem abwärtsgerichteten Fingerdruck folgend verlagert sie ihren Körper weiter nach unten, bis ihr Geschlecht wie schwebend über dem meinigen verharrt.

Mit einem Finger vortastend und mit dem steifen Glied nachfolgend dringe ich erst vorsichtig, aber dann härter und zustoßender werdend in sie ein. Der kurze Moment des Eindringens ist für mich der fast genußvollste eines jeden Geschlechtsaktes und wird nur noch von den letzten Sekunden übertroffen, wo der Orgasmus gleich einem wollüstig brausenden Meer herannaht.

Wie ein schwarzer, sich halb herablassender Wonneengel sitzt Clea auf mir, mit ausgebreiteten Armen auf dem Bett abgestützt, und nach den ersten Stößen reiht sie sich mit senkenden, hebenden und kreisenden Bewegungen und voller Begierde ein in den Tanz der nackten Leiber und der Sinnesfreuden.

Und so geht es ineinander verschlungen weiter fort, mit schnell verschwitzter Haut und kürzer werdendem Atem durchwühlen wir das Bett in einem ekstatischen Liebesrausch, wo das Tempo variiert und die Stellungen wechseln, und nichts braucht abgesprochen zu werden, die kleinsten Körperzeichen nehmen wir voneinander wahr und reagieren gemeinsam.

Und nichts ist verkrampft, verbissen; seltsam locker, trotz aller Ekstase, sind unsere Leiber verbunden, trotz kurzem Atem können wir uns mit blitzenden Augen anlachen, und die Hände und die Münder, sie ruhen nicht, sie spielen, kosen, streicheln, kneten und küssen unentwegt. Wir sind tollende, tobende Kinder im Garten der Wollust, den wir jetzt, als wir in die Ausgangsstellung zurückgelangt sind, schon fast durchlaufen haben.

Nun, da Clea wieder rittlings auf mir sitzt und ihr weißer, schweißperlender Körper so vehement, so lustvoll, so freudig sich hebt und senkt, ich ihren wilden, rasenden Bewegungen mit festen, massierenden Griffen in ihr strammes Pofleisch stützend zuarbeite, da haben wir, nach langem Liebeskampf, den vollkommen einheitlichen Rhythmus gefunden. Wir schwitzen und dampfen, der Atem ist flach und schnell, rasend der Herzschlag, und kleine Schreie der Lust explodieren aus den liebesverzerrten Mündern, stark arbeiten die Geschlechter ineinander, das pfählerne Harte in der festen, fleischigen, gleitfähigen Höhle, und in unsere Tollheit kommt die plötzliche Gewißheit der Liebenden, es gemeinsam zu schaffen.

In ausgelassener Wildheit verrichtet Clea ihre Liebesarbeit, sie zuckt und schleudert wie feurig ihr Haupt durch die Luft, die langen, feucht gewordenen Haare fegen irrwischartig um die Wangen und über die Schultern, ihre weißen, fleischigen Brüste tanzen als verlockende Früchte über mir, unsere schweißverklebten Leiber schlagen aufeinander, mit lüsterner Kraft stemmt sich mein Schwanz in ihr nasses Lustschloß; jetzt nimmt sie die Hände von meinen Schultern, richtet sich auf und verschränkt sie hinter dem Kopf, ihre Brüste straffen sich, und durch die variierte Bewegungsart schießen neue Ströme der Lust durch unsere Körper.

Unsere Bewegungen werden konvulsivischer, die Laute ekstatischer, die Luft wird atemschwerer und die Leiber heiß und glühend; da läßt Clea ihre Hände sinken und streift meine Arme zum Zeichen, daß ich die Hände von ihrem Po nehme und sie beide zurücklege und die Liebende sich zu mir beugen kann, ihre Hände in die meinigen vergräbt, als hielte sie mich niedergedrückt und wolle mich an dieses Bett festnageln, so neigen sich fiebernd die suchenden Münder entgegen, Lippen und Zähne verbeißen sich, bis dann die Zungen sich bodenlos versenken; feucht, tief, gierig, verlangend miteinander spielen, und zugleich arbeiten unsere Unterleiber eruptiv und heftig stoßend weiter; ja, jetzt sind wir eine schweißgeölte Liebesmaschine, die auf zwei Achsen rollt, zuckend, bäumend und rotierend am Kopf und am Geschlecht. Langsam drücke ich mit meiner Zunge die ihrige aus dem Mund, sie hebt ihren Kopf, und im Bruchteil einer Sekunde hat sie meinen Zustand erkannt und stöhnt leise auf: Ja, ich auch, ich auch. Und wie zur Bestätigung preßt sie ihren Schoß für eine kleine Weile ganz fest auf mein Geschlecht, um sich dann etwas aufzurichten.

Und jetzt ist es nur noch Clea, die sich bewegt. Auf mir reitend werden ihre Bewegungen immer intensiver, lustbetonter, vom nahezu galoppartigen Heben und Senken verfällt sie in ein schwingendes Rotieren, und mit den ausladenden, kreisförmigen Bewegungen ihres Beckens und Oberkörpers erhebt sie sich, gleich einer Tempeltänzerin, in einen Zustand der Trance, die beglänzten Augen leuchten in Verzückung, Schweißbäche stürzen ihren Körper hinab, und sich immer weiter steigernd schwimmt die Transzendierte in den Wellen der Begierde und Wollust, und jetzt spüre ich, wie die mitreißende Flut des Orgasmus sie erfaßt, und so überlasse auch ich mich dieser rollenden Brandung der Lust, die uns höher und höher trägt zu Sphären des Sexus und dann, die Sinne raubend, über uns zusammenschlägt und uns, nahe an den dunklen Gefilden des Todes vorbei, dem Strand der Erschöpfung entgegenspült.

Beweg dich nicht, beweg dich nicht, bitte, sagt sie, halb geflüstert, halb gestöhnt und die Schweißtropfen von ihrer Stirn fallen in mein Gesicht. So löse ich nur noch meine Hände aus den ihrigen, damit wir uns fest umklammern, aneinanderdrücken und ruhighalten können. Die Herzen schlagen wie hämmernd, und Tausende kleiner Schauer durchrasen die Körper.

Unendlich langsam ermatten die Leiber und entspannen sich.

Später duschen wir und trinken noch mehr Wein und reden und scherzen und ich fühle mich Clea so unendlich nahe, als ich sie in den Armen halte und zu ihr sage: Ich glaube, dies ist die schönste Liebesnacht meines Lebens. Ich fühl' mich wie im Paradies. Und das verdanke ich nur dir.

Nein, Peter, das verdanken wir nur uns beiden. Ich kann längst nicht mit jedem Mann so schlafen wie mit dir, erwidert sie.

Meine Hand streichelt ihre Wange und die Lippen bedecken ihre sich schließenden Augen mit sanften Küssen.

Nach vielen gegenseitigen Berührungen voller Liebe und Fürsorge erwachen die Triebe wieder und in die ausgetauschten Zärtlichkeiten mengt sich die Begierde. Die Küsse werden saugender, begehrlicher, die Hände wandern verlangend zu den Geschlechtern und bald fordert Clea die Fortsetzung unseres Körperspiels.

Sich auf mich setzend, führt sie den Schwanz mit sicherem Griff ein. Die Kerzen sind noch nicht heruntergebrannt, sondern leuchten wie große, flackernde Sterne im Dunkel des Raumes, und die auf mir sitzende, weißhäutige Clea erscheint mir wie eine wollüstige Priesterin der Liebe, die vor dem Hintergrund eines nächtlichen Firmamentes ihr sakrales, der Lust gewidmetes Hochamt in hingebungsvoller Weise zelebriert. Mit jeder absenkenden Bewegung ihres Oberkörpers nähert sich ihr wie außerirdisch schönes Gesicht dem meinigen, jeder Blick in ihre unergründlichen, feuchtschimmernden dunklen Augen wird ein Baden in einem Meer der Träume und – sei es durch den Rhythmus der wohlig gleichförmigen Bewegungen, sei es durch eine aus großer, fremder Ferne heranwehende Art von Müdigkeit, die sich dem Wohlgefühl der Sinne beimischt – zunehmend falle ich in einen Zustand der Transzendenz, in dem sich, bei jedem Niedersenken von Cleas Kopf, ihr Gesicht in ein anderes Gesicht verwandelt. In ihrer aufrechten Haltung nehme ich Cleas Antlitz in seiner vollendeten Schönheit gänzlich wahr, doch während jeder der sich neigenden Bewegungen ihres Kopfes vollzieht sich eine Wandlung, verschwimmen die Konturen wie bei einem unter einer Wasseroberfläche versinkenden Gesicht, und wieder emportauchend haben sie sich erneuert zum Angesicht einer anderen Frau. Und so erscheinen, wie geboren aus dem Antlitz von Clea, vor meinen Augen die Gesichter von Hunderten von Frauen, Frauen aus aller Welt, Frauen, die ich kannte, Frauen, von denen ich nur träumte, und Frauen, die ich niemals zuvor sah. Mit ihren haselnußbraunen Augen lächelt Masako Ishida, als wolle sie an etwas erinnern, das ich ihr noch schulde; die junge Suzanna aus Paramaribo, in einem weißen Sommerkleid, tanzt traurig und träumend vorbei; ein blondes Covergirl aus einem zwanzig Jahre alten Herrenmagazin öffnet verführerisch ihren kirschroten Mund; ein junges, von Drogen zerstörtes, mit Wunden und Schwären bedecktes Mädchengesicht ist mit brechenden Augen im Sterben begriffen; Darinee, die immer blühende, immer – vergeblich – liebende Orchidee aus Thailand, verschenkt noch einmal ihr warmherziges Lachen; eine ebenholzfarbige afrikanische Schönheit, mit bunten, in das Haar geflochtenen Perlen, läßt ihre schneeweißblendenden Zähne blitzen; die kleine Studentin Janine, die schöne Vielgesichtige mit dem Nasenring, die ihre rote Blüte – kaum geöffnet – so bald wieder verschloß, schwebt eilend vorüber; mit einem erfrischenden Lachen aus einem sommersprossigen Gesicht unter windzerzaustem, weizenblondem Haar begegnet mir Gudrun aus dem nordischen Island; der Kopf einer dunklen, schlangengleichen Frau mit rubinrot glühenden Augen windet sich mir züngelnd und bedrohend entgegen, und so dreht und dreht sich wie unendlich dieser Reigen und alle durchwandern Cleas Antlitz, in dem sie versinken und neu entstehen und vor meinen Augen erscheinen und entschwinden, und erst als Clea beginnt tiefer und tiefer und noch tiefer zu atmen, da lösen sich die nebelhaften Traumgestalten auf, und ich sehe nur noch eine Frau, lebendig und in Schönheit liebend: CLEA.

Dreißig Tage später. Tage voller Traurigkeit, denn ich habe Clea nie wieder gesehen, nie wieder etwas von ihr gehört. Ich stehe am Fenster und schaue wie beiläufig in die gegenüberliegende, hellerleuchtete Wohnung, in der dieser beknackte

Künstlertyp haust, und sehe eine junge Frau mit dunklem, langem Haar und einer grünen Lederjacke. Es muß Clea sein. Meine Glieder zittern. Ich hole das kleine Fernglas hervor und starre wie gelähmt hinüber. Der Künstler hantiert mit einer Flasche Sekt. Die Frau, die an seinem Eßtisch sitzt, die Ledertasche auf dem Schoß, ist Clea, ganz unverwechselbar. Jetzt stellt sie die Tasche neben den Stuhl, öffnet den Reißverschluß ihrer Jacke, verschränkt die Arme und lehnt sich zurück. Sie hebt den Kopf, dreht ihn kreisend und schaut sich in dem Zimmer um. Ihre Nasenflügel sind aufgebläht wie Nüstern. Sie nimmt dort Witterung. Der Künstler steht abwartend vor ihr mit der geöffneten Sektflasche. Dann nickt Clea mit dem Kopf und er schenkt ein.

Ich verlasse meine Wohnung, ziehe von Theke zu Theke, ohne betrunken zu werden, und kehre um halb acht morgens heim.

In der gegenüberliegenden Wohnung trinken der Künstler und die Drückerin ihren Morgenkaffee. Eine gute halbe Stunde später öffnet sich die Haustür und sie tritt auf die Straße, den Rest eines Apfels in der Hand. Der Künstler schaut ihr aus seinem Fenster nach. Clea bleibt noch einmal stehen, beißt in den Apfel, wirft das Gehäuse in den Rinnstein und geht dann, die Ledertasche geschultert, mit lockeren Schritten davon.

Ulrich Drengemann, 49 Jahre

RANGEHN

Beim ersten Mal habe ich ihn gevögelt. Auf ihm mich bewegend, kreisend, beißend, seine Lenden zum Tanzen bringen, bis er nur noch stöhnte, röhrte, wehrlos kam. Und dann weich ineinandersinken, Bäuche küssen, Muskeln schlaffen, ein Schluck Sekt, ein trockenes Handtuch unter den Po und zusammen atmen, langsam langsamer. Wenig Worte, zarte, bitte kein Abschied jetzt, aber zum Glück wollte er dann auf mir liegen und wurde wieder geil. Keine Angst mehr vor dem Präser, überstreifen, einsteifen und hart und härter, und ab gings, bis ihm der Rücken schmerzte trotz Kissen unter meinem Hintern. Setz dich ganz langsam auf, winkel die Beine an, nimm meine Hüften, zieh mich mit hoch und bleib in mir. Stütz deine Arme nach hinten und mach weiter. Wir starrten uns in den Schoß, gespanntes Ineinanderstoßen, -wollen, er konnte einfach nicht mehr. Begehren war genug, die Kondition fehlte. Danach nur liegen, eng an eng, noch immer Körper wollend, Liebe lag in der Luft. Wie lange habe ich die Weichheit eines Mannes nicht mehr gespürt, der an meinem Ohr, in meinem Arm seinen Einschlafseufzer haucht, dieses Kinderschlafstöhnen, das solche Zartheit auf Gesichter gleich welchen Alters zeichnet. Eine Zeitlang hielt ich ihn, dann mußte er gehen. Verheiratete Männer sollten nicht erst morgens nach Hause kommen. Das war Donnerstag nacht. Heute ist Samstag, und ich habe eine Starkstromleitung in mir. Zweimal habe ich es mir schon gemacht, «Die Klassische Sau» zur Hilfe nehmend, und ich denke an letzten Samstag, als wir uns kennenlernten und ineinanderkrachten. Zufällig auf diese Party geraten, mit G. und H., ansonsten nur langweilige Männer. Teile von Paaren überwiegend, die mich beim Tanzen verschämt wünschend mit ihrem traurigen Rest von Lust betrachteten. Eine Frau gefiel mir. G. und ich tauften sie die junge Gisela S. Vielleicht war sie so vor zwanzig, fünfundzwanzig Jahren. Jetzt liegt sie schon vierzehn Tage im Koma, und ich fürchte, daß sie bald stirbt. Und er mit seiner Fröhlichkeit. Ich habe es bei Nina Hagen gelernt, ich sagte ihm, er solle mich küssen, er tats. Auf dem Balkon drückte ich meine Jeans gegen seine Jeans, während er versuchte, meine Telefonnummer auswendig zu lernen.

Später auf dem Weg zum Taxi haben mir G. und H. Vorwürfe gemacht. Ich könne nicht einen verheirateten Mann usw., in Gegenwart von Frau und Partygästen usw., anbaggern usw. Schmonzes! Gezwungen habe ich noch nie einen, jeder fühlt, was er will.

Jetzt habe ich ihn im Bauch, morgens schon, alles klopft und schlägt und will ihn. Stand by me, baby. Wenigstens bis zum Sommer, dann gehe ich hier weg.

Marisa Mora, 37 Jahre

TAXI DRIVER

Foto: Camilla Klein

Der Job als Taxifahrer in einer norddeutschen Kleinstadt ist an sich schon langweilig, aber nichts ist schlimmer als Nachtschicht im Hochsommer wenn die Temperatur kaum unter 20 Grad rutscht.

Taxenstand am Markt. Vor mir sieben Kollegen, sie stehen vor ihren Wagen, reden, rauchen, langweilen sich, der Funk schweigt. Endlich – ein paar Einsteiger. Zwei Taxen fahren ab, nur noch fünf vor mir.

Die Frau kommt langsam um die Ecke geschlendert, den Blick auf das Schaufenster eines Juweliers gerichtet. Die Blicke der Kollegen richten sich auf sie. Meiner auch.

Mitte zwanzig, dunkle, fast schwarze Haare. Trotz der Wärme trägt sie einen leichten Mantel. Er geht bis zu ihren Waden. Die Beine müssen endlos sein, die Füße stecken in hochhackigen Schuhen.

Die Frau dreht sich um. Sie hat unsere Blicke gespürt. Die

Spitze ihrer Zunge fährt aus dem Mund, leckt langsam über die üppigen Lippen. Sie sieht von einem zum anderen, musternd, prüfend. Über der rechten Schulter hängt eine Handtasche. Sie öffnet sie, zieht Zigaretten und Feuerzeug heraus. Sie raucht, langsam, nicht hastig, genüßlich. Jedesmal, wenn sie die Hand mit der Zigarette zum Mund führt, klappern Armreifen am Gelenk. Ein Geräusch, das in der Stille der Nacht überlaut zu hören ist.

Zwei weitere Wagen fahren weg, ein Kollege gibt auf. Schluß für heute. Vor mir noch zwei Wagen.

Die Frau wirft die Kippe zu Boden. Langsam hebt sich der rechte Fuß, senkt sich auf den qualmenden Rest, erstickt die Glut.

Die beiden Kollegen vor mir sitzen zusammen in einem Wagen, wahrscheinlich reißen sie Witze über die Frau. Was sie alles anstellen würden mit ihr.

Ich rauche und betrachte die Frau, die reglos meinen Blick erwidert. Ich versuche sie einzuschätzen – bis zur nächsten Kneipe, die noch geöffnet hat, macht es einen Zehner. Vielleicht fährt sie nach außerhalb. Eine schöne Tour würde mir noch fehlen. War ja nichts los bisher. Vielleicht fährt sie aber auch gar nicht.

Sie kommt näher. Ich schnipse die Zigarette weg, zeige mein freundliches Guten-Abend-lieber-Fahrgast-Gesicht und gehe herum, um die Beifahrertür zu öffnen. Ich rieche ihr Parfüm. Mit Sicherheit keines von der billigen Sorte.

«Laß die Uhr aus», sagt sie. «Ich gebe dir 'n Fünfziger.»

Es ist das erste Mal, daß ich ihre Stimme höre. Sanft, gurrend, verlockend.

«Okay», sage ich.

Sie sitzt neben mir, ich greife hinüber und bin beim Angurten behilflich. Der Mantel klafft auf. Ich sehe auf ihre nackten Brüste und muß schlucken. Sie tut nichts, um ihre Brüste wieder zu bedecken. Ich fahre los. Sie sitzt neben mir und dirigiert mich aus der Stadt hinaus. Ich erhasche einen Seitenblick auf ihre Beine. Jetzt bemerke ich, daß sie Strümpfe trägt. Halterlose

Nylons, soviel kann ich sehen. Ich fahre weiter, und mein Mund ist trocken.

Ostumgehung, Tempo 120. Wir fahren, und sie schweigt, bis auf die wenigen Male, wo sie Anweisungen gibt. Geradeaus, rechts, die zweite links. Bundesstraße, links in den Waldweg. Meine Hände sind feucht, und meine Phantasie schlägt Purzelbäume.

«Noch hundert Meter», sagt sie.

Ich halte an, irgendwo geht ein Bewegungsmelder an, erleuchtet ein dunkles Haus, das vorher nicht zu sehen war.

«Komm mit rein», sagt sie. «Ich hab' hier kein Geld.» Ob sie hier alleine wohnt? frage ich mich.

Drinnen ist jedenfalls alles dunkel. Sie schließt auf, betätigt einen Schalter, Licht geht an. Ich stehe direkt hinter ihr. Sie schließt die Tür, geht voran, öffnet eine andere Tür, macht wieder Licht. Das Wohnzimmer. Teuer, elegant eingerichtet. Sie geht zu einer Anrichte, öffnet eine der Schubladen, nimmt einen Fünfzigmarkschein heraus und gibt ihn mir.

«Danke», sage ich, stecke das Geld ein und drehe mich um. Ich will gehen.

«Warte», sagt sie und sieht mich an.

Ich blicke fragend zurück.

«Ja?»

«Ich will mit dir schlafen», antwortet sie und öffnet den Gürtel ihres Mantels, läßt ihn von ihren Schultern zu Boden gleiten.

Darunter ist sie nackt.

Halterlose Strümpfe und Pumps sind alles, was sie noch am Körper hat – von den klirrenden Armreifen abgesehen.

Ihre Brüste haben die Formen vollreifer Melonen. Sie hängen nicht. Fest und prall stehen sie vom Körper ab. Mein Blick gleitet darüber hinweg, über den flachen Bauch, hinunter zu dem schwarzen Dreieck zwischen ihren Schenkeln. Zwei Schritte trennen uns voneinander. Sie macht einen Schritt nach vorn, ich ebenfalls. Mein Herz klopft wie verrückt, und ich spüre, wie meine Jeans immer enger wird. Ihre Hand streicht über mein Haar, das Gesicht. Ein Finger zeichnet meine Lippen nach, die sich langsam öffnen, der Finger gleitet in meinen Mund, ich sauge daran. Die Stille wird von einem knisternden Geräusch unterbrochen, das entsteht, als meine Hand über ihr rechtes Bein streift. Sie nimmt meinen Kopf und drückt ihn an ihre Brust. Eine der großen, hellbraunen Warzen, die von einem dunkleren Hof umgeben sind, verschwindet in meinem Mund. Sie streichelt meinen Kopf und läßt einen wohligen Laut hören.

Ebenso abrupt, wie sie mich an sich gedrückt hat, stößt sie mich wieder von sich. Eine Sekunde sehen wir uns an, dann preßt sie ihre Lippen auf meinen Mund. Ihre Zunge ist wie ein wildes Tier, während sie mein Hemd aufreißt. Ihre Hände streicheln über meinen Oberkörper, gleiten hinunter, finden die Gürtelschnalle, öffnen sie, ziehen den Reißverschluß auf, zerren am Slip. Endlich bin ich auch nackt.

«Komm», sagt sie und führt mich in das Schlafzimmer.

Ein großer Raum, beinahe größer als das Wohnzimmer. Eine Lampe brennt, verbreitet schummriges Licht.

Sie dirigiert mich auf das Bett. Groß, breit, weich.

Ich lege mich auf den Rücken und schließe die Augen. Sie steht vor dem Bett und betrachtet mich. Wieder dieser musternde Blick. Dann läßt sie sich langsam nieder. Sie sitzt neben mir, und ihr langes Haar fällt wie ein Schleier auf mich herab. Beinahe vorsichtig tastet ihre Hand meinen Körper ab. Die Arme, die Beine, die Brust. Langsam fährt die Hand über meinen Bauch, verharrt einen Moment auf dem Nabel und spielt dann mit den krausen Haaren darunter. Mein Liebesspender ist hart und aufgerichtet, und es zuckt in ihm, als sich ihre Hand darum schließt. Ich öffne die Augen, aber sie schüttelt den Kopf.

«Du darfst nicht gucken!» befiehlt sie.

Ich mache die Augen wieder zu.

Dann spüre ich ihren Mund. Überall dort, wo eben noch

ihre Finger waren, sind jetzt ihre Zunge und Lippen, küssen, lecken, erforschen jeden Zentimeter meiner Haut. Ich glaube wahnsinnig zu werden. Der Schmerz in den Lenden ist fast unerträglich geworden. Langsam gleitet der Mund tiefer, und es gibt ein schmatzendes Geräusch, als sie ihre Lippen über mein Geschlecht stülpt.

Minutenlang ist nichts zu hören, außer den Geräuschen ihres Lutschens und meinem erregten Stöhnen. Dann gibt sie mein Glied frei und schwingt sich über mich. In der Hocke greift sie unter sich und führt das immer noch steife Glied in sich hinein, dann senkt sie sich herunter, gibt einen keuchenden Laut von sich und beginnt, mich rhythmisch zu reiten. Erst langsam. Sie kommt wieder hoch, bis nur noch die Spitze in ihr ist, senkt sich wieder hinab, bis zur Wurzel. Es ist wunderbar feucht und warm in ihr. Ich spüre, wie ihr Liebessaft an mir herunterläuft, ich stöhne und halte mich an ihren Brüsten fest. Ich ziehe sie so weit zu mir herunter, daß ich sie in den Mund nehmen kann. Meine Hand tastet zwischen ihre Beine. Als ich die Stelle berühre, stöhnt sie auf. Ich reibe ihre Liebesknospe und begegne ihrem Rhythmus. Mein Becken stößt ihr entgegen, während sie

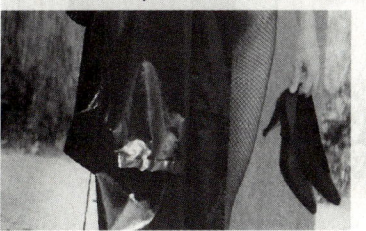

antwortet, indem sie so tief wie möglich herunterkommt.

Plötzlich, Sekundenbruchteile, bevor ich komme, rutscht sie herunter, das Gesäß auf meinen Beinen.

«Komm jetzt!» fordert sie mich auf und reibt mich mit der Hand.

Ich will nicht. Noch nicht. Viel lieber möchte ich in ihr kommen, aber es ist zu spät. Als ich mich ergieße, stößt sie einen spitzen Schrei aus.

Ich hingegen schreie meine Lust hinaus.

Ende.

Lothar Graener, 45 Jahre

Der Betrug

Wovon ich berichte, ist eine Betrugsgeschichte ohne Absicht. So unwahrscheinlich es klingt, ich habe einmal einen Freund ohne mein eigenes Wissen hintergangen. Ich brauche seinen Namen nicht zu nennen, denn wir sind lange nicht mehr zusammen.

Es geschah im Süden, irgendwo an der französischen Atlantikküste, an der wir tagsüber ausgiebig badeten und uns, da es ein Nacktbadestrand war, nahtlos bräunten. Manchmal gingen wir auch abends ans Meer, wenn außer den wenigen Paaren, die wie wir die Einsamkeit suchten, keine störenden Leute zu erwarten waren, legten uns in die kleine Kuhle, die wir am Tag ausgebuddelt hatten und die uns vor störenden Blicken schützte, und liebten uns in der heraufziehenden Kühle des Abends. Es waren Momente voller Glück und ausgelassener Erotik, denn ich kann nicht leugnen, daß mich der Anblick der nackten Körper vom Tag in einen seligen, erotischen Schwebezustand versetzte. Wo bekommt man mehr nackte Menschen zu sehen, die sich ohne Scham und mit großer Freude an ihrer Nacktheit ungehemmt bewegen, als am Strand! Meinem Freund ging es nicht anders. Er entwickelte sich in diesen Ferien zu einem wahren Meister, was seine sexuelle Bereitschaft und Ausdauer betraf. Hinzu kam, daß wir uns erst seit wenigen Monaten kannten und die gegenseitige Neugierde auf unsere Körper noch ungebrochen war. Nach dem Liebesakt pflegten wir häufig zu baden, um die erhitzten Körper liebevoll von den Wellen des Atlantik umschmeicheln zu lassen und uns auf eine weitere Sensation unserer Körper vorzubereiten.

An diesem Abend jedoch, von dem ich erzähle, hatte ich keine Lust auf das erfrischende Bad, ich zog es vor, ein wenig zu schlummern, bis mein Freund zurückkommen würde. Gewiß würde er sich irgendeine Zärtlichkeit ausdenken, um mich aufzuwecken. So lag ich mit dem Bauch auf meiner Badematte, und ich muß wohl ziemlich tief geschlafen haben, denn als ich die streichelnden Hände meines Freundes auf meinem nackten Körper spürte, kam es mir vor, als sei bereits eine lange Zeit verstrichen. Ich ließ die forschenden Hände gewähren und genoß das Auf und Ab am Rücken, an den Beinen und Armen und gab kein Lebenszeichen. Ich weiß, daß dies meinen Freund besonders erregt, wenn ich mich überhaupt nicht bewege und ihm die Initiative überlasse. So könne er sich ganz auf meinen Körper einstellen und sich an den Reaktionen, die von seinen Händen gesteuert werden, freuen, sagte er immer. Ich stelle mir dann meine Körperteile vor, die vollkommen ungeschützt vor seinen Augen liegen, und bin stolz darauf. Nach einer langen Weile bringt mich das scheinbar absichtslose Eindringen der Finger in alle möglichen Öffnungen meines Körpers so zu einer heimlichen Raserei, daß ich es kaum aushalten kann und eigentlich den Vollzug des Aktes verlange. Das Kneten des Hinterns hat die allerherrlichste Wirkung, denn dadurch wird mein Lustzentrum, ohne daß es direkt berührt würde, auf wunderbare Weise erregt.

Heute öffnete mein Freund die Innenseiten meiner Schenkel und legte seinen Mund zum Kuß auf die süßeste aller Stellen. Ich war so erregt, daß ich nun doch meine gespielte Verstellung aufgeben mußte und ihn leise bat: *Laß mich nicht länger warten, du hast doch nun genug gesehen, und ich leide furchtbar.* Nach wenigen Augenblicken hatte er ein Einsehen und gab mir zu spüren, wonach ich mich sehnte. Er kniete über meinem Hintern und versenkte sich aufreizend langsam Zentimeter um Zentimeter in meine erhitzte Stelle, die bereits bei der ersten Berührung explodieren wollte. Doch wie überrascht war ich, als das Eindringen kein Ende nahm, er schien lang und länger zu werden. Ein solches Ausmaß hatte ich von meinem Freund noch nicht gespürt. Als er schließlich mit schnellen Bewegungen begann und ich von der unglaublichen Lust beinahe zersprang, wendete ich mich um und sah im Augenwinkel, daß es nicht mein Freund war, der mir dieses prächtige Vergnügen bereitete, sondern ein Fremder, den ich zuvor noch nie gesehen hatte.

Eigentlich hätte ich den Fremden empört abschütteln und um Hilfe rufen müssen. *Wenn dies mein Freund sieht*, dachte ich, *wird er glauben, ich sei ihm untreu geworden.* Wenn er gar ein wenig später im süßen Augenblick meiner höchsten Ekstase zurückkäme und mich unter dem fremden Mann anträfe, wäre es wohl aus mit unserer Beziehung. Riefe ich ihn aber jetzt, dachte ich weiter, würde er sich wohl fragen, wie es soweit kommen konnte, daß ein fremder Mann mich festnagelte. Mein Freund würde mir eine Absicht, zumindest jedoch eine Mittäterschaft unterstellen. Es war eine ausweglose Situation. Hinzu kam, daß zu meiner Überraschung die Lust in meinem Zentrum auch nach der furchtbaren Entdeckung des Fremden keineswegs nachgelassen hatte, sondern einen eigenartigen Reiz bekam. Nichts stieß mich ab, und nichts war mir in diesem Moment wichtiger als der Gedanke, das begonnene Werk der Lust zu einem erfüllten Abschluß zu bringen. Seine Zärtlichkeit und sein Geschick verschafften mir den herrlichsten Genuß, der sich denken läßt, kein bißchen weniger schön, als wäre er mir von meinem Freund bereitet worden. Und so bettete ich meinen Kopf, ohne ein Wort zu sagen, auf meine Arme und gab mich den Schauern der Lust hin, die der unermüdliche Fremde ein ums

andere Mal in mir entfachte. Vor meinem inneren Auge
sah ich das blaue Meer und den weiten Himmel, und ich
schwebte möwengleich davon in ungeahnte Höhen. Nach
unendlich langer Zeit hielt sich der Fremde nicht mehr
zurück und überschwemmte mich mit seiner Labsal.
Schwer atmend blieb er auf mir liegen. Dann – wortlos,
wie er gekommen war – verschwand er hinter den Dünen,
und ich weiß bis heute nicht, wer er war.

Mein Freund hat nichts davon erfahren. Als er – angefüllt mit
neuer Lust auf meinen Körper – von seinem Bad im Meer
zurückkam und er mich heftig begehrte, sah ich keinen
Grund, mich zu verweigern. Warum hätte ich ihm etwas
erzählen sollen, was nur mir gehörte? Während wir uns
mehrmals in den phantasievollsten Stellungen liebten,
mußte ich immer wieder dankbar an den geheimnisvollen
Wohltäter denken, an seine Zärtlichkeit, an seine Größe
und an seine Verschwiegenheit.

Robert Walker, 48 Jahre

Foto: Sabine Heddinga

ROSEN

Bin alles und nichts
in mir wachsen dornige Rosen
die die Wangen röten
ich habe ein Buch aufgeschlagen
als du mir bewußt wurdest
meine Blicke sich dir heimlich näherten
es handelt von Sehnsucht
ich mußte eine weitere Seite aufschlagen
wie es ist bei einem fesselnden Buch
sonst wäre ich nicht zur Ruhe gekommen
ich befreite keine Worte
aus meinem Mund
die Seite liegt nun vor mir
vermutlich wirst du sie umblättern
vielleicht morgen schon
damit soll das Kapitel beendet sein
das Buch kann zugeklappt werden
in einer Ecke verstauben
und schon bald
werden die Dornen der jungen Rosen
eine schmale blutige Spur hinterlassen

GESTERN. EIN BEKANNTER konnte mich dazu überreden, ihn in ein mir bislang fremdes Lokal zu begleiten. Es war einer jener Abende, an denen man etwas tut, damit die Zeit vergeht, und schließlich in den Schlaf sinkt, ohne zu wissen, wie man die Stunden verbracht hat und mit welcher Rechtfertigung man der Müdigkeit begegnen soll. Bar jeglicher Erwartungen folgte ich also dem Bekannten in eine Lokalität, deren Name eine gewisse Eigentümlichkeit beherbergte – «Stürmische Kirsche». Auf den ersten Blick handelte es sich um eine Stätte üblichen Geschehens: laute Musik, stickige Luft, Gelächter, Plänkelei und über all dem ein Baldachin aus Oberflächlichkeit. AUF DEN ZWEITEN Blick sah ich ihn. Was ich dabei dachte, weiß ich nicht mehr, aber durch meine Augen strömte die Wahrnehmung direkt bis zu dem Flecken, wo das fleischige Organ gegen die Rippen hämmert, und ein Stück weiter, wo die Seele wohnt. Wie herrlich skeptisch, ja eigensinnig, sein Gesichtsausdruck aus der Menge hervortrat! Er hielt sich in geringer Entfernung von uns auf, und während der Bekannte mich mit den Eindrücken seiner letzten Reise langweilte, wanderten meine Blicke scheu zu dem Wesen an der Theke. Immer wieder. Seine Erscheinung, eher ungewöhnlich als schön, spulte Filmsequenzen in mir ab; ich kostete heimlich und äußerlich völlig unbeteiligt von der Überdosis Phantasie. Mir fielen Textzeilen aus Liedern ein, die er zu Papier gebracht haben konnte. Er tauchte in Märchen auf, die niemals geschrieben wurden, wo die Prinzen ihr Leben lassen, weil sie die Weltlichkeit nicht ertragen und die Liebe keine Kraft verheißt, sondern Schmerz. Androgyn, wie er schien, hätte er auch einen vortrefflichen Vampir abgegeben. Weit zurückbeugen würde er den Kopf seiner Opfer, zuerst ihre zitternden Lider küssen und... Rasch wischte ich die klischeehaften Gedanken beiseite und zwang mich zur Besinnung. Aufrichtig darum bemüht, meinem Gegenüber Aufmerksamkeit zu schenken, irritierte mich das schneidende Bewußtsein der Anwesenheit des Fremden. Da ich mich unbeachtet von ihm fühlte, wagte ich, meine Sinne weiter auf ihn zu richten. Dieser Mensch verkörperte die perfekte Illusion, ein bitter-süßes Gemisch aus Melancholie, Trotz, Sanftheit und Distanz. Fast unbeweglich stand er da, groß und schmal, gelegentlich mit einer nachlässigen Geste durch seinen langen Zopf fahrend. Zu fließend für einen Mann und zu eckig für eine Frau. Das milde Dunkel, das von ihm ausging, verschmolz mit dem Schwarz meines Inneren, meiner Gedanken, und schaffte somit eine kleine, wehe Verbindung, von der nur ich wußte. Verzehren – verzehrte ich mich? Aber wonach denn? Nach der Hingabe an Details.

ICH WOLLTE IHN nicht besitzen, nicht Haut an Haut mit ihm liegen oder meine Zunge in den Eingang seiner Seele tauchen. Auch sein Name interessierte mich nicht, denn jeder Name wäre unnötiger Ballast an dieser Illusion gewesen, lästiges Beiwerk. Details. Sein verwaschenes Sweatshirt hatte einen großen, runden Ausschnitt, die darunterliegende Haut schien nicht mit Haaren bepflanzt zu sein. Seine Schultern, ich ahnte es, waren knochig. Festsaugen wollte ich mich an ihnen, mit den Augen, vielleicht ihre Linien mit dem Zeigefinger nachzeichnen. Das schwarze Gummiband aus seinem Haar wollte ich lösen. Seine Wimpern streicheln. Mehr nicht. So gab ich mich den Details hin, und ich bin sicher, mir wäre noch viel mehr eingefallen, hätte ich mich nicht plötzlich ertappt gefühlt. Nicht von meinem Bekannten, der lediglich wissen wollte, ob ich ihm überhaupt zuhörte. Zu wenig sensibel war mein Gegenüber, als daß er Zusammenhänge erkannt hätte, zu gefestigt waren die Schranken seines konventionellen Denkens und Handelns. Er hatte nie für den Moment gelebt. Leider erfahren Menschen, die sich treu bleiben und diese Stimmigkeit auch öffentlich zum Ausdruck bringen, häufig Demütigung und Anfeindung von jenen, die mit Ganzsein wenig Erfahrung haben und immerzu zwischen Anpassung, Heuchelei und Funktion pendeln. Dabei übersehen sie so vieles. Es ist ein zermürbendes Miteinander, weshalb ich oft verstumme und mich lieber als Beobachter sehe, der weiß, daß sich in ihm eine eigene Welt dreht. Die Welt der kleinen Dinge, der Sehnsucht, die keine Hoffnung kennt, und der allzeit sterblichen Illusion.

ERTAPPT HATTE MICH der Fremde, er spürte meine Blicke. Endlich? Ich wollte keine Vermischung von Realität und Illusion, denn dabei unterliegt letztere stets. So wich ich seinem Blick aus, es war vorbei, hatte ich entschieden, und zwang mich zu einem Dialog mit dem Bekannten. Irgendwann wurde dieser überschwenglich von jemandem begrüßt und zu einer Partie Billard gedrängt. Nun hockte ich allein an dem wackeligen Tisch; erleichtert lehnte ich mich zurück und wähnte mich in Gelassenheit. Doch ich wurde zum Opfer meiner eigenen Wahrnehmung. Gerüttelt werden wollte ich, nichts wünschen, aber die Hoffnung pochte bereits in mir und ich war ihr sehr böse deshalb. Trotzig redete ich mir ein, daß er bestimmt ein Ekel sei oder mich abstoßend fände, weil ich ihn derart angeschaut hatte. Gleichzeitig wünschte ich mir, mit ihm zu sprechen, damit mich das erste Wort, das über seine Lippen floß, brutal ernüchterte. Natürlich sah ich etwas in ihm, das er nicht war, nicht sein konnte. Auch jetzt tobte kein Begehren in mir, ich wollte seinen ausgestreckten Leib nicht neben mir in den Laken wissen. Sein Anblick schmerzte plötzlich. Er sollte nur endlich gehen. Nein, er durfte auf keinen Fall gehen! Ich wünschte... Wieder glitt mein Blick zu ihm hinüber. Er stand unverändert an der Theke, allein, die Hände in den Taschen seiner Lederjacke, und ich war sicher, daß sie zu Fäusten geballt waren, weil ihn alles hier anwiderte. Die Oberflächlichkeit erdrückte ihn, und er wollte hinauslaufen in den Regen, sein Gesicht den kühlen Perlen entgegenheben, sie verschlingen und... Ich hielt inne.

IN DEM MOMENT, wo er sich in Bewegung setzte und an mir vorbeischritt, wuchsen wilde, dornige Rosen in mir, die meine Wangen röteten, ich spürte es ja, wie mein Blut sie erhitzte. Er war nicht auf dem Weg zu mir gewesen, sondern hatte die Tür zu den Toiletten betreten. Ich schämte mich. Scham setzt Grenzen und hemmt. Um so befremdeter beobachtete ich mich, wie ich ebenfalls die Tür mit der Aufschrift «Toilette» öffnete. Deren Quietschen verursachte mir ein mulmiges Gefühl, aber es bewegte mich nicht zur Umkehr, und ich begab mich an eines der beiden Waschbecken, um meine Hände in den kalten Wasserstrahl zu halten. Die Toilettenspülung in einer der Kabinen wollte mich dazu veranlassen, fluchtartig den Raum zu verlassen, aber meine Beine gehorchten nicht, und als sein Gesicht hinter mir im Spiegel sichtbar wurde, spielten meine Hände noch immer mit dem Wasser. Er trat an das benachbarte Waschbecken. Unsere Blicke begegneten sich in den Spiegeln. Kein Lächeln, kein Zunicken, nur die Unverfälschtheit von Augmurmeln, die kein Ausweichen erlaubten, weder meine noch seine. Wir standen, aus der Leitung floß unaufhörlich das Wasser, und da war wieder das Bild vom Regen, der ihn benetzte, sein Gesicht streichelte und von ihm inhaliert wurde. Wie ein Kuß. Meine gesamte Anspannung hätte sich nun in dem sachten Antippen durch nur einen seiner Finger entladen. Entsetzt erkannte ich, daß er doch schön war; die sich in seinem Gesicht vermengenden Widersprüche ließen ihn schön sein: zusammengekniffene Brauen, die Abwehr signalisierten und Skepsis, wache Augen mit vielen Fragen darin, eine Nase mit leicht zitternden Flügeln, die die Sehnsucht gerochen hatte, und Lippen, die abwechselnd ja und nein sagten, ohne daß es wer hören konnte. Als eine feine Übelkeit sich in mir hochschlängelte und die Rosen überall piecksten, war er plötzlich hinter mir. Der Spiegel verwebte unsere Blicke. Er legte seine Hände auf meine Schultern, beugte sich zu mir herab und formte mit seinen Lippen einen Kuß auf meinen Nacken, kurz verharrend und geräuschlos. Mit leiser und nicht sehr tiefer Stimme sagte er: «Statt Worte.» Dann ließ er mich zurück.

DAS WAR GESTERN. Vergangenheit. Etwas fließt seitdem in meinen Adern, eine unverschämt zarte Poesie. Riesige Puderquasten haben einen Hauch von Honig über mich gestäubt, und es klebt angenehm. Meine Finger suchen immer wieder die Stelle im Nacken. Erneut starre ich das erste Gedicht an, das ich je verfaßte. Illusion? Ja. Realität? Auch. Für einen winzigen Augenblick vermischte sich beides und war möglich, war echt. Hoffnung aber gehört nicht zu den Kapiteln dieses Buches, das vielleicht den Namen «Stürmische Rosen» tragen sollte. Alexanders stürmische Rosen.

Sandra Wagner, 26 Jahre

DIE ABSCHIEDSPARTY

Ich hatte mich inzwischen auf mein Hotelbett geworfen und Abschied von einem Abenteuer mit Katrin genommen...

Auch an diesem letzten Abend der Fortbildung war es wieder spät geworden. Während ich den Letzten eine gute Nacht wünschte, dachte ich sehnsüchtig an die neue Kollegin. Eigentlich hatte ich mich in den vergangenen Stunden ganz gut amüsiert. Mit einer Frau aus Berlin hatte ich rumgealbert und mit ihr später ausgelassen Wiener Walzer getanzt. Fred aus Graz erzählte einige Anekdoten, wie er – oft selber überrascht – die Karriereleiter hochgestolpert war. Ich war erstaunt, wie sympathisch und ruhig er trotz seiner Position geblieben war. Irgend jemand hatte beim Mittagessen erzählt, daß Fred ab und zu nach Japan in ein Kloster zum Meditieren fliegt...

Unsere Abschiedsparty hatte mir eigentlich gefallen – nur – Katrin hatte mich nicht sonderlich beachtet. Sie hatte lange Zeit mit Christian getanzt. Ziemlich neidisch machte mich, daß die beiden bei dem einen langsamen Stück eng aneinander geschmiegt sich in der dunklen Ecke bewegten. Ich fand, daß Christian mit seinen gerade mal 20 Jahren viel zu jung für sie war.

Enttäuscht dachte ich an ihre funkelnden Augen, während wir heute morgen das Verkaufsgespräch geprobt hatten. Sie war einfach die attraktivste in der Firma.

Fast hätte ich das Klopfen überhört. Wollte mein zugeknöpfter Bettnachbar mich heute nacht noch verarschen?

Doch in der Tür stand **Katrin**. Ich konnte meinen Ohren kaum trauen. Sie und Alexandra hatten abends ihren einzigen Zimmerschlüssel an der Rezeption abgegeben... Und die war mittlerweile geschlossen. Die beiden kamen nicht in ihr Zimmer, und da unser Zimmer das größte war... Ob wir was dagegen hätten, wenn sie in unserem Hotelzimmer...?

Paul mein Zimmergenosse, Informatiker, wie man ihn sich langweiliger nicht vorstellen kann, war inzwischen dazugekommen. Er räumte sofort sein Bett. Für sein albernes Zuvorkommen warf ihm Alexandra gleich an den Kopf, daß es nur um Übernachten ginge. Ich fand mich plötzlich auf dem Boden der Tatsachen. Blitzartig hatte ich mir ausgemalt, was in dieser Nacht alles passieren könnte.

Katrin hatte inzwischen mein Bett belegt. Für mich kein großer Verlust. Ich hatte mich in der Nacht zuvor mit ein paar Sesselpolstern auf dem Fußboden begnügt. Ich haßte diese weichen Hotelbetten. Wir beiden Männer hatten vielleicht etwas auffällig schnell den Frauen unsere Betten angeboten. Ich stellte so selbstverständlich wie möglich mein Handtuch zur Verfügung. Bemüht unauffällig linste ich aus den Augenwinkeln, wie Katrin sich auszog. Unter diesem weichfallenden T-Shirt, das am Tage so klasse ihren Busen abbildete, trug sie ein weißes Bustier. Wie phantastisch das ihre braune Hautfarbe herausstrich. Mist, Alexandra schob sich in den Blick, als sie zum Waschbecken ging. Sie, das Verkaufstalent mit ihrem oft theatralischen Auftreten, kaute auf meiner Zahnbürste. Das kann ja eine Nacht werden. Wer weiß, was sie sich einfallen läßt, wenn sie nicht schlafen kann. Obwohl ich auch Alexandra attraktiv und sympathisch fand, war mir ihre selbstbewußte und manchmal egozentrische Art nicht ganz geheuer. Sie war es schließlich, die gleich in der Eingangsrunde irgend etwas von Therapie erzählte. Und das in diesem Rahmen.

Ich freute mich, daß Katrin keinen Meter von mir schlummern würde. Ich sah gerade noch ihren knackigen Po in einem grau gerippten Slip unter der Bettdecke verschwinden.

Meinen Informatiker Zimmergenossen wünschte ich jetzt sonstwo hin.

Mittlerweile hatte sich Alexandra geschickt aus ihrem Abendkleid gewunden und stand im schwarzen Body eine kurze Zeit vor Pauls Bett. Ich drehte meinen Kopf, um nicht erwischt zu werden. Schon knipste Alexandra die Stehlampe aus.

Im Dämmerlicht konnte ich Katrins Umrisse in meinem Bett erkennen. Durch die dünne Bettdecke zeichnete sich Katrins Oberkörper ab. Ob sie sich ihr Bustier unter dem Laken ausgezogen hatte? Ich hatte alles andere als Schlafen im Kopf.

Während ich den Atem der anderen drei immer regelmäßiger und leiser hörte, überfiel mich meine Phantasie. Katrin hätte mich ein paar Stunden zuvor mehr beachten können. Ich hätte sie tanzend über das Parkett gewirbelt, hätte mich in ihre knallbraunen Augen verguckt. – Blonde Haare und trotzdem tiefbraune Augen waren schon ziemlich selten. – Sie hätte reagiert, sehnsüchtig zurückgeflirtet. Wir hätten langsam inniger getanzt.

Ihre Brüste hätten meinen Körper berührt. Wir hätten uns in mein Zimmer verzogen...

Statt dessen lag ich mit einem steifen Schwanz auf dem Boden meines Hotelzimmers und Katrin ganze 100 Zentimeter unerreichbar entfernt. Sie in seligen Träumen, von meinen Lüsten nichts ahnend. Ich kämpfte hart gegen meinen Schlaf. Lust gegen Schlaf. Angesichts der Erfolglosigkeit meiner Begierden gab ich mich vom Schlaf geschlagen, nicht ohne mir fest vorzunehmen, am nächsten Morgen als erster aufzuwachen, um mit halb geschlossenen Augen wenigstens ein paar Blicke von den beiden Frauen abzubekommen.

Mitten in der Nacht wachte ich auf. Ich dachte, ich träumte, doch auch mit offenen Augen hörte ich Pauls schnaufenden Atem. Der schmierige, langweilige Paul, mit der Ausstrahlung eines Finanzbeamten, hatte das geschafft, was ich in der Nacht vor ein paar Stunden phantasiert hatte. Pauls schwerer Atem war zweifellos ein Lustgestöhne. Ich konnte es nicht fassen. Wie sollte der sich an Alexandra rangemacht haben können? An die geile Frau. Ausgerechnet der. Alexandra mußte beknackt sein. Wenigstens war's Alexandra und nicht Katrin.

Wie im Schlaf drehte ich mich auf die andere Seite. Auch Alexandras Atem, den ich inzwischen auch wahrgenommen hatte, verstummte. Eine kurze Weile herrschte Stille. Ich konnte kaum meinen Atem noch zurückhalten. Und wieder hörte ich die beiden. Alexandra hatte mir ihren Rücken zugekehrt und beugte sich halb aus dem Bett zu Paul. Ein mechanisches Auf und Ab konnte ich erkennen. Die wichste ihm einen. Cool.

Wieso der, schoß es mir durch den Kopf. Der wichst sich doch jeden Abend einen vor seinem PC und macht Cybersex. Möglicherweise wichsen die sich gegenseitig einen! Ich erkannte auf jeden Fall, daß Alexandra mit ihrem Arm hoch und runter ging und Paul sich einen abstöhnte. Ab und zu flüsterte sie ihm etwas zu. «Verdammte Scheiße, wenn die sich einen wichsen, mußten sie's ja nicht unbedingt dann machen, wenn ich dabei bin.» Ich konnte das nicht mit ansehen. Wieder drehte ich mich zu Katrin.

Das mußte die doch mitkriegen. Vielleicht bekam sie auch Lust. Im Hintergrund ging der Atem dem Höhepunkt zu. Katrin ließ sich nicht von ihrem Schlaf abbringen. Ich flippe aus. Ich bin völlig geil und der Beamtenarsch macht das Geschäft.

15 Stunden später. Katrin sitzt neben mir im Zug auf dem Weg zurück nach Hamburg. Wir gehen unsere Eindrücke der Woche durch. Ich bin selig. Kein Christian oder Paul stört. Die anderen sind längst ausgestiegen. Wir albern. Sie ist mir zugewandt wie selten. Was sie über sich erzählt, nimmt zwar ein bißchen Glanz. Trotzdem eine sehr sympathische Frau. Vielleicht zu streng mit sich. Wir kommen auf die Abschiedsparty zu sprechen. Dann frage ich sie nach ihrem Schlaf in unserem Hotelzimmer. Ich wäre mitten in der Nacht aufgewacht... Sie fragte, ob ich dachte, Alexandra und Paul hätten was miteinander gehabt.

Die beiden Frauen und Paul waren am Morgen in einer Auswertungsgruppe. Mitten im Gespräch hätte Paul ganz laut sehr rhythmisch geatmet. Wie gestern in der Nacht. Dabei hätte er eindringlich auf Alexandra gestiert. Sie hätte einen Schreck bekommen. Nicht nur sie, alle dachten, Paul würde regelrecht abdrehen. Alexandra hatte ihn fast ebenso tief mit ihren Augen fixiert. Katrin erzählte, sie dachte, irgend etwas wäre zwischen den beiden. Plötzlich hätte Alexandra ihn angefaucht, er solle sich beruhigen. Er hätte sich dann merkwürdig geschüttelt und verließ den Raum. Später hätte sie Alexandra mit ihm in einer Ecke gesehen. Sie hatte ihm die Hand auf den Rücken gelegt. Als Alexandra und sie später packten, hatte sie Alexandra ausgequetscht. Mitten in der Nacht wäre Alexandra von Pauls merkwürdigem Gestöhne aufgewacht. Sie hätte sich ziemliche Sorgen gemacht, da er auch da in die Dunkelheit gestiert hatte. Sie hätte ihn dann flüsternd angesprochen, was los wäre. Er hätte ihr erzählt, er hätte irgendeine Erkrankung, in deren Folge er diese Anfälle bekäme. Das einzige, was helfe, wäre, wenn ihm der Rücken massiert würde.

Katrin und ich guckten uns fragend an.

Bernhard Borg, 29 Jahre

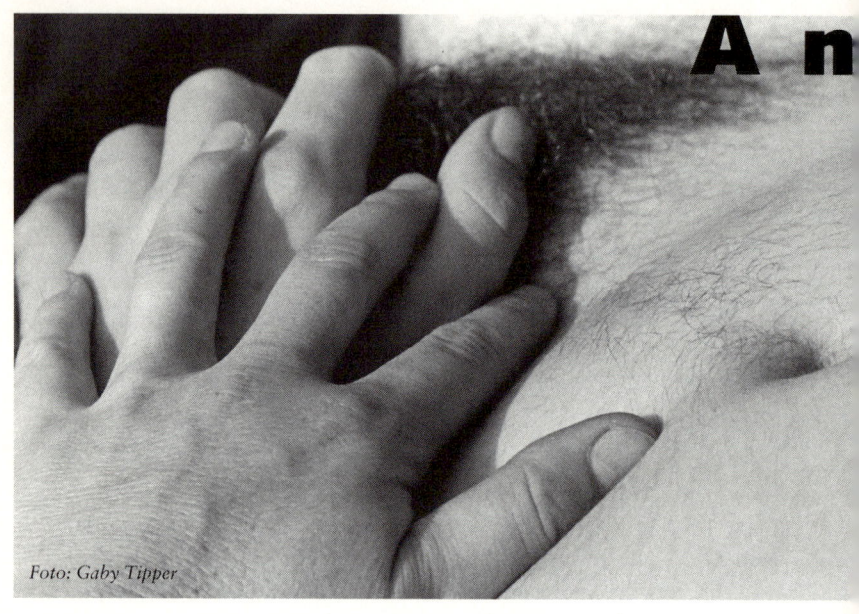

A n

Foto: Gaby Tipper

1 Der kurze, unscheinbare Seufzer öffnete ihm das Herz. Kaum mehr als ein zartes, gurrendes Fiepen, fast nicht zu hören. Aber es ging ihm durch und durch. Vielleicht eher ein verwehtes Murren. Ein gekeuch-

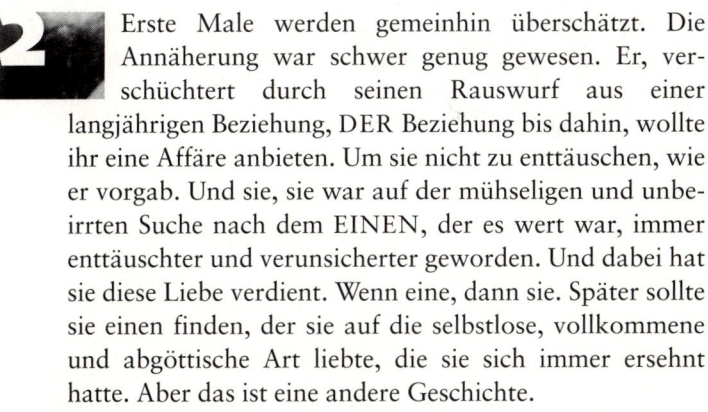

gekommen

tes Flehen. Ein gehauchtes Brummen. Der Nachhall einer angeblasenen Cellosaite. Egal jetzt – angekommen. Vertraut. Druckknopf in Ösenmutter. Hand in Handschuh. Der geschmeidige Soundtrack zu einer Klamottenwerbung. Die ausgesessene Position in den Kuhlen des Lieblingssofas. Das wohlige Hohlkreuz, wenn die letzte Daumendrehung den obersten Knopf der einen perfekten (Levi's) 501 einlocht. Die Lieblingslederjacke, die um die Lenden aufsitzt. Heimkommen in große Vertrautheit. Anlegen im Heimathafen.

2  Erste Male werden gemeinhin überschätzt. Die Annäherung war schwer genug gewesen. Er, verschüchtert durch seinen Rauswurf aus einer langjährigen Beziehung, DER Beziehung bis dahin, wollte ihr eine Affäre anbieten. Um sie nicht zu enttäuschen, wie er vorgab. Und sie, sie war auf der mühseligen und unbeirrten Suche nach dem EINEN, der es wert war, immer enttäuschter und verunsicherter geworden. Und dabei hat sie diese Liebe verdient. Wenn eine, dann sie. Später sollte sie einen finden, der sie auf die selbstlose, vollkommene und abgöttische Art liebte, die sie sich immer ersehnt hatte. Aber das ist eine andere Geschichte.

3 Der Anfang jedenfalls war verheerend gewesen. Ein Skiurlaub mit einer zusammengewürfelten Sportgruppe. Er im Doppelzimmer mit einem Freund aus

Studientagen, treuherzig und ein guter Skiläufer. Sie im Doppelzimmer mit einem Mann, einem charmanten Plauderer, hoch gebildet und weltgewandt. Kaum zu schlagen. Nicht mal leicht, dagegen anzustinken. Andererseits behandelte sie den Typen wie einen Vertrauten, wie einen guten Freund und eher nicht wie einen Liebhaber. Aber wer kennt schon die Frauen? Trotzdem waren die zwei Wochen vorbei wie nichts, ohne daß zwischen ihnen irgendwas passiert wäre. Sympathie vielleicht, Scherze und gestohlene Blicke, aber nichts Handfestes. Nichts von Bedeutung. Dann kam die langwierige Rückfahrt im Konvoi, zu der er sich ohne großen Aufwand und Verstellung (und ohne merklichen Widerstand von ihrer Seite) in ihren Wagen plaziert hatte. Oder hatte sie ihn sogar eingeladen? Nur er, sie und eine Freundin auf der Rückbank, die nicht zählte. Ungestörtes Plaudern. Amüsante Gespräche. Und nachdenkliche. Und einfühlsame. Und nach einem zermürbenden Tag auf den Autobahnen, als die Heimfahrer zerschlagen aus ihren Autos stiegen, um den Urlaub bei einem letzten gemeinsamen Kaffee ausklingen zu lassen, nutzte er die allgemeine Erleichterung, um ein Rendezvous zu verabreden.

4 Das im übrigen phantastisch gelaufen war. Perfektes Essen, perfekte Unterhaltung, perfekte Übereinstimmung bei Themen und Geschmack. Oder zumindest fast. Und sie, sie war schön nicht nur von innen. Eine ungekünstelte Blondine, mit einer tiefeingekerbten kleinen Falte über dem linken Auge, die bei jedem Aufflackern ihres kehligen Kicherns eine Spur tiefer wurde. Blitzendblaue Strahleaugen, ein Lachen wie ein glitzernder Sonnenaufgang über Schneewiesen. Die zupackende Art, wie sie sich bewegte, kannte er vom Skilaufen. Er konnte sich ausmalen, wie straff sich dieser Körper anfühlen würde. Alles schien perfekt. Erst später, im Sommer, stellte sich heraus, daß sie die hübschesten Brüste hatte, die ohne Silikon zu kriegen sind (ein Zitat eines ihrer «sehr, sehr guten» Freunde, von denen sie eine verwirrende Vielzahl zu haben schien und mit denen sie eine Art von auch körperlicher Intimität verband, die ihn immer wieder irritierte). Und ihre gebräunten Beine, mit dem kaum sichtbaren Flaum der Blondinen, der sie noch ansehnlicher machte, diese Beine, die auch in einem gerade geschnittenen schlichten Jeansmini und ohne Strümpfe noch elegant und opernfähig aussahen. Doch das sollte er erst im Sommer danach erfahren. An jenem perfekten Abend im Februar, als es zum ersten Mal nicht klappte, war sie bereits vollkommen und willig und bereit. Dann machte er seinen ersten Fehler.

5 Klassische Szene. Essen bezahlt, beide angenehm betüttelt, der Abend genau reif: zu spät, noch etwas Kulturelles anzufangen, zu früh, um schon nach Hause zu gehen. Die Entscheidung lag in der Luft: weitertrinken oder zu einem der beiden gehen. Er mußte das bemerkt haben, denn er schlug ihr frech vor, was er für ein faires Angebot hielt. Nachdem sie ihn mehrfach gefragt hatte, was er überhaupt von ihr wollte, und er sich in seinen Umschreibungen verheddert hatte, rückte er damit heraus: er wollte eine Affäre mit ihr.

Er hätte eine Beziehung haben können an dem Abend oder eine Ehe. Er hätte eine lebenslange Freundschaft, eine platonische Kameradschaft (sie spielte Badminton, wie er!), er hätte eine langdauernde Doppelkopfrunde haben können oder eine esoterische Geistesverwandtschaft. Aber eines konnte er nicht haben: eine Affäre, die von Anfang an so genannt wurde. Der Abschied wurde kurz und schmerzhaft. Kein Reden war mehr möglich. Sie gingen unversöhnt auseinander.

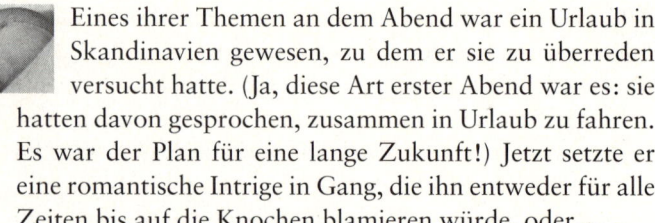 Eines ihrer Themen an dem Abend war ein Urlaub in Skandinavien gewesen, zu dem er sie zu überreden versucht hatte. (Ja, diese Art erster Abend war es: sie hatten davon gesprochen, zusammen in Urlaub zu fahren. Es war der Plan für eine lange Zukunft!) Jetzt setzte er eine romantische Intrige in Gang, die ihn entweder für alle Zeiten bis auf die Knochen blamieren würde, oder...

Er schickte ihr eine Postkarte. Jeden Tag. Jeden einzelnen Tag eine andere, in einem anderen Format, aus anderem Material, aber jede Postkarte zeigte ein Fotomotiv aus Skandinavien und jede trug einen Text aus zusammengestückelten Wörtern, die in der Abfolge einen Sinn zu machen schienen. Der Plan war abstrus und genial. Nach drei Tagen (das erfuhr er aber erst später) sprach der Postbote sie darauf an. Nach einer Woche wartete ihre Freundin auf die Fortsetzungen. Nach vierzehn Tagen war sie reif. Entnervt, gerührt, beeindruckt, überzeugt, was auch immer: sie wollte reden. Alles – wenn nur diese Postkarten aufhörten. Also trafen sie sich. Es war der Beginn einer wunderbaren Affäre.

Sie wäre seine vollkommene Liebe wert gewesen. Aber gerade die konnte er ihr nicht geben. Und sie hatte das immer gespürt. Sie war reserviert geblieben und sie hatte sich ihm lange verweigert, bis er sie behutsam rumgekriegt hatte, ohne sie zu penetrieren. Sofort kämpfte sie ihre Zuneigung nieder. Sie hatte bittere, erfahrene Angst, sich einzulassen, sich zu verlieren und verletzt zu werden. So oder so ähnlich erklärte sie es ihm wenigstens. Aber seine Geduld und seine Anspielungen auf seine Geduld, mit denen er kokettierte, mit denen er sie nervte und terrorisierte, waren auf lange Sicht stärker. Und ihre Grundgestimmtheit auf Körperlichkeit und Sinnlichkeit und guten Sex. Sie waren füreinander bestimmt.

8 Sex war Gott. Sex war Thema. Sex war Botschaft. Sex bei ihm war STING. Sex bei ihr war SIMPLY RED. (Die Geschichte ist lange her.) Sex bei ihr war selbstgebautes Bettplateau. Sex bei ihm war die bange Frage nach dem «ehelichen Bett» seiner verkorksten Vorbeziehung. Sex war Küchenfußboden und dabei essen. Sex war den Türstock rauf und runter. (Doch, es geht, wenn man auf insgesamt zwei Beinen stehen kann.) Sex war Badewanne mit irgendwelchen Ölen. Sie benutzte keine Seife («Wo das doch eh alles wasserlöslich ist»). Und er haßte seinen ungewaschenen Geruch. Sie schmeckte nichts Unangenehmes. Aber sie war gekränkt, wie selbstverständlich er ihre Minne nahm. Er merkte es und er zeigte ihr seine Lust später deutlicher. Sex wurde lauter. Ihr Sex war schon immer Getöse gewesen. Sein Sex wurde gepreßtes Stöhnen. Sex war Gesang. Sex war Gebell. Sex war Gekreisch.

 Wirklich gekriegt hatte sie ihn (STING: «I'd go out of my mind but for you»), als sie völlig beiläufig bemerkte, daß ihr es nichts ausmachte, wenn er Sex in ihrem Anus hatte. Sie mußte nur entspannt sein, dann konnte sie es sogar genießen. Behauptete sie. Er traute seinem Glück nicht, aber er versuchte, es gelassen zu nehmen, als weiterer Beweis ihrer Vollkommenheit. Und er spielte seine Befangenheit – war sie gerade entspannt, jetzt? Für ihn war es das erste Mal. Nicht das außergewöhnlich Besondere, das er erwartet hatte, aber es war neu und aufregend. Und es machte ihr Spaß. Das war für ihn das Unglaublichste daran. Sie hatten andere Arten von gutem Sex (SIMPLY RED: «You never go the ball»), guten Unterhaltungen, großer Vertrautheit. Sie hatten Grillparties und lange Abende auf der Terrasse. Sie hatten lange Unterhaltungen, und ihre Freunde mochten einander. Sie legte ihm Tarot. Sie verschaffte ihm einen Job. Sie

schenkte ihm Klamotten nach ihrem Geschmack. Er stellte sie seiner Familie vor. Zum Urlaub in Skandinavien kam es nie, aber zu fast allem anderen. Und dann kam die Nacht, in der sie seufzte.

10 Nichts hatte darauf hingedeutet. Küssen und Liebkosen. Aids war kein Thema mehr zwischen ihnen. (Aber lange gewesen.) Wohl aber Verhütung. Aber beim Küssen, auch wenn es sinnlich war? Er liebte ihren Geruch. Er liebte ihren Geschmack. Und er liebte es, sich in ihr zu vergraben. Sie hatte eine Art von ungestümen, fast heftigen Umklammerungen, unter denen sie beide sich immer inniger ineinander verbissen. Sex war Heißhunger. Sex war Hitze. Sex war Saft. Und dabei glitt seine gierige Zunge weit hintenüber, wo es glatter und fester, muskulöser und samtener war, und einen Augenblick schoß ihm durch den Kopf, wie es wohl schmecken würde, aber da war seine Zunge schon tief geborgen in ihrer Rosette, und der Seufzer riß ihn aus allem, was er jemals gedacht haben könnte. Das wohlige Stöhnen kam tief aus ihr. Es war leise, kaum hörbar, und wahrscheinlich klammerten ihre Schenkel ihm dabei ohnehin die Ohren zu, aber er zuckte in ihr und sie um ihn und es war perfekt, es war Zuhause es war Heimat es war vollkommen. Vollkommen. Vollkommen.

Natürlich war es nur ein Atemholen. Wie lange kann ein Seufzen dauern? Sache von Sekunden. Gehe über Los, ziehe DM 2000 ein. Auskosten. Verharren. Klar sog sie sich daraufhin nur um so gieriger an ihm fest, klar rissen sie sich ineinander, klar war das nicht das Ende. Sex ist Beharrlichkeit. Sex ist Ausdauer. Sex ist Geduld. Aber das ist eine andere Geschichte.

Sigbert Widmann (Pseudonym), 39 Jahre

Das Buch

Etwas abgespannt schlenderte sie durch den Eingangsbereich der Universitätsbibliothek, ihr leichtes Jackett über die
Schulter geworfen, barfuß in den schwarzen halboffenen Sandalen, die unter den hellblauen Jeans hervorschauten und den
Blick auf ihre schlanken Fesseln freiließen. Ihr Vortrag war mangels Teilnahme ausgefallen, und so hatte sie zwei Stunden Zeit,
die es nun, wo es draußen zudem stark regnete, auf irgendeine
Art und Weise zu verbringen galt. Etwas lustlos steuerte sie auf
die sich im unteren Bereich der Bibliothek befindlichen Bücher-
tische zu und begann, in den Kisten zu stöbern, die gefüllt waren
mit antiquarischen, teilweise schon etwas vergilbten Büchern,
einige gezeichnet vom ewigen Durchblättert- und doch wieder
Zurückgestelltwerden, andere noch beinahe fabrikneu und gut
geschont, da uninteressant.

Ihre schlanken, braungebrannten Hände glitten über die
Buchrücken, während sie, den Kopf leicht nach links geneigt,
sich Zentimeter für Zentimeter immer weiter am Büchertisch
entlangschob. Es kam vor, daß ihr eine ihrer dunklen langen
Haarsträhnen ins Gesicht fiel, die sie dann stets mit sehr anmutigen Bewegungen hinter das Ohr strich, ohne jedoch den Blick
abzuwenden von den matt grün schimmernden, roten, schwarzen oder weißen Einbänden der zu Sonderpreisen angebotenen
Lektüre. Ab und zu zog sie eines der Bücher, das ihr interessant
erschien, aus einer der Bücherkisten, überflog ein paar Zeilen,
schaute sich aufmerksam die sich auf der Titelseite befindliche
Abbildung an, um es dann schließlich doch wieder mit einem leisen Seufzer auf seinen Platz zurückzustellen.

Ein wenig unentschlossen, ob sie überhaupt noch weiter
auf dem Büchertisch stöbern oder sich lieber dem verführerischen Kaffeeduft hingeben sollte, der soeben von der angrenzen-

den Cafeteria her den Eingangsbereich durchflutete, wendete sie im Umdrehen ihren Blick nach links, als ihr die schlanken, stark gebräunten Hände auffielen, die ein dünnes Buch so zärtlich hielten, als sei es ein Schatz, den es zu beschützen gelte. Die Fingernägel dieser Hände schimmerten leicht rosa, waren ebenmäßig geformt und sorgfältig gefeilt, am kleinen Finger befand sich ein schmaler silberner Ring mit einem Türkis, sicher ein Mitbringsel von der letzten Urlaubsreise, so war ihr erster Gedanke. Unter der Hautoberfläche traten die Adern deutlich hervor, so daß die Hände trotz ihrer Gepflegtheit kräftig und zupackend wirkten. Gleichzeitig strahlten sie so viel Zärtlichkeit aus, daß sie ihren Blick nicht davon abwenden konnte. Im Gegenteil, sie tastete sie mit ihren großen staunenden Augen ab und ertappte sich selbst bei der Vorstellung, wie diese sanften, kräftig gebauten Hände über ihren Körper glitten, wie sie etwas zaghaft zunächst über ihre Wangen streichelten, dann jedoch etwas fordernder den Hals hinab wanderten, über ihren Nacken hinweg zu fliegen begannen, um sich schließlich in ihr Dekolleté zu stehlen, das durch ihr enganliegendes T-Shirt großzügig, jedoch nicht aufdringlich, preisgegeben wurde. Als sie sich ihres verführerischen Tagtraumes bewußt wurde, blickte sie kurz auf, fühlte sich sogleich jedoch wie erstarrt und gänzlich unfähig, ihren ursprünglich gefaßten Plan, sich genüßlich einer Tasse Kaffee zu widmen, weiter zu verfolgen. Statt dessen wandte sie sich wie zuvor den langen Reihen der Buchrücken zu, ließ ihre Augen darüber schweifen, ohne sich jedoch auf die Titel konzentrieren zu können, die dicht an dicht in den nebeneinander aufgereihten Kisten standen.

Sie spürte, daß ihr Körper unter dieser angenehmen, ihr wohlbekannten Spannung stand, jene Spannung, die ihr Leben hin und wieder ganz überraschend überfiel, die sie ruhelos machte und die verhinderte, jeglichen klaren Gedanken zu fassen. Diese Spannung, die zunächst von zärtlichen Gefühlen begleitet war, dann jedoch bald nach einer begierigen, wilden oder berauschenden Erlösung strebte und die, sobald es einen ekstatischen Höhenflug gegeben hatte, es ihr auch wieder erlaubte, oftmals wesentlich konzentrierter und klarer als zuvor, die Welt um sich herum zu betrachten.

So, vor dem Büchertisch stehend, stahl sich ihr Blick immer wieder hinüber zu dem Mann, dem diese Hände gehörten. Er war von großer Statur, machte einen etwas schlacksigen Eindruck und das, obwohl er einen gut durchtrainierten Körper zu haben schien. Seine langen, braunen, lockigen Haare fielen ihm sanft über seine breiten Schultern. Er hätte Jurist sein können oder Kunststudent, vielleicht aber auch Tischler oder Goldschmied... Mit ihren Augen suchte sie wieder nach seinen Händen, die sich inzwischen jedoch tief in den Hosentaschen seiner ausgewaschenen Jeans vergraben hatten. Ihr Blick folgte der Struktur seiner Härchen, die sich an seinen Unterarmen vom Handgelenk bis zur Armbeuge hin abzeichneten, durch das Gegenlicht vom großen Flügelfenster her besonders hell und weich erscheinend, so anziehend, daß sie augenblicklich das Bedürfnis verspürte, zärtlich über seine Unterarme zu streicheln, den kleinen Knöchel am Handgelenk zu umspielen und dann schließlich ihre eigenen Hände suchend in seine Hosentasche zu schieben, dort, wo es warm, geborgen und behaglich zu sein versprach.

So, als fühle er ihre auf sich gerichteten Blicke, drehte er sich plötzlich zur Seite, und ihre Augen trafen sich. Es war nur ein kurzer Moment, aber von einer solchen Intensität, daß sie augenblicklich dieses leichte Ziehen spürte, das sich im Bauch, im Rücken und schließlich im ganzen Körper breit machte, so daß sich all ihre Haare sträubten, ihr Herz laut zu klopfen begann und sie meinte, sich in einen tiefen, klaren See vollends fallen lassen zu müssen. Irritiert schaute sie fort, spürte diesen Mann jetzt jedoch mit all ihren Sinnen ganz nah neben sich stehen, seinen Atem, seine Wärme, seinen Körpergeruch, das rhythmische Pulsieren seines Blutes.

Für den unbeteiligten Beobachter stand sie jetzt wieder einfach nur da, eine attraktive Frau mittleren Alters, ganz ruhig in das Suchen nach einer interessanten Lektüre vertieft, eine Frau, die beinahe nichts aus der Ruhe bringen kann. Tatsächlich jedoch war sie innerlich völlig aufgewühlt. Sie schloß kurz die Augen und versuchte, ruhig zu atmen. Sie befand sich in einem Vakuum, aus dem es kein Entrinnen gab, in einem Zustand, der beständig zwischen Flüchten und Annähern schwankte, einer starken inneren Erregung, die alles zulassen würde, was möglich war, um dieselbe noch bis ins Unermeßliche zu steigern. Ihres eigenen Auftretens schien sie sich momentan sehr bewußt, ihres schmalen, grazilen Körpers, ihrer Körperhaltung, die Stärke und Selbstbewußtsein ausdrückte und zugleich die Sehnsucht zu begehren und begehrt zu werden. Ihr sorgfältig ausgewähltes, enganliegendes weißes T-Shirt, das sie auf der nackten, seidigen Haut trug, zeichnete deutlich ihre kleinen, aber straffen Brüste ab. Ihre Jeans, wie sie so darin dastand, betonten die Knöchel ihrer Hüften und den Übergang über den wohlgeformten Bauch hinweg, bis hinunter in den Bereich zwischen den Schenkeln, wo sie auch jetzt ein leichtes angenehmes Pulsieren bemerkte.

Vorsichtig schielte sie hinüber zu den Hosentaschen, in denen sich noch immer seine schönen Hände vergraben hatten. Mit den Augen wanderte sie hinüber zu der direkt daneben liegenden leichten Wölbung, unter der sich sein Schwanz befand. Wie mit einem Magneten ihn abtastend, schweiften ihre Augen hinüber zu seinem kleinen Po und entdeckten einen verführerischen Riß in seiner Jeans, der die aufregende Falte zwischen Po und Oberschenkel mehr erahnen als tatsächlich entdecken ließ, jene Falte, die sie gerade dazu aufzufordern schien, mit den Händen an dieser zärtlich entlang zu streichen, sich bis zu der Stelle vorzutasten, an der seine Oberschenkel zusammentrafen, und dann schließlich mit der Hand seinen warmen, pulsierenden Schwanz liebevoll, aber auch fordernd, ganz zu umschließen. Sie spürte, wie bei dieser Vorstellung ihre Erregung immer stärker wurde, ihre Brustwarzen spannten sich und begannen, unter dem T-Shirt deutlich hervorzutreten. Wenn sie jetzt mutig wäre, mit jeglichen Konventionen zu brechen, so, wie sie es sich manchmal wünschte, ohne dabei jedoch das Gegenüber zu verletzen...

Das Gefühl, es nicht mehr lange in diesem Zustand aushalten zu können und auf der Stelle flüchten zu müssen, machte sich in ihr breit, und sie entschloß sich soeben, sich umzudrehen und zu gehen, als sich seine eine Hand aus der Hosentasche herauswand, um im folgenden die sich darin befindlichen Münzen dem Buchhändler zu übergeben. Sodann ergriffen seine Hände ein kleines gebundenes Büchlein, auf dem Einband die Abbildung einer Skulptur von *Camille Claudel, Sakuntala*, das er ihr zu ihrem Erstaunen wenige Sekunden später entgegenstreckte. «Is für dich», sagten seine zärtlichen Hände, und seine von tausend Lachfältchen umgebenen, strahlenden Augen sagten: «Du machst mich scharf, und danke für diesen Augenblick!»

Jette R., 39 Jahre

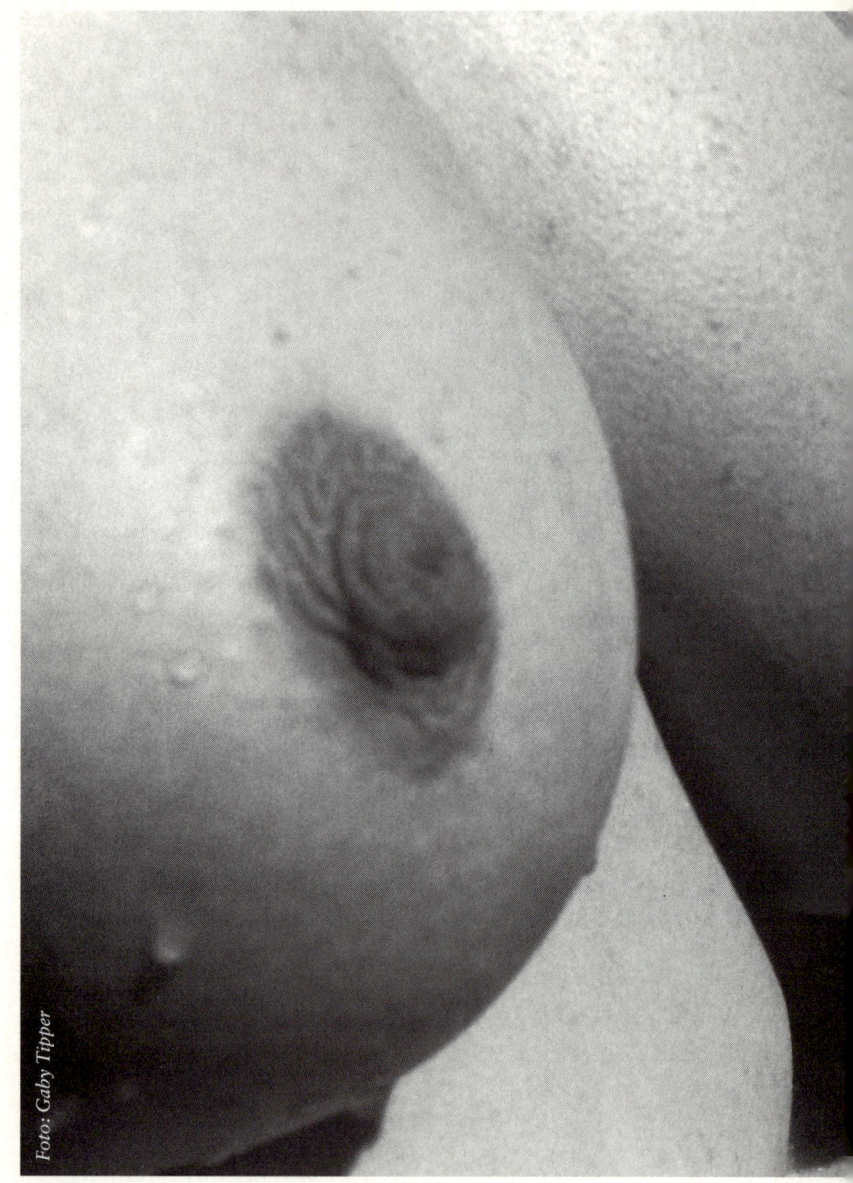
Foto: Gaby Tipper

VERNISSAGE

Erwartungsvoll betritt Franziska die Galerie. Ein paar Leute stehen vor den ausgestellten Bildern oder in kleinen Gruppen zusammen, unterhalten sich und nippen ab und zu an ihren Sektgläsern. Franziska überlegt kurz, welche Bilder sie zuerst ansehen will. Ein Mann kommt auf sie zu:

«Ich freue mich, Sie in meiner Ausstellung begrüßen zu dürfen», sagt er.

«Oh, Sie sind der Künstler», sagt Franziska erfreut. «Ich habe Ihr Bild in der Zeitung gesehen. Und das ebenfalls abgedruckte Werk hat mich sehr neugierig gemacht.»

«Dann hoffe ich, daß Ihre Neugierde nicht enttäuscht wird. Entschuldigen Sie mich bitte...»

Stirnrunzelnd sieht Franziska ihm nach. Der Maler ist schon wieder zur Tür geeilt, um neue Besucher zu begrüßen. Franziska schlendert jetzt durch den Raum auf ein Bild zu, das sie fasziniert. Eng umschlungen sind zwei Männer darauf abgebildet, die bei ihr ein Gefühl von Zärtlichkeit und Vertrauen auslösen. Franziska seufzt. Wie lange hatte sie niemanden mehr so intensiv umarmt? Ihre Angst, nach ihrer gescheiterten Ehe wieder eine Beziehung einzugehen, war so groß, daß sie jegliche Annäherungsversuche von Männern abwehrte. Und dann war da dieses Erlebnis, das sie fast das Leben gekostet hätte. Das Verhältnis mit dem anderen Mann war lange vor ihrer Ehe gewesen. Als sie damals merkte, daß sie sich in der Beziehung nicht mehr glücklich fühlte, hatte sie dem Mann gesagt, sie wolle sich von ihm trennen. Er hatte sich daraufhin auf einer Party bei Freunden betrunken und Franziska, die völlig genervt deswegen schon früher nach Hause gegangen war, nachts aus dem Schlaf gerissen. Bei dem Anblick des wutverzerrten Gesichts des Mannes hatte sie Angst bekommen und versucht, aus dem Zimmer zu fliehen, aber er hatte sie gepackt und an die Wand geschleudert, wieder und wieder, und dabei laut geschrien, daß er sie umbringen will. Irgendwie war es ihr gelungen, sich von ihm loszureißen. Nur mit einem Slip bekleidet, war sie hastig die vier Stockwerke hinuntergerast und hatte sich in der dunklen Nacht, frierend und schlotternd vor Angst, weinend hinter dem Haus versteckt. – Würde sie diese Angst jemals verlieren? Würde sie jemals wieder eine Umarmung zulassen können? Franziska spürt, wie Tränen in ihre Augen treten.

«Na, gefällt es Ihnen?»

Franziska schluckt, holt tief Luft und dreht sich um. Der Maler steht hinter ihr.

«Ja», sagt sie leise, «das Bild ist sehr schön.» Dann fügt sie hinzu: «Kunst, in welcher Art auch immer, ist für mich schön, wenn sie Gefühle hervorruft.»

‹Was rede ich da nur wieder›, denkt sie. Sie errötet und senkt den Kopf. Aus den Augenwinkeln sieht sie, daß eine Frau sie beobachtet. Franziska lächelt vor Freude und vergißt, daß der Künstler noch neben ihr steht. Mit langsamen, aber sicheren Schritten gehen die beiden Frauen aufeinander zu und geben sich die Hand.

«Ich bin Franziska. Wir haben uns schon ein paarmal auf der Straße gesehen.»

«Ja, ich habe dich auch bemerkt. Ich heiße Liz.»

«Hi, Liz», sagt Franziska mit strahlendem Gesicht.

Die beiden Frauen sehen sich eine Weile stumm an, dann ergreift Liz das Wort.

«Hast du schon alle Bilder gesehen?»

«Nein», erwidert Franziska, «ich bin bei dem einen dort stehengeblieben...»

«Ich bin auch gerade erst gekommen. Wollen wir uns die Bilder gemeinsam ansehen?»

Franziska nickt. Die beiden Frauen gehen jetzt von einem Bild zum anderen, lachen, diskutieren oder stehen nachdenklich davor. Franziska fühlt sich in Gegenwart dieser Frau sehr wohl, und die Fähigkeit des Malers, menschliche Gefühle auf seinen Bildern darzustellen, ist überwältigend. Als Franziska und Liz alle ausgestellten Bilder angesehen haben, fragt Liz unvermittelt:

«Warst du schon mal im ‹Camelot›?»

Franziska nickt. «Ja, aber…» Sie zögert, weil sie befürchtet, Liz könne sie für uralt halten, aber dann beendet sie den Satz doch mit: «…das ist schon Jahre her.»

Sie zuckt bedauernd mit den Schultern und muß gleichzeitig schlucken. Würde Liz mit ihr da hingehen wollen?

Es ist eine Lesben-Disco, in der Männer nur in Begleitung von Frauen Zutritt haben. Damals war sie mit einer Freundin aus Neugierde hingegangen. Jetzt fühlt Franziska sich erwartungsvoll. Und wirklich, Liz fragt:

«Wollen wir hin?»

Franziska zögert kurz, dann sagt sie entschlossen:

«Ja, warum nicht?!»

Die beiden Frauen betreten den schummrigen Raum und sehen sich um. Auf der Tanzfläche wiegen sich einige Frauen im Takt der Musik. Franziska und Liz setzen sich an den Tresen und bestellen etwas zu trinken.

«Hast du Lust zu tanzen?» fragt Liz.

«Ja», sagt Franziska freudig und gleitet schon im gleichen Moment vom Barhocker.

Auf der Tanzfläche legt sie ihre Arme aufgeregt um Liz. Sie atmet einen Hauch von Parfüm ein, und der Duft der warmen Haut der anderen Frau löst ein ungeheures Verlangen in ihr aus. Sie spürt eine plötzliche Wärme am ganzen Körper. Liz scheint das gleiche zu empfinden. Die beiden Frauen sehen sich in die Augen, dann verschmelzen ihre Münder in einem hungrigen Kuß. Franziska wird überschwemmt von Gefühlen. Wie wild drängen sich die Frauen aneinander, umschlingen mit den Armen ihre Körper, und einen Augenblick lang sieht Franziska das Bild von der Vernissage vor sich. Liz löst ihre Lippen von Franziskas Mund und sagt heiser:

«Komm, laß uns gehen…»

Während der Fahrt von der Galerie bis zu Liz' Wohnung haben die beiden Frauen kein Wort gesprochen. Jetzt schließt Liz die Tür auf und sagt:

«Komm.»

Franziska tritt zögernd ein und folgt der Frau durch den kleinen Flur ins Wohnzimmer.

«Setz dich», fordert Liz ihre neue Bekannte auf. «Möchtest du etwas trinken?»

«Ja, gerne», erwidert Franziska und setzt sich auf die breite gemütliche Couch. Liz legt eine CD mit romantischer Musik auf, holt Getränke aus der Küche und setzt sich zu Franziska. Beide Frauen trinken einen Schluck und stellen ihre Gläser auf dem Glastisch ab. Liz streichelt impulsiv über Franziskas Wange, dann beugt sie ihren Kopf näher zu ihr und beginnt, ihr Gesicht mit zarten Küssen zu bedecken.

«Ich mag dich», flüstert sie.

Franziska merkt, wie ihre Anspannung weicht und sie sich den Liebkosungen der anderen Frau öffnet.

«Ich mag dich auch», sagt sie leise und reibt ihre Nase zärtlich an Liz' weicher Haut. Wie von selbst finden sich ihre Lippen. Der vorerst tastende Kuß nimmt an Intensität zu und wird immer leidenschaftlicher. Als hätten beide Frauen lange Zeit Zärtlichkeit entbehrt, lassen sie ihre Zungen wild und ungestüm miteinander spielen. Franziska spürt, wie Liz die beiden Knöpfe ihrer Kostümjacke öffnet und mit einer Hand liebkosend über den Busen streicht. Franziska stöhnt leise auf, löst ihre Lippen von Liz und stammelt:

«Warte.»

Liz sieht sie einen kurzen Moment an, dann gleitet ein Lächeln über ihr Gesicht. Franziska zieht hastig die Kostümjacke aus und sieht die Freundin wartend an. Liz grinst, zieht ihr T-Shirt über den Kopf und läßt es achtlos auf den Boden fallen. Dann beugt sie ihren Kopf zu Franziskas Busen und schiebt vorsichtig den dünnen Stoff des knappen schwarzen Büstenhalters beiseite. Franziskas Spitzen sind vor Begierde hart geworden, und als sich Liz' Lippen um sie schließen, grunzt sie auf vor Wollust. Liz läßt ihre warme, feuchte Zunge spielerisch um die harte Spitze kreisen, dann öffnet sie den BH und nimmt den

Busen sanft in ihre Hände. Mit der Zunge streicht sie genußvoll über die Spitzen, als würde sie ein sahniges Softeis lecken. Franziska keucht und stöhnt.

«Bitte, laß mich auch», stammelt sie und nimmt gierig Liz' weichen Busen in den Mund. Sie saugt zärtlich an der Spitze, läßt die Zunge über den Busen gleiten, um gleich darauf wieder sanft daran zu saugen und zu lecken. Jetzt ist es Liz, die stöhnt und sich freimacht.

«Komm...»

Ohne ein weiteres Wort stehen die beiden Frauen auf und ziehen die restliche Kleidung aus. Dann machen sie es sich auf der Couch wieder bequem und umschlingen einander mit ihren Armen. Sie pressen ihre weichen, warmen Körper aneinander und küssen sich innig. Franziska läßt jetzt alle Hemmungen fallen und sagt leise zu Lis:

«Lehn dich zurück.»

Sie öffnet die Schenkel der Freundin und läßt ihre Hände sanft zu deren Vulva gleiten. Liz stöhnt leidenschaftlich, als Franziska anfängt, behutsam ihre Venuslippen mit den Fingern zu kneten und dabei zärtlich mit der Zunge über die Klitoris zu streichen.

«Ja, ja, mehr...», keucht Liz.

Franziska ist durch und durch erregt von dem weichen, warmen, duftenden, feuchten Schoß und stößt ihre Zunge immer heftiger in die pochende Öffnung. Ihre eigene Wollust verdrängend, nimmt sie zwei Finger und massiert mal zärtlich, mal wilder werdend, die zunehmend heißer und nasser werdende Möse, während ihre Lippen keuchend an Liz' Busen saugen. Liz preßt Franziskas Kopf fest an ihren Körper und schreit laut auf, so stark jagt der Orgasmus durch ihren Körper. Wieder und wieder schüttelt er sie, läßt ihren Körper zucken. Als das Beben langsam nachläßt, pulsiert Franziskas Vagina heftig. Zärtlich und beglückt läßt sie ihren großen Zeh über Liz' Fußsohle streichen. Sie weiß, die Nacht ist noch lange nicht zu Ende...

Katja Renfert, 47 Jahre

Sommer 1995.

Das Gepäck ist angekommen im Hotel, Prenzelberg, es ist heiß. Ich kenne die Stadt und vertreibe mir deshalb die Zeit im Park, gehe spazieren.

Ein junger Mann, den ich kurz zuvor schon etwa 2–3 Male

Foto: Ralf Rühmeier

Berlin Tierpark

flüchtig sah, folgt mir. Wahrscheinlich fühlte er sich provoziert, weil ich ihn beobachtete, wie er sich zum Wasserlassen (?) in die Büsche schlich.

Nun, er folgt mir, holt mich ein und fragt: Entschuldigung. Darf ich Sie was fragen? Darf ich dir einen blasen?» BUM. Was? Erst mal Gegenfragen stellen. Ich erfahre einiges über ihn und merke, wir gehen die ganze Zeit vorwärts, wie mich allein die bloße Vorstellung schon erregt. Deshalb frage ich unvermittelt: «Wo?» – «Dort in den Büschen.»

Wie gesagt – so getan.

Es ist meine erste (richtige) sexuelle Erfahrung mit Männern. **T.** gibt mir seine ☎-Nummer und ich verspreche ihm, mich das nächste Mal zu revangieren. Aber dazu kommt es nie, ich werfe seine Nummer fort.

Ro, ♂, 19 Jahre

281

Frühstück auf der Dachterrasse

Ein träger, heißer Sommermorgen. Sie lehnt sich zurück, fächelt sich mit ihrem Kleid Luft zu. Es ist so heiß, sie trägt nichts darunter. Er beugt sich über sie, küßt sie, streichelt sie, knöpft ihr Kleid auf. Langsam gleiten sie zu Boden. Sie räkelt und streckt sich, genießt die Kühle der Steine.

Er taucht seine Fingerspitzen in das Honigglas, zäh tropft der Honig auf ihre Brustwarzen, seine Zunge streichelt ihre Brust, er leckt die süße, zähe Masse, seine Lippen saugen, sie stöhnt vor Lust. Den Weg von der Brust zum Bauchnabel versüßt er sich mit Beeren, die er auf ihrem Körper zerdrückt. Tropfen von Himbeersaft rinnen an ihren Rippen herunter, er fängt sie mit der Zunge auf. In den Bauchnabel tropft er den Saft einer Orange und saugt ihn auf.

Sie stöhnt vor Lust, spürt alle Sinne ihres Körpers. Am Himmel keine Wolke, die Sonne brennt und wärmt ihren erregten Körper.

Mit einem Eiswürfel fährt er an ihrem Oberschenkel entlang, langsam auf und ab, immer wieder, bis kühlende Wassertropfen an den Innenseiten ihrer Schenkel entlangrinnen. Mit seinem Kopf fährt er zwischen ihre Beine, kühlt seine Stirn. Er dreht sie um, pustet Wassertropfen über ihren Rücken. Ein Schauer überläuft sie.

Angespannt und hingerissen zwischen Hitze und Kühle dreht sie sich auf den Rücken, nimmt eine Banane, schält sie und steckt sie zwischen ihre Oberschenkel. Er beugt sich über sie, lutscht und beißt Stück für Stück von der Banane, erreicht ihre Möse.

Aus einer Schale läßt er den Rest des inzwischen geschmolzenen Schokoladeneises über ihre Schamlippen rinnen. Die zähe Flüssigkeit ergießt sich über sie, sie genießt die kühle Feuchtigkeit, ihr ganzer Körper schreit vor Lust.

Langsam beginnt er, die Flüssigkeit aufzulecken, seine Zunge streicht über ihre Möse, spielt mit ihrem Kitzler, leckt und leckt, sie stöhnt, ihre ganze Wahrnehmung pulsiert in ihrem Unterleib, spürt seine kreisenden Bewegungen. Sie drückt seinen Kopf fester an ihre Schenkel, sie zuckt, ein Wasserfall schießt durch ihren Körper, rauscht in ihren Ohren, Wasserperlen prickeln in ihren Zehen und Fingerspitzen. Die Sonne, glühend orange am Himmel, kommt näher.

Ein Karussell, das langsam zum Stillstand kommt, nimmt sie allmählich die angenehme Kühle des Fußbodens wahr. Erschöpft schlafen beide ein, warten auf die Kühle der Nacht.

Sabine B., 36 Jahre

Die Liebe ist der Liebe Preis

(Schiller)

Als ich acht Jahre alt war, habe ich den Mann, den ich dieses Jahr geheiratet habe, das erste Mal gesehen. Kurz nach meinem 20. Geburtstag lernte ich ihn persönlich kennen. Wir freundeten uns an und haben seitdem eine Beziehung. Am 15. Jahrestag heirateten wir dann doch. Nicht aus romantischen Gefühlen heraus, sondern einmal des Jahrestages wegen und damit seine Rente nicht an den Staat fällt, denn unser Altersunterschied beträgt 32 Jahre. Er ist 67 Jahre alt und ich 35. Außerdem dachte ich mir, die großen Gefühle wird es für mich nicht mehr geben, das ist vorbei. Wieso ich das dachte, ist mir nicht klar. Ich war aber ganz zufrieden so. Die Sommerurlaubsreise führte an die westliche Mittelmeerküste der Türkei. Einer der erwachsenen Söhne meines Mannes lebt dort als Aussteiger. Vor drei Jahren hatte er seinen Sohn schon einmal besucht. Er lebt in einem einsamen Tal, das nur auf einem Eselspfad zu erreichen ist. Dort lebt ein Türke, der viele Jahre in Deutschland verbracht hat, und vermietet einige komfortable Zelte mit Blick aufs Meer. Nur durch Mundpropaganda finden Leute hierher. Die Einsamkeit gefällt nicht jedem. Am Strand legen Meeresschildkröten ihre Eier ab. Außer uns ging niemand schwimmen, wir badeten immer nackt. Paradiesische Verhältnisse. Mein Mann hatte mir viel von seinem ersten Aufenthalt erzählt, auch von seiner Begegnung mit einem türkischstämmigen, achtundvierzigjährigen Kanadier, der hier ab und zu ein halbes Jahr unbezahlten Urlaub verbringt. Der sei in Montreal an der Universität Wirtschaftswissenschaftler und steige zeitweise aus. Mit ihm habe er sich damals hervorragend unterhalten, von Mann zu Mann am

Lagerfeuer. Mit dem hätte ich mich sicherlich auch gut verstanden. So weit, so gut.

Am ersten Abend in dem Tal saßen wir draußen am offenen Feuer und tranken Wein. Elektrisches Licht gibt es dort nicht. Plötzlich kam jemand mit der Taschenlampe aus dem Dunkeln zu uns an den mit Öllampen beleuchteten Tisch. Er umarmte meinen Mann und begrüßte mich. Es war der eben Beschriebene. Schon als er die Treppe zu uns herunterschritt, war mir klar, daß diesen Mann und mich ein Schicksal verband. Simpler ausgedrückt: Liebe auf den ersten Blick.

In den nächsten zehn Tagen waren wir ständig zu viert zusammen. Am Meer, wandern, Ausflüge. Ich konnte meinen Blick nicht von ihm lassen. Ein wirklich gutaussehender Mann, er heißt Cemal, was ‹schönes Gesicht› bedeutet. Ich stellte mir ständig vor, diese sinnlichen Lippen zu küssen. Aber ich dachte mir auch, das wird nie so sein. Denn Cemal war bekannt als Einzelgänger und Junggeselle. Er bot mir eines Tages an, die Terrasse, die ihm von befreundeten Bauern zur Verfügung gestellt worden war, als Rückzugsmöglichkeit zu nutzen. Unter dem Moskitonetz läge eine Matratze und dort wäre es luftig und kühl. In der folgenden Nacht schlief ich dort, weil mein Mann zu laut schnarchte. Ich lag unter dem Moskitonetz und stellte mir vor, hier mit Cemal zu liegen. Unter dem hellen Sternenhimmel befriedigte ich mich selbst und litt süß.

Am nächsten Tag verletzte sich mein Mann den großen Zeh. Der Nagel mußte entfernt werden. Deshalb konnte er an den darauffolgenden Tagen nicht an den Strand gehen, die Wunde mußte erst verheilen. Ich schwamm jeden Tag ein bis zwei Stunden im warmen Wasser und hatte dabei eine große Grotte entdeckt. Aber ohne Schwimmflossen war es mir nicht geheuer, sie zu betreten. Am Strand lag ich unter einem geräumigen Schattendach auf einer Strohmatte. Cemal kam und ich erzählte von der Grotte. Er hätte Schwimmflossen, er könne doch voran in die Grotte kriechen und mir helfen, sie zu betreten. Er war einverstanden. Fast eine halbe Stunde schwammen wir zum Eingang der Grotte. Er stieg ein und ich folgte. Sie war vielleicht 40 Quadratmeter groß, relativ dunkel, aber von einem unterirdischen Eingang her strömte Sonnenlicht hinein und gab so ein unwirkliches violettes Licht. Bunte Fische schwammen umher, orangefarbene Seesterne klammerten sich an den Felsen fest. Stille, nur ab und zu ein sanftes Rauschen der Wellen, die sich am Eingang der Höhle brachen. Wir erkundeten die Grotte und setzten uns dann auf einen feuchten Felsen, der ein paar Meter aus dem Wasser herausragte. Ich schob meine Taucherbrille ins Genick, er bewegte seinen Nacken, als ob er sich verrenkt hätte. In diesem Moment sagte mir eine Stimme: entweder jetzt oder nie. Ich massierte sanft mit einer Hand seinen Nacken. Er zuckte kurz leicht zusammen, ließ es sich dann genußvoll gefallen. Irgendwann sah er mich an und dann küßten wir uns.

Einen Tag später lagen wir wieder am Strand, ich sah seinen Mund, wir blickten uns an und ich meinte, ich würde ihn gern wieder küssen, mit rauher Stimme, da er verlegen war, antwortete er: «Me too.» Wir überlegten, wo. Dies Tal ist klein und sehr übersichtlich. Die Bauern aus der Gegend kennen ihn alle, die Ziegenhirten kreuzen hier die Wege, schwierige Situation. Wir kletterten also in den Pinienwald, der sich steil an der Küste hochzog. Nach einer halben Stunde Gewaltmarsch, schweißdurchtränkt, ließen wir uns auf seiner Strohmatte nieder. Ich war schon sehr erwartungsvoll, da hielt er mitten im Küssen inne, als wenn er Geräusche gehört hätte. Er war zu nervös, er konnte sich hier nicht entspannen. Somit kehrten wir zurück und er ließ mich mehr oder weniger stehen. Ich war ihm nicht böse und war in den folgenden Tagen weiterhin freundlich zu ihm. Denn auch nur als Freund war er mir wichtig. Eines Abends, mein Mann war schon zu unserem Zelt gegangen, fragte Cemal mich, ob er mir einen besonderen Aussichtspunkt zeigen dürfte. Wir stiegen einen kleinen Berg hinauf und blickten aufs Meer. Er schaute sich um, wir standen sehr geschützt, da küßte und streichelte er mich heftig. Ich gestand ihm, daß ich davon schon geträumt hätte. Völlig ermattet gingen wir zu den anderen. Dasselbe passierte am darauffolgenden Tag. Nachts dann schnarchte mein Mann wieder und ich ging auf die Terrasse, die in der Türkei Köşk genannt wird. Es war Vollmond. Da sah ich Cemal unter dem Moskitonetz schlafen. Nur mit einer kurzen weißen Hose bekleidet, schlank, mit hellbrauner Haut und weißen lockigen Haaren, lag er da wie ein Prinz aus Tausendundeinernacht. Mit Herzklopfen näherte ich mich ihm und streichelte ihn sanft. Er erschrak leicht und nahm mich dann zärtlich in seine Arme. Doch kurz darauf fielen wir hemmungslos übereinander her. Er saß auf mir und steckte mir seinen erigierten Penis in den Mund, und dann lag er auf meinem Rücken und rieb sein Glied an meiner Scheide, bis sie troff, dann drang er ein. Sein Penis sieht wundervoll aus, da er beschnitten ist. Wir umarmten uns heftig und drückten uns, bis uns die Luft wegblieb, und rieben unsere heißen Körper aneinander. Und wieder und wieder berührten sich unsere Lippen, sahen wir uns in die Augen. Endlich hatten wir uns. So war es gut.

Genauso waren wir noch einmal zusammen, sonst ergab sich nur die Gelegenheit zu heftigen Umarmungen. Wir sahen uns tief in die Augen, konnten nicht mehr normal miteinander sprechen. Das fiel natürlich auf und mein Mann wurde eifersüchtig und bald verließen wir die Türkei.

Noch am selben Abend nach unserer Rückkehr schrieb ich Cemal einen Brief, er antwortete mit einem Liebesbrief, wie ich noch nie einen erhalten hatte. Nach meiner Antwort rief er mich an. Dann, endlich nach drei Monaten, buchte ich einen preiswerten Flug in die Türkei und fuhr zu ihm. Natürlich war dieses Arrangement äußerst schwierig – mein Mann sollte auf keinen Fall etwas merken. Wenn die Zeit reif ist, werde ich es ihm mitteilen.

Ich landete aufgeregt in der Türkei, da stand Cemal schon am Flughafen hinter der Glasscheibe. Natürlich hatte ich große Bedenken, wie es sein würde, wenn zwei völlig fremde Menschen sechs Tage lang rund um die Uhr zusammensein werden. Es könnte zu unerträglichen Spannungen kommen. Aber wir verlebten eine außerordentlich romantische Woche zusammen. Täglich wurde es harmonischer zwischen uns. Auf seinem Weg nach Montreal werden wir uns in Europa treffen, und im Frühjahr fliege ich nach Kanada. Wir lieben uns. Da kann auch eine Ehe nichts ändern. Die Liebe sucht sich ihren Weg.

Anonym, weiblich, 35 Jahre

Toter Frosch meets prince

«Scheiße!» entfuhr es ihr unvermittelt, als der Motor ihres giftgrün nachlackierten VWs zu stottern und prusten anfing. «Scheißblöder Karren, mistiger!» Sie schlug mehrmals kräftig auf das Lenkrad ein, bevor sie – die Warnblinkanlage einschaltend – an den Straßenrand rollte. Erwartet hatte sie dieses Dilemma schon lange, nicht wenige aus ihrem Bekanntenkreis zollten ihrem «Frosch» größte Bewunderung, bestand er doch fast nur noch aus Rost und grünem Lack.

«Und jetzt? Weißt du Rindvieh eigentlich, was mir entgeht, wenn ich den Termin nicht einhalte?! Los, spring wieder an... mach schon...» Alles Zureden, alles Drohen, es half nichts, der Frosch blieb still und stumm, nur ein aufdringlicher Benzingeruch war dem grünen Unikum zu entlocken. «Okay, das war dann wohl unser letzter gemeinsamer Ausflug», knirschte sie und stieg wutentbrannt aus dem Wagen.

Die Straße war nicht sonderlich stark befahren, es war 11 Uhr morgens, und die meisten Leute waren schon längst in ihren Büros, Läden oder sonstwo angelangt. Sie seufzte und beschloß, noch nicht aufzugeben, sie hatte einen vielversprechenden Termin bei einer Agentur in Düsseldorf.

«Mal sehen, wie hilfsbereit unser Völkchen ist... irgendein Mensch wird sich hoffentlich erbarmen, mich mitzunehmen», grummelte sie und setzte ein möglichst hilfloses Gesicht auf, während sie die vorbeifahrenden Autos musterte. Ein dunkelblauer Mercedes ging vom Gas, die feiste Visage hinter der Scheibe grinste breit und gefällig und ließ summend das Beifahrerfenster im Nichts verschwinden. «Na, junge Frau? Da fehlt wohl der erfahrene Mechaniker...» – «Wär doch schade um den schönen Nadelstreifenanzug!» entfuhr es ihr. Pikiert brauste der Dunkelblaue davon, während sie verärgert über ihre eigene Angriffslustigkeit gegen den eh schon verbeulten Kotflügel trat. Nein, am liebsten wäre es ihr, wenn eine Frau sich ihrer annehmen würde, eine, die sich sämtliche Sprüche über weibliche Unzulänglichkeiten sparen und sie lediglich mitnehmen würde. Ihre Züge spiegelten mittlerweile alles andere als Hilflosigkeit wieder, sie sah feindselig den Autofahrern entgegen, die sich ihr näherten. «Ach, was soll's, vielleicht kann ich ja doch noch was retten», murmelte sie und öffnete umständlich die kleine Motorhaube am Hinterteil ihres Grasfrosches. «Ahja, das ist also ein Motor...» Bitter belustigt starrte sie auf das Gewirr von Schläuchen und Metallen, das sich ihr da feilbot. Sie hatte wirklich keine Ahnung von der Technik eines Kraftfahrzeuges, war froh, daß sie sich gerade mal im Stande fühlte, Öl und Wasser nachzufüllen und den Tankstutzen zu öffnen. Sie wackelte und drückte an ein paar Schläuchen und Kabeln, faßte unüberlegt an ein langes Metallrohr und verbrannte sich dabei höllisch die Finger. «Oh, Scheiße, gottverdammte! Was ist das nur für ein Tag, ich glaub, ich...» – «Was denn, was denn. Welch schändliches Vokabular zu früher Morgenstund!» Sie wirbelte herum und knallte dabei mit den Fingerknöcheln gegen die Motorhaube. Mit zusammengebissenen Zähnen starrte sie in das amüsierte Gesicht eines großgewachsenen Mannes, der sich schulterzuckend für seinen Überraschungsangriff entschuldigte. «Sorry, ich dachte, ich schau mal nach, ob ich behilflich sein kann. Sieht fast so aus, als wäre das ein guter Gedanke gewesen, hm?»

Verwirrt rieb sie sich die schmerzende Hand, suchte nach dem passenden Konter, um dann doch nur kleinmädchenhaft zu nicken. Wahrhaft interessante Menschen verschlugen ihr gelegentlich die Sprache, insbesondere wenn es sich dabei um attraktive Männer mit Schmelztiegelblick handelte. «Na, dann schauen wir mal», sagte ihr Gegenüber und schob sie sachte beiseite. Sie stand hinter ihm und betrachtete in einem Anflug von Voyeurismus genüßlich seinen wohlgeformten Männerhintern, der in einer alten, knackigen Jeans steckte. «Meine Herren, ist eigentlich ein Wunder, daß diese Gurke es bis hierhin geschafft hat.» – «Gurke... auch nicht schlecht, aber wahrscheinlich ist es eh zu spät, sich noch passende Namen für mein Gefährt auszusuchen, stimmt's?» Er hatte dunkle, lockige Haare, die ihm etwas wirr vom Kopf standen, einen ausgeprägten, von Natur aus zu einem Lächeln geschwungenen Mund, eingerahmt von einem Mehrtagebart, und seegrüne Augen, die sie mit einer Mischung aus Mitleid und Amüsiertheit anschauten. «Nichts zu machen, soviel kann man wohl sagen. Eine Obduktion beim Schrotthändler wird näheres über die Todesursache aussagen.» Sie lachte, obwohl ihr angesichts des so gut wie geplatzten Termins überhaupt nicht zum Lachen war. «Tja, dann... äh, wie wär's, wenn du... Sie...» – «Tom, Tom von Steiner, und alt und ehrbar fühl ich mich kein Stück, also bleiben wir doch beim Du, okay?» – «Also gut, Maxi Bärich...» Sie reichte ihm die brennende und mittlerweile rot-blau angelaufene Hand und juchzte unvermittelt auf, als er diese mit festem Griff drückte. «Um ehrlich zu sein, dein Name paßt zu dir, maximal bärig.» Sie wußte nicht, wann sie das letztemal so richtig rot geworden war, jedenfalls hatte sie just in diesem Moment das Gefühl, wieder 14 und pubertierend zu sein. Verlegen wuschelte sie sich in ihren langen schwarzen Haaren herum und kicherte gekünstelt. «Also, wohin soll die Fahrt denn gehen?» fragte er. «Naja, es würde reichen, wenn du mich an der nächsten Telefonzelle raus-

schmeißen würdest. Ich war auf dem Weg nach Düsseldorf, in genau 25 Minuten habe ich dort einen Termin,
der mir seit einer Woche schlaflose Nächte bereitet, ich
sollte ihn zumindest absagen.» Tom blickte auf seine Uhr,
seine Stirn legte sich für wenige Augenblicke in ein Meer
aus Falten. «Das ist noch zu schaffen, sofern mein Vehikel
nicht auch schlappmacht.» Maxi warf einen Blick auf den
Wagen, der etwa 50 Meter hinter ihnen stand, er hatte die
Farbe von altem Milchkaffee, auf dem sich schon eine
Haut gebildet hat. Sie zögerte kurz, war sich nicht sicher,
ob sie ihrem Gefühl trauen sollte, die Vernunft flüsterte
ihr etwas von sympathischen Frauenmördern zu, doch die
Neugier und eine gewisse Abenteuerlust wischten alle ihre
Bedenken weg.

Sie marschierten zu Toms Wagen. Maxi, die zwei
Schritte vor ihrem Retter ging, spürte die Blicke auf ihrem
Körper, und sie wußte nicht, ob es ihr so unangenehm
war, wie sie es gerne hätte, schließlich war dies keine
Fleischbeschauung. Unter anderen Umständen hätte sie
sich geärgert und zumindest ihren Schritt verlangsamt,
um den forschenden Augen den rechten Blickwinkel zu
nehmen. Statt dessen spürte sie, wie sich ihre Nackenmus-
keln spannten und sich ihr Hüftschwung kaum merklich
einen größeren Radius suchte. Als ihre Hand das kühle
Metall des Türgriffs spürte, war sie dennoch froh und
fühlte sich um einiges sicherer.

Tom setzte sich hinters Steuer, schnallte sich an und
warf einen Blick in den Spiegel. «Aha, ein bißchen eitel,
der Gute…», dachte sie und wünschte sich im gleichen
Augenblick, auch einen Kontrollblick in den Spiegel werfen zu können. «Ach ja, falls du dich anschnallen möchtest, der Gurt hat seine Macken», sagte Tom. Maxi
spannte den schwarzen Riemen über ihren Körper und
versuchte den Verschluß zuzumachen, was ihr nicht
glückte. «Oje, heute ist wirklich nicht mein Tag…»,

raunte sie. «Wer weiß...», entgegnete Tom und lehnte sich zu ihr hinüber. «Darf ich?» Er nahm das Gurtende, wobei seine Hand ihre Finger streifte, was auf beide die Wirkung eines kurzen aber heftigen Stromschlags hatte. Den Bruchteil einer Sekunde breitete sich ein derart spannungsgeladenes Schweigen im Wageninneren aus, daß Maxi glaubte in Grund und Boden versinken zu müssen. Abrupt richtete Tom sich wieder auf und ließ den Wagen an.

Eine Weile fuhren sie schweigend die Landstraße entlang. Draußen wichen die paar Sonnenstrahlen, die sich durch die Wolkendecke gebohrt hatten, einem breiigen Grau. Das Ganze wirkte unwirklich, genauso wie diese Fahrt in einem Milchkaffee-Auto mit diesem unglaublich anziehenden Mann an Maxis Seite. Verstohlen blickte sie ihn von der Seite an. Er hatte kräftige, behaarte Arme, die aus den aufgerollten Ärmeln eines schlichten weißen Hemdes hervorguckten. Unwillkürlich mußte sie sich vorstellen, wie diese Arme sie umschlingen, wie sie ihren Körper einfangen und festhalten würden. Ob seine Brustbehaarung genauso üppig ausfiel wie die an den Armen? Sie lachte laut auf. Tom warf ihr einen kurzen, verunsicherten Blick zu. «Lachst du mich aus? Mir wäre es lieber, angelacht zu werden.» – «Eine Frage hätte ich da noch: Hast du eigentlich Haare auf der Brust?» Das saß, Tom schnappte ungläubig nach Luft, faßte sich wieder und ging zum Gegenangriff über. «Ja, genau genommen sogar nicht zu knapp. Und du, wie sieht's bei dir aus?» Er griff nach ihrer Hand und schob sie zielsicher in sein Hemd. Maxi spürte warmen Pelz auf kräftiger Männerbrust und bemerkte ein angenehmes Kribbeln zwischen den Schenkeln. Langsam zog sie ihre Hand zurück, nahm dafür Toms Hand und führte sie ebenso zielstrebig an ihre Brust. «Bitte schön, überzeug dich selbst, glatt und knackig wie ein Kinderarsch.» Und er überzeugte sich ausgiebig von ihrer Behauptung. «Du bist sehr schön», flüsterte er etwas heiser, während er sich bemühte, der Straße die gleiche Aufmerksamkeit zu schenken wie dem warmen Fleischhügel in seinen Fingern. Mit einem enttäuschten Knurren zog er seine Hand zurück, als er vor einer Kurve einen Gang runterschalten mußte. Düsseldorf 18 Kilometer, stand auf einem Schild. Noch 18 Kilometer, hämmerte es in Maxis Kopf, 18 Kilometer, für 100 Kilometer braucht man 60 Minuten, für zehn Kilometer demnach 6 Minuten, für 1 Kilometer 36 Sekunden, für 18 Kilometer summa summarum knapp 11 Minuten. Noch 11 Minuten mit einem Mann, dem sie am liebsten auf der Stelle alle Kleider vom Leibe gerissen hätte, einem Mann, der an einer Leidenschaft nagte, die sie von sich selber nicht kannte, 11 Minuten mit einem Jemand, der ihr eigentlich völlig fremd war und demnach egal sein konnte.

Ihre Blicke trafen sich, kurz nur, denn Tom mußte wohl oder übel auf die Straße achten. Man sah ihm an, daß er nach Worten suchte, nach irgend etwas, was wohl seine wirren Gedanken in dieser ungewöhnlichen Situation beschreiben könnte. «Maxi Bärich... es ist eigentlich nicht meine Art, hilflose weibliche Personen vom Straßenrand aufzuklauben und in meinem Auto unsittlich zu berühren, aber jetzt frage ich mich, ob ich das nicht schon viel öfter hätte tun sollen.» Er versicherte sich mit einem Seitenblick, daß seine Worte nicht mißverstanden wurden. «Ich weiß nicht, was das ist, welches Spiel wir da spielen, meine ich, aber es gefällt mir, du gefällst mir, ich meine, ich fahr unwahrscheinlich auf dieses fremde Wesen rechts neben mir ab und ich denke, also... ich meine...» Maxi drückte den orangenen Knopf an ihrer Seite und ließ den vorher so widerspenstigen Gurt mit einem «Schnapp!» in seine Ausgangsposition zurückrollen. Sie kroch, so weit es eben ging, auf Toms Seite, umfaßte seine Schultern und fing an, ihn zärtlich auf den Hals zu küssen. Ihre Lippen wanderten auf seinem Gesicht entlang, immer darauf bedacht, ihm nicht ganz die Sicht auf die Straße zu nehmen, sie knabberte an seinem Ohr herum und genoß den Anblick von rauher Gänsehaut auf Toms Hals. Ihre Zunge suchte sich den Weg ins Innere der Muschel, die gleiche Empfindlichkeit voraussetzend, die sie bei solchen Berührungen hatte. Sie hörte den Atem des Mannes schneller werden und fragte sich, wozu sie noch fähig wäre, ganz im Banne ihrer eigenen und seiner Erregtheit. Tom roch unglaublich gut, und die Vorstellung, diesen Geruch gänzlich in sich aufzusaugen, jagte ihr schrecklich-schöne Schauer über den Rücken. Maxi fühlte sich sehr sicher in ihrer Rolle als die Verführerin. Dennoch mischte sich unter den Schwall von Begierde und Geilheit ein Gefühl, das ihr sagte, sich zurückzuhalten, nicht weiterzugehen. Sie suchte nach Gründen dafür, fand aber nur den einen, wenig überzeugenden, nämlich ihren Termin in Düsseldorf in genau 12 Minuten. Maxi verharrte in ihrer Stellung, in ihrem Kopf jagten sich die unterschiedlichsten Gedanken, zwei völlig konträre Persönlichkeiten schienen ihr Gehirn zu dirigieren, die eine, die sie empört darauf verwies, daß sie sich nicht aufzuführen hätte wie ein nymphomanes, hormongesteuertes Weibchen, die andere, die ihr erzählte, daß man nur einmal lebt und jede Chance im Leben nur einmal hat und andere abgedroschene Lebensweisheiten, die das Unmögliche zu rechtfertigen wissen. Und überhaupt, scheiß doch auf diesen dämlichen Termin, es gibt 1000 Entschuldigungen für ein Nichterscheinen, die Autopanne war ja noch nicht einmal gelogen!

«Mach weiter, bitte...», flüsterte Tom und riß sie damit aus ihrer scheinbaren Lethargie.

«Nein», sagte sie und sackte auf ihren Sitz zurück. Einfach nur Nein. Es gab Männer in ihrem Leben, die ihr vorgeworfen hatten, daß sie mit ihnen spielte. War dies vielleicht auch nur eines von diesen Spielen, bei denen sie auszutesten versuchte, wie weit sie gehen kann, ohne selber Schaden zu nehmen?

Das Schild, das auf die Stadtgrenze Düsseldorf verwies, flog an ihnen vorbei. «Du kannst mich hier irgendwo rauslassen», sagte Maxi, und ihre Stimme hatte dabei einen ungewollt nüchternen Ton. «Es tut mir leid, Tom. Ich weiß nicht, was mit mir los ist, ich mach so was auch nicht jeden Tag, vielleicht liegt es daran.» Unvermittelt fuhr er rechts ran, achtete nicht auf den schimpfenden BMW-Fahrer, der hinter ihnen kräftig in die Eisen getreten war. «Wir könnten einen Kaffee trinken gehen und uns vielleicht erst mal kennenlernen, damit die Reihenfolge stimmt, meine ich.» Er lächelte aufmunternd und streichelte ihr zärtlich über die Wange. «Wer bist du…», klang es beinahe erschöpft aus Maxis Mund.

Als sie auf der Straße stand, fühlte sie sich leer. Es war fast so, als ob ihr Trieb, ihre unverblümte Leidenschaft für diesen Mann noch in seinem Wagen saß und nun mit ihm davonfuhr. Sie schaute Toms Wagen hinterher. Ob er noch einmal anhielt? Sie wäre gerne eingestiegen, immerhin hatte sie ihre Geilheit auf dem Beifahrersitz vergessen.

Heike Nickel, 29 Jahre

Nachspiel

Und Sie? Wenn Sie Lust bekommen haben, schreiben Sie uns Ihre eigenen, erotischen Phantasien oder Erlebnisse, von gefühlvoll bis wild, sanft und soft oder schnell und direkt.

Es wäre schön, wenn Sie ein wenig zu Ihrer Person schreiben könnten: Ihr Alter und Geschlecht, Ihren Beruf, und wenn Sie mögen, wie Sie Sexualität entdeckt haben und welchen Stellenwert sie derzeit für Sie besitzt. Aus Ihren Einsendungen möchten wir ein neues Buch machen.

Vielen Dank im voraus

Andrea Baldauf / Stefan Biele
Redaktion «Lust & Liebe»
Postfach 10 35 01
28035 Bremen

Autorinnen / Autoren
Fotografinnen / Fotografen
Herausgeberin / Herausgeber
Illustratorinnen / Illustratoren

Altmann, Andreas: Reporter (GEO, Stern, FAZ Magazin, Zeit Magazin, Playboy, Tempo, Focus etc.), Abitur, Jura-/Psychologiestudium abgebrochen, Jobs als Spüler, Anlageberater, Straßenbauarbeiter, Dressman etc.. Ausbildung am Mozarteum in Salzburg. Vertrag als Schauspieler am Residenztheater in München und Schauspielhaus in Wien. Leben in Indien mit Gurus. Leben in einem Zen-Kloster in Japan. Ghostwriter in New York. 1989 Umzug nach Mexico City. 1991 Egon Erwin Kischpreis. Seit 1992 in Paris. Veröffentlichungen: «Weit weg vom Rest der Welt» (Rowohlt, 1996), «Frühstück in Timbuktu» (Hoffmann und Campe, 1996)

B., Sabine: 36 Jahre, Lehrerin

Baldauf, Andrea: Geb. 1960, Diplompädagogin, lebt in Bremen

Belwe, Andreas: 34 Jahre, derzeit Doktorand an der Uni Witten/Herdecke, freier Autor. 80er Jahre: Politisches Engagement und Mitarbeit in einer Kabarettgruppe. Studium der Philosophie, Psychologie und Kommunikationswissenschaften. Verschiedene Jobs. Anfang 90 Studienabschluß. Veröffentlichungen: Neben Beiträgen für Literaturzeitschriften und PENTHOUSE liegen als Bücher vor: Das Totenbuch – Ein Protokoll. Hoetzel cooperative, München 1996. Gesicht aus Stein – Kurzprosa-Sammlung. Hoetzel cooperative, München 1996.

Betz, Eva: 43 Jahre

Biele, Stefan: Jahrgang 1961, Studium der Architektur und Psychologie, arbeitet als Psychologe in einer Beratungsstelle in Norddeutschland

Binck, Martin: 36 Jahre, Sozialpädagoge, unverheiratet, 2 Kinder. Veröffentlichungen: Vergriffene Short-Stories längst vergangener Alternativ-Blättchen

Blauleders, Thomas: 17 Jahre, Gymnasiast

Borg, Bernhard: 29 Jahre, Kaufmann und Diplompädagoge, arbeitet in einem Hamburger Verlag

Busch, Andreas: 41 Jahre, Lehrer und Berufskraftfahrer. 1955 geb. in Berlin. 1982–1984 Gymnasiallehrer (Russisch/Englisch/ Deutsch). Seit 1984 LKW-Fahrer und Autor/Journalist/ Übersetzer. Veröffentlichungen: Unzählige Beiträge in diversen Zeitschriften (Motorrad, Herrenmagazine etc.), Musterreden, Ghostwriter etc.

Buschey, Monika: 42 Jahre, Journalistin/Autorin. Schreibt vom Leben, lebt vom Schreiben

Drengemann, Ulrich: 49 Jahre, Kapitän

Eckardt, Marc: 27 Jahre. Abgeschlossene Fotografenausbildung seit 1993. Arbeit als freier Assistent, 1994 Beginn des Graphik-Design-Studiums an der HfK in Bremen

Glotzbach, Ulrich: 30 Jahre, Diplom-Ingenieur

Gräner, Lothar: 45 Jahre, Koch, Taxifahrer, Autor

Heddinga, Sabine: Geboren Sommer 1960, Studium sowie die jetzigen Arbeiten in den Bereichen Bildende Kunst/Fotografie

Hellmann, Susanne: 34 Jahre, Dipl. Ing. Landschafts- und Freiraumplanung, Tanz-Performance-Künstlerin. Geb. 1962 in Oerrel, Kreis Soltau-Fallingbostel, 1981–1983 Studium Agrarwissenschaften Universität Gießen, 1983–1992 Studium Landschafts- und Freiraumplanung Universität Hannover, 1993–1995 Ausbildung Neue Tanzentwicklung & Performance

Henkys, Albrecht: Geb. 1954, Restaurator. Lebt als Vater von drei Kindern mit seiner Frau in einem Vorort östlich von Berlin

Jaiser, Ingeborg: 36 Jahre, Bibliothekarin. 1960 geb. in Tübingen. Bald nach Erlernen des ABCs setzen die ersten schriftstellerischen Versuche ein. Studium des Bibliothekarwesens in dem irrwitzigen Glauben, daß es sich von, durch und mit der Literatur gut leben ließe. Veröffentlichungen: Zahlreiche

Veröffentlichungen in Zeitschriften und Anthologien, auf CD-ROM und im Internet.

Kirch, Bernd: 30 Jahre, Angestellter

Klein, Camilla (Pseudonym): 31 Jahre Sozialarbeiterin. Geb. 3.12.1965 in Ffm., Studium der Germanistik, später Sozialarbeit, seit April in Bremen lebend, derzeit freischaffende Fotokünstlerin

Kozak, Gisela: 40 Jahre, Korrektorin

Lok, Roelof: Geb. 1925, Rentner

M., Petra: 35 Jahre, Hausfrau

Meyer v. Egeren, Marita: 38 Jahre, Hausfrau

Michovski, Kolja: 30 Jahre. Aufgewachsen in Moskau und Schkopan (Sachsen-Anhalt), lebt in Berlin. Veröffentlichungen: In Zeitschriften und Anthologien, u. a. «Lügenpenis» (1992), «Laß es gut sein» (1995)

Mora, Marisa: 37 Jahre, Deutschdozentin

Nickel, Heike: 29 Jahre, Journalistin und Sprecherin

R., Jette: Weiblich, 39 Jahre, Lehrerin und Künstlerin

Renfert, Katja: Geb. 1949 in Schleswig-Holstein, Kauffrau. Geboren und seitdem mit immer wiederkehrender Power durch Hochs und Tiefs gegangen, immer offen für neue Erfahrungen nach dem Motto: Wachsen ist Leben. Veröffentlichungen: Beiträge in Anthologien und Zeitschriften, Buchbesprechungen

Ro: 19 Jahre, demnächst Politologie-Student

Rosenwald, Nora: 47 Jahre, freie Journalistin

Rühmeier, Ralf: Keine weiteren Angaben

S.: Aus Hamburg, 40 Jahre, Lehrerin, Übersetzerin. Seit Jahren mit Mann und Kindern im europäischen Ausland auf dem Lande lebend

Schumacher, Winfried: 50 Jahre, Lehrer

Theo: 37 Jahre, Streetworker

Tipper, Gaby: Geb. 1965 in Herford/Westfalen. 1985 Ausbildung zur Röntgenassistentin und Berufstätigkeit in Bonn. 1989 Studium an der Universität in Bremen Deutsch und

Kunst auf Lehramt. 1996 Hochschulabschluß, Examensarbeit im Fach Kunst. «Über die Erotik in der Aktfotografie – Realisation und Reflexion eigener künstlerischer Arbeiten». 1994 Kollektivausstellung in Bremen. 1996 Einzelausstellung im «For Ladies». Frauen-Erotik-Laden, Bremen

Twistel, Eckhard: 27 Jahre, Grafiker in Bremen

Wagner, Sandra: 26 Jahre. Erste Reime und Geschichten schon in der Grundschule, Schulbildung fremdsprachenorientiert. Ausbildung zur Verwaltungsfachangestellten, 3 Jahre tätig als Sachbearbeiterin (Verwaltung). Kündigung Ende 1995, um sich intensiv dem kreativen Schreiben zu widmen. Freut sich über jegliche Resonanz zu ihren Zeilen. Veröffentlichung: «Heller Mond – Gedichte direkt aus der Seele», 1995 in Eigenregie veröffentlicht

Walker, Robert: Männlich, 48 Jahre

Weigele, Stefanie: Grafikerin in Bremen

Westberg, Carl: 60 Jahre, Forstbeamter, hin und wieder Tageszeitungsberichte und Fotografien für Zeitungen

Widman, Sigbert: 39 Jahre, Autor

Wittgendorf, Robert: 73 Jahre, Lektor

Zellner, Celia: 30 Jahre, Stud.-Ref. für Spanisch und Deutsch

»Man muß diese
ausgezeichnete
Enzyklopädie lesen,
und sei es nur, um
zu begreifen, wie
sehr der Islam die
Erotik ins Leben
integriert hat und
wie die Dichter die
Liebe besungen und
den Kult des ›frohen
Genusses‹ gefeiert
haben.«
(Tahar Ben Jelloun)

Malek Chebel
Die Welt der Liebe im Islam
Eine Enzyklopädie
496 Seiten, Leinen, mit farbigen Miniaturen
Verlag Antje Kunstmann